EL LIBRO DE LOS
ÁNGELES
Y
ARCÁNGELES

Guía Completa De Angelología Práctica
Para La Invocación, Manifestación, Auxilio Y Guardia
A Través De Los Ángeles Y Arcángeles Celestiales

Por
Natalia Martínez

Una Publicación De
Tus Decretos

Primera edición febrero de 2025

Derechos reservados. Ninguna parte de este libro puede ser reproducida o transmitida en cualquier forma o por ningún medio electrónico o mecánico, incluyendo fotocopiado, grabado o por cualquier almacenamiento de información o sistema de recuperación, sin permiso escrito del autor.

Nota importante de exención de responsabilidad: Este libro es solo para propósitos educativos y de entretenimiento. El autor ha hecho todo lo posible para proporcionar información completa, precisa, actual y confiable, pero no se puede garantizar. El autor no es un experto en asesoramiento legal, financiero, médico o profesional. La información en este libro se ha recopilado de diferentes fuentes, por lo que es importante que consultes a un profesional antes de probar cualquier técnica descrita. Al leer este libro, aceptas que el autor no se hace responsable de ninguna pérdida directa o indirecta que pueda surgir por el uso de la información proporcionada, como errores o inexactitudes.

COPYRIGHT©2025 Natalia Martínez

Contenido

Prefacio 1

1. Introducción A La Angelología: Fundamentos Y Conceptos Básicos 4

    Definición De Angelología 4

    Origen Etimológico De La Palabra "Ángel" 6

    Mensajeros Divinos, Seres De Luz, Intermediarios 8

    Breve Panorama Histórico De La Creencia En Ángeles 9

    Diferencias Entre Ángeles, Arcángeles Y Otros Seres Espirituales 11

    La Función De Los Ángeles En El Universo 13

    Cómo Los Ángeles Interactúan Con Los Humanos 14

    Percepción Angélica: Señales Y Manifestaciones 17

    Ejercicios Introductorios A La Percepción Angélica 19

2. Historia De Los Ángeles A Través De Las Culturas Y Religiones 24

    Ángeles En El Judaísmo: Desde El Antiguo Testamento Hasta La Cábala 24

    Ángeles En El Cristianismo: Evolución De La Doctrina Angélica 27

    Ángeles En El Islam: Los Yinn Y Los Malaikah 28

    Seres Celestiales En El Zoroastrismo Y Su Influencia 30

    Devas Y Seres Celestiales En El Hinduismo Y Budismo 31

    Ángeles En La Mitología Nórdica Y Griega: Paralelos Y Diferencias 31

    Evolución De La Percepción Angélica En La Era De Acuario .. 33

    Ángeles En La Cultura Popular Moderna: Influencia En El Arte Y La Literatura 34

3. Jerarquías Angélicas: Entendiendo El Orden Celestial 37
La Jerarquía Celestial Según Pseudo-Dionisio El Areopagita .. 37

Las Nueve Órdenes Angélicas 38

Funciones Específicas De Cada Orden Angélico 42

Jerarquías Angélicas En Diferentes Tradiciones Religiosas 45

Cómo Interactuar Con Diferentes Niveles De La Jerarquía 46

Simbolismo Y Atributos De Cada Orden Angélico 48

La Relación Entre Jerarquías Angélicas Y Evolución Espiritual Humana 49

Meditación Para Conectar Con Las Diferentes Órdenes Angélicas 51

4. Los Siete Arcángeles Principales: Perfiles Y Funciones 55
Miguel: Protección Y Coraje 55

Gabriel: Comunicación Y Anunciación 56

Rafael: Sanación Y Ciencia 58

Uriel: Sabiduría Y Creatividad 59

Jofiel: Belleza E Iluminación 60

Chamuel: Amor Y Relaciones 61

Zadkiel: Libertad Y Transmutación 62

Colores, Días Y Cristales Asociados A Cada Arcángel 63

Invocaciones Específicas Para Cada Arcángel 66

Cómo Trabajar Con Los Arcángeles En La Vida Diaria 68

Oraciones De Invocación Específicas Para Los Siete Arcángeles Principales 70

5. Ángeles Guardianes: Cómo Identificar Y Conectar Con El Tuyo 75
Concepto De Ángel Guardián 75

¿Todos Tenemos Un Ángel Guardián? 77

Cómo Identificar Las Señales De Tu Ángel Guardián 78

Técnicas Para Comunicarte Con Tu Ángel Guardián 80

Diferencia Entre Ángel Guardián Y Guía Espiritual 81

Cómo Fortalecer La Conexión Con Tu Ángel Guardián 82

El Nombre De Tu Ángel Guardián: Importancia Y Cómo Descubrirlo..84

6. El Lenguaje De Los Ángeles: Símbolos, Números Y Sincronicidades..88

Símbolos Angélicos Comunes Y Su Significado 89

Numerología Angélica: Secuencias Numéricas Y Sus Mensajes 90

Sincronicidades Como Forma De Comunicación Angélica.......92

Plumas, Arcoíris Y Otros Mensajes Angélicos 94

Sueños Y Visiones: Decodificando Mensajes Angélicos 96

Desarrollo De La Intuición Para Interpretar Mensajes Angélicos 97

7. Preparación Espiritual Para El Trabajo Angélico: Limpieza Y Protección 101

Técnicas De Limpieza Energética Personal 102

Creación De Un Espacio Sagrado Para La Comunicación Angélica..104

Uso De Inciensos, Velas Y Aceites Esenciales En La Preparación 105

Meditaciones De Protección Y Anclaje...................................107

La Importancia De La Intención En El Trabajo Angélico 108

Mantras Y Afirmaciones Para Elevar La Vibración 109

Mantras Y Afirmaciones Para Elevar La Vibración 110

50 Mantras Y Afirmaciones Poderosas 111

Ritual De Preparación Para El Trabajo Angélico 115

8. Técnicas De Meditación Para Sintonizar Con Las Frecuencias Angélicas 120

Fundamentos De La Meditación Angélica 120

Respiración Consciente Para Elevar La Frecuencia Vibratoria 121

Visualización De Luz Y Color En La Meditación Angélica 123

Técnica De La Escalera De Luz: Ascendiendo A Reinos Angélicos 124

Ejercicio: Ascendiendo A Reinos Angélicos (Viaje Astral Guiado) 125

Meditación Con Música Y Sonidos Angelicales 129

Uso De Cristales En La Meditación Para Amplificar La Conexión 130

Práctica De Mindfulness Para Percibir Presencias Angélicas 132

9. El Arte De La Invocación Angélica: Rituales Y Oraciones Efectivas 134

Estructura De Una Invocación Efectiva 135

Uso Del Nombre Sagrado En Invocaciones 137

Invocaciones Específicas Según El Propósito 138

El Poder De La Repetición En Las Oraciones Angélicas 139

Creación De Tu Propio Ritual De Invocación Personalizado 140

Uso De Gestos Y Movimientos En La Invocación 142

Precauciones Y Consideraciones Éticas En La Invocación Angélica 144

Ejemplo De Ritual De Invocación Angélica 145

**10. Decretos Angélicos: Formulación
Y Poder De Las Palabras** **149**

Qué Son Los Decretos Y Cómo Funcionan 149

La Ciencia Detrás Del Poder De Las Palabras 150

Estructura De Un Decreto Angélico Efectivo 152

Decretos Para Diferentes Aspectos De La Vida: Salud,
Abundancia Y Amor 153

Salud: Sanación Desde El Plano Energético 154

Abundancia: Activando El Flujo De Prosperidad 155

Amor: Atrayendo Conexiones Auténticas 156

El Papel De La Emoción Y La Visualización En Los Decretos
157

Técnicas Para Potenciar Tus Decretos 158

Creación De Decretos Personalizados 159

Decretos Asistidos Por El Poder De Los Ángeles 160

**11. Manifestación Con Ayuda Angélica:
Principios Y Prácticas** **167**

Leyes Universales De Manifestación 167

El Papel De Los Ángeles Como Catalizadores De Deseos 169

Alineación De La Voluntad Personal Con La Guía Angélica .. 171

Técnicas De Visualización Creativa Con Ángeles 172

Creación De Tableros De Visión Angélicos 175

Ejercicio De Manifestación Angélica:
Gratitud Anticipada 176

Manifestaciones Exitosas Con Ayuda Angélica 181

**12. Ángeles Y Chakras: Alineación Energética
Para La Comunicación Celestial** **184**

Activación Del Tercer Ojo Con Los Querubines 187

Armonización Del Chakra Laríngeo Con Los Tronos 188

Apertura Del Chakra Del Corazón Con Las Dominaciones.... 190

Purificación De Los Chakras Con La Luz Diamantina........... 191

Limpieza Angélica De Los Chakras 192

Activación Del Chakra Coronario Con El Loto De Luz 193

Apertura Del Chakra Del Corazón Con La Gratitud............... 194

Equilibrio Del Plexo Solar Para Manifestar Guía Angélica.... 195

Meditación De Armonización De Chakras Con La Vibración Angélica 197

13. Angelología Y Astrología: Conexiones Cósmicas E Influencias Planetarias 199

Ángeles Regentes De Los Signos Zodiacales 199

Tauro – Ángel Anael 200

Géminis – Arcángel Rafael 200

Cáncer – Arcángel Gabriel 200

Leo – Arcángel Miguel 201

Virgo – Ángel Metatrón 201

Libra – Ángel Jofiel... 202

Escorpio – Ángel Azrael 202

Sagitario – Ángel Zadkiel.. 202

Capricornio – Ángel Cassiel... 203

Acuario – Ángel Uriel 203

Piscis – Ángel Sandalphon 203

Influencias Planetarias Y Sus Ángeles Asociados................. 204

Trabajo Angélico Durante Retrogradaciones Planetarias 206

Ángeles De Las Casas Astrológicas 206

Rituales Angélicos Para Potenciar Tránsitos Astrológicos Favorables.. 207

Sanación Kármica Con Ángeles Según El Tema Natal 209

Ángeles Y Nodos Lunares: Propósito De Vida Y Lecciones Kármicas 210

14. Ángeles En Los Sueños: Interpretación Y Trabajo Onírico Angélico..212

Tipos De Sueños Angélicos: Mensajes, Visitas, Enseñanzas ..212

Técnicas Para Inducir Sueños Angélicos...................................213

Interpretación De Símbolos Angélicos En Sueños 214

Viajes Astrales Y Encuentros Angélicos Durante El Sueño 216

Diario De Sueños Angélicos: Métodos De Registro Y Análisis 217

Sanación Onírica Guiada Por Ángeles 218

Resolución De Problemas A Través De Consultas Angélicas En Sueños..219

La Influencia De Los Ciclos Lunares Y Los Símbolos Angélicos En La Resolución De Problemas 222

Prácticas De Lucidez Onírica Para Interacciones Angélicas Conscientes 223

Ejercicio: Induciendo Sueños Lúcidos Para Encuentros Angélicos..225

15. Sanación Angélica: Técnicas Y Protocolos Para Diferentes Dolencias 228

Fundamentos De La Sanación Energética Angélica 228

Ejercicio: Armonización De Los Chakras Con Los Siete Arcángeles...230

Sanación Con El Arcángel Rafael 235

Ejercicio: Baño De Luz Esmeralda Con Rafael........................236

Técnicas De Imposición De Manos Con Asistencia Angélica...238

Sanación De Los Siete Chakras Con Imposición De Manos Angélica...239

Sanación A Distancia Mediante Invocación Angélica 242

Ejercicio: Envío De Energía Sanadora Angélica A Distancia 243

Ejercicio: Activación De Los Símbolos
Maestros Angélicos 245

Liberación De Traumas Emocionales Con Ayuda Angélica ... 247

Ejercicio: Liberación De Traumas Emocionales
Con La Ayuda De Los Ángeles 249

Sanación De Relaciones Con La Ayuda De Los Ángeles 252

Integración De La Sanación Angélica Con
Otras Modalidades Terapéuticas 256

16. Los Ángeles Y La Abundancia:
Manifestación De Prosperidad Y Abundancia 259

La Abundancia Desde La Perspectiva Angélica 259

Ángeles Vinculados A La Prosperidad Y La Abundancia 260

Liberación De Creencias Limitantes Sobre El Dinero
Con Ayuda Angélica 262

Rituales Angélicos Para Atraer Oportunidades Financieras ... 264

Uso De Afirmaciones Y Decretos Para La Abundancia 265

Gratitud Y Generosidad Como Claves Para
La Abundancia Angélica 267

Sanación De La Relación Con El Dinero Mediante
Intervención Angélica 268

Creación De Un Plan De Abundancia Guiado Por Ángeles ... 269

Ritual De La Vela Para Atraer Oportunidades
Financieras 270

Ritual De Sanación De La Relación Con El Dinero 272

20 Afirmaciones Y Decretos Para La Abundancia 275

17. Protección Angelical 278

La Protección Del Arcángel Miguel Y
Su Poder Vibracional 279

Creación Y Mantenimiento De Escudos Energéticos
Angélicos 280

Limpieza Y Consagración De Espacios Con
La Presencia Angélica 281

Símbolos Y Sellos Angélicos Como
Métodos De Protección 283

Protección Energética En Viajes Y
Situaciones De Peligro 283

Ejercicio De Protección Con Símbolos Sagrados 284

18. Ángeles En La Naturaleza 293

Diferencia Entre Ángeles, Devas Y Espíritus
De La Naturaleza 293

Comunicación Con Los Ángeles De Los Cuatro Elementos ... 294

Trabajo Con Devas Para La Sanación Del Planeta 296

Rituales De Conexión Con Ángeles En Entornos Naturales.... 297

Jardinería Angélica: Co-Creación Con Devas De Las Plantas 298

Sanación De Ecosistemas Mediante Invocaciones Angélicas..299

Comunicación Con Animales A Través De La
Mediación Angélica 300

Prácticas De Eco-Espiritualidad Guiadas Por
Presencias Angélicas 300

Ejercicio: "Diálogo Con Los Elementos" 302

19. Angelología En La Vida Cotidiana 305

Incorporación De La Presencia Angélica En La Rutina Diaria 305

Creación De Un Altar O Espacio Sagrado En El Hogar 306

Invocaciones Matutinas Y Nocturnas Para Protección Y Guía 307

Uso De La Intuición Angélica En La Toma De Decisiones 308

Ángeles En El Trabajo: Mejorando El Ambiente Laboral 309

Sin Límite Entre Lo Sagrado Y Lo Mundano 310

Conducción Consciente Con Protección Angélica 310

Cocina Angélica: Preparación De Alimentos Con
Energía Celestial 312

Crianza Consciente: Involucrar A Los Niños En
La Conciencia Angélica 313

El Mapa Angélico Del Hogar: Transformando
Los Espacios Cotidianos 315

20. Registros Akáshicos Y Ángeles: Accediendo A La Sabiduría Universal 320

Los Registros Akáshicos Y Su Relación Con Los Ángeles 320

Ángeles Guardianes De Los Registros Akáshicos 321

Técnicas Para Acceder A Los Registros Con Guía Angélica . 322

Lectura E Interpretación De La Información Akáshica 323

Sanación De Vidas Pasadas Mediante Los Registros
Y La Guía Angélica 325

Descubrimiento Del Propósito De Vida A Través
De Los Registros 327

Ética Y Responsabilidad En El Acceso A
Los Registros Akáshicos 328

Integración De La Sabiduría Akáshica En
La Vida Cotidiana 330

Ejercicio: "Entrega De Traumas Emocionales
A Los Ángeles" 331

21. Ángeles Y Karma: Liberación De Patrones Y Sanación Ancestral 334

El Karma Desde La Perspectiva Angélica 334

Identificación De Patrones Kármicos Con Ayuda
De Los Ángeles 335

Sanación De Líneas Ancestrales Con Ángeles
Guardianes Familiares 337

Resolución De Contratos Kármicos
A Través De Decretos Angélicos 339

Transformación De Karma Negativo
En Lecciones De Crecimiento 341

Creación De Karma Positivo Con Acciones Inspiradas
Angélicamente 342

Técnica De Liberación Kármica Mediante Intervención
Angélica: "Llama Violeta De Liberación" 343

Sanación De Líneas Ancestrales: "El Árbol Familiar
Luminoso" 344

Resolución De Contratos Kármicos: "Decreto De Libertad" ...345

Transformación De Karma Negativo: "Alquimia Angélica" ...346

Creación De Karma Positivo: "Siembra Angélica" 347

Meditación Para Disolver Ataduras: "Corte De Lazos" 347

23. Experiencias Cercanas A La Muerte Y Encuentros Angélicos: Evidencias Y Testimonios 349

Panorama De La Investigación Sobre Experiencias
Cercanas A La Muerte (ECM) 349

Patrones Comunes En Encuentros Angélicos Durante ECM ...350

Transformaciones De Vida Post-ECM Y Su Relación Con La
Angelología 352

Anexo 1 – Listado Angelical De Múltiples Tradiciones 355

Anexo 2 – Numerología De Los Ángeles 372

Anexo 3 – Creación De Sigilos Angelicales 415

Anexo 4 – Sellos De Los 7 Arcángeles 422

Otros Libros 429

Prefacio

Desde tiempos inmemoriales, la humanidad ha buscado guía, protección y consuelo en la presencia de seres celestiales. "El Libro de los Ángeles y Arcángeles: Guía Completa de Angelología Práctica para la Invocación, Manifestación, Auxilio y Guardia a través de los Ángeles y Arcángeles Celestiales" nace de esa búsqueda y ofrece un compendio estructurado y accesible para quienes desean comprender y trabajar con las energías angélicas desde una perspectiva práctica y profunda.

Este libro no es solo el resultado de años de investigación y experiencia en el ámbito de la espiritualidad, sino también un reflejo de una conexión viva con los ángeles y arcángeles. Aquí se presentan enseñanzas que han sido estudiadas, experimentadas y refinadas con el propósito de ofrecer una herramienta clara y efectiva para quienes deseen integrar la angelología en su vida cotidiana.

A lo largo de estas páginas, encontrarás un recorrido detallado que abarca desde los fundamentos teóricos hasta las prácticas avanzadas de invocación y manifestación. No es un tratado abstracto ni una colección de relatos inconexos, sino una guía ordenada que proporciona conocimientos estructurados y técnicas aplicables. Más allá de la teoría, cada capítulo incluye ejercicios específicos, visualizaciones y protocolos de conexión para que puedas experimentar por ti mismo la influencia y el apoyo de los seres celestiales.

Uno de los pilares de esta obra es su enfoque eminentemente práctico. La angelología no es solo un conocimiento a ser estudiado, sino una vía de interacción directa con inteligencias espirituales que pueden asistirnos en nuestro crecimiento personal y en nuestra evolución interior. Por ello, este libro está diseñado como una guía de trabajo que te permitirá no solo comprender el mundo angélico, sino también interactuar con él de manera consciente y efectiva.

Para facilitar la integración de estos conocimientos, se han incluido ilustraciones y esquemas que complementan el contenido, ofreciendo una representación visual de conceptos clave y estructuras angélicas. Estos recursos ayudarán a visualizar la jerarquía celestial, los métodos de conexión y las dinámicas energéticas involucradas en la comunicación con los ángeles y arcángeles.

Asimismo, encontrarás anexos con información complementaria que enriquecerán tu experiencia y te permitirán profundizar en aspectos específicos de la angelología. Ya sea que busques referencias cruzadas con otras tradiciones esotéricas o desees explorar técnicas avanzadas, estos apartados te proporcionarán valiosos elementos para ampliar tu perspectiva.

En esencia, este libro es una invitación a descubrir y experimentar la presencia de los ángeles de manera auténtica y transformadora. Es una obra que busca guiarte en la construcción de un vínculo personal y profundo con estas entidades luminosas, proporcionándote herramientas claras para que esa conexión no quede en el plano de la teoría, sino que se convierta en una realidad tangible en tu vida.

Que este viaje a través del mundo angélico sea para ti una experiencia enriquecedora, llena de luz y expansión. Gracias por permitirme compartir contigo los frutos de mi investigación y experiencia.

Cordialmente,

Natalia Martínez

www.TusDecretos.com

1. Introducción a la Angelología: Fundamentos y conceptos básicos

Definición de Angelología

La Angelología es el estudio metafísico de los seres de luz que actúan como enlaces entre la conciencia humana y dimensiones superiores. No se trata solo de entidades espirituales, sino de formas energéticas que operan en sintonía con principios universales. A diferencia de los enfoques teológicos tradicionales, que los describen desde una perspectiva dogmática, la Angelología los concibe como patrones energéticos inteligentes, estructuras vibracionales que interactúan con la materia y la conciencia.

Su marco de estudio combina enseñanzas herméticas —una tradición que atribuye a Hermes Trismegisto[1] conocimientos sobre alquimia, filosofía y misticismo— con principios de la física cuántica, que explora el comportamiento impredecible de las partículas a niveles subatómicos, y con la psicología transpersonal[2], que investiga las experiencias que conectan al individuo con una

---

[1] Hermes Trismegisto es una figura mítica asociada con la sabiduría esotérica. Se le atribuyen textos como el Corpus Hermeticum, base del hermetismo.
[2] a psicología transpersonal, desarrollada por autores como Stanislav Grof, explora estados alterados de conciencia y experiencias espirituales.

conciencia superior. Desde esta óptica, la Angelología no es solo un tema de fe, sino una exploración de los mecanismos que rigen la interacción entre lo espiritual y lo material, permitiendo que cada persona experimente estos vínculos de forma consciente y activa.

En la visión esotérica, los ángeles regulan el flujo akáshico, entendido como un vasto campo de información que sostiene la realidad tal como la percibimos. Esta idea se asemeja a un archivo cósmico donde se guarda toda la memoria del pasado, el presente y las posibilidades futuras. Su intervención en el campo cuántico se da a través de la resonancia vibracional, lo que, en términos sencillos, significa que influyen en la realidad de forma similar a cómo el sonido de una cuerda vibrando puede modificar el ambiente que la rodea. Este principio encuentra paralelos en fenómenos científicos como el entrelazamiento cuántico —donde partículas separadas pueden afectarse mutuamente de forma instantánea— y en la teoría de los campos morfogenéticos[3], que postula la existencia de patrones invisibles que guían la evolución y el comportamiento de los seres vivos. Así, los ángeles pueden entenderse como programadores de la realidad, capaces de operar en múltiples dimensiones a la vez, organizando eventos y probabilidades de manera análoga a como un director de

---

[3] Rupert Sheldrake propuso los campos morfogenéticos como estructuras energéticas que influyen en el desarrollo biológico y conductual.

cine ajusta cada escena para construir una historia coherente.

La Angelología práctica se distingue por su enfoque en la co-creación consciente. En lugar de limitarse a una devoción pasiva, ofrece métodos para alinear la voluntad personal con la inteligencia universal, permitiendo que cada individuo colabore activamente en la construcción de su destino. Esta participación convierte la relación con los ángeles en una herramienta de transformación, donde el microcosmos del ser humano se sintoniza con el macrocosmos del universo en un intercambio dinámico de energía y propósito.

Origen etimológico de la palabra "ángel"

El origen de la palabra "ángel" refleja su naturaleza como intermediario. Proviene del griego *ángelos* (ἄγγελος), que originalmente designaba a mensajeros oficiales encargados de transmitir decretos de la realeza. Con el tiempo, este significado se trasladó al ámbito espiritual, describiendo a los emisarios divinos que comunican la voluntad de lo sagrado.

En los registros más antiguos de la humanidad, como las tablillas sumerias del tercer milenio a.C., aparece el término *anunaki*, que significa "los que del cielo a la Tierra descendieron". Aunque en su contexto original hacía referencia a seres vinculados a la transmisión de conocimientos, su función como intermediarios es similar a la que más tarde se atribuiría a los ángeles en las tradiciones abrahámicas.

En la cultura hebrea, la palabra *mal'akh* era utilizada para referirse a enviados o emisarios, pero con el tiempo adquirió una connotación espiritual, convirtiéndose en una pieza clave de la teología angélica. Durante el siglo III a.C., en la traducción al griego de los textos sagrados hebreos conocida como la Septuaginta[4], se adoptó la palabra *ángelos* para referirse a estos seres, cimentando su concepto en la tradición cristiana primitiva, donde se integró como parte fundamental del vínculo entre lo divino y la humanidad.

El islam aporta otra dimensión a este término con *mala'ika*, derivado de la raíz árabe l-'-k, relacionada con la luz y la velocidad, características que refuerzan la idea de los ángeles como mensajeros ágiles y luminosos. Estudios recientes han encontrado paralelismos entre estas raíces semíticas e indoeuropeas y el sánscrito *anjali*, que significa "ofrenda" y se asocia con gestos de reverencia. Esto sugiere un trasfondo lingüístico compartido, reflejando cómo distintas culturas han coincidido en describir a estos seres como transmisores de mensajes divinos y energías elevadas.

---

[4] Traducción griega del Tanaj hebreo (siglo III a.C.), base de la angelología cristiana primitiva.

Mensajeros divinos, seres de luz, intermediarios

Los ángeles, en su función de mensajeros divinos, actúan bajo el principio hermético de correspondencia: "Como es arriba, es abajo". Esta máxima significa que lo que ocurre en los planos superiores encuentra un reflejo en el mundo terrenal y viceversa. Su comunicación no se da en un lenguaje convencional, sino a través de símbolos, imágenes y energías que resuenan en la conciencia de quienes los perciben. No solo transmiten palabras o visiones, sino que pueden activar patrones energéticos en el ADN, influir en la memoria celular y armonizar los ciclos de la vida con ritmos universales, como si fuesen afinadores que ajustan la sinfonía de la existencia.

El término "seres de luz" no es solo una metáfora, sino una descripción de su naturaleza energética. En el campo de la biofotónica se han identificado emisiones lumínicas en organismos vivos —pequeñas partículas de luz llamadas fotones— que algunos investigadores consideran la base material de la interacción entre la conciencia y la biología. Desde una perspectiva más mística, se ha teorizado que los ángeles manipulan estas partículas sutiles en el vacío cuántico para influir en la manifestación de eventos alineados con el bien mayor.

Como intermediarios, los ángeles operan en tres niveles simultáneamente: conectan la conciencia individual con la colectiva, sirven de puente entre el plano material y el espiritual, y filtran las energías cósmicas para hacerlas accesibles a la humanidad. Su intervención es sutil y siempre respeta el libre albedrío. En lugar de imponer directrices, su influencia se manifiesta como una suave orientación, dejando que cada persona elija su camino. Su presencia no busca reemplazar la voluntad humana, sino expandirla, ofreciendo nuevas posibilidades y guiando a quienes buscan comprender su verdadero propósito.

Breve panorama histórico de la creencia en ángeles

Las primeras referencias a seres espirituales con funciones similares a los ángeles se encuentran en las antiguas civilizaciones mesopotámicas, como Sumeria, Acadia y Babilonia. Allí se hablaba de los *apkallu*[5], sabios antediluvianos que cumplían el papel de guardianes y transmisores del conocimiento divino. Estos seres eran considerados intermediarios entre la humanidad y los dioses, encargados de preservar la sabiduría sobre la escritura, la arquitectura y la agricultura. En el *Poema de Gilgamesh*, uno de los textos más antiguos de la humanidad (aproximadamente del 2100 a.C.), ya se mencionan intervenciones de entidades celestiales en asuntos humanos, estableciendo un arquetipo que luego se replicaría en

---

[5] Seres mitológicos mesopotámicos considerados mediadores entre dioses y humanos en textos cuneiformes.

múltiples tradiciones: el mensajero divino que influye en el destino de la humanidad.

En el Antiguo Egipto, la concepción de entidades intermedias entre los dioses y los hombres se reflejaba en figuras como los *ba*, representaciones del alma que trascendían la muerte, y los *netjeru*, deidades que actuaban como guardianes y guías. Paralelamente, el zoroastrismo, la antigua religión persa fundada en el siglo VI a.C. por el profeta Zoroastro, introdujo un sistema dualista en el que se diferenciaban ángeles y demonios. Esta clasificación influyó profundamente en el judaísmo del periodo del Segundo Templo, dando origen a una estructura jerárquica de seres celestiales con nombres y funciones específicas, sentando las bases de la angelología organizada que posteriormente adoptaría el cristianismo.

Durante el Renacimiento, un periodo de gran expansión cultural y espiritual en Europa, filósofos como Marsilio Ficino y Giovanni Pico della Mirandola[6] retomaron y sintetizaron conocimientos esotéricos de diferentes tradiciones. Integraron la angelología con el pensamiento hermético, el neoplatonismo—corriente basada en las enseñanzas de Platón con una visión mística del cosmos— y la Cábala judía, creando un modelo angélico más estructurado y complejo. En el siglo XX, esta visión evolucionó aún más al fusionarse con conceptos de la física

---

[6] Ficino y Pico fueron figuras clave del Renacimiento que integraron ideas neoplatónicas, cabalísticas y herméticas en su filosofía.

cuántica—que explora la interconexión de las partículas a niveles subatómicos—y la psicología junguiana, que introdujo la idea de los arquetipos[7] como patrones universales en el inconsciente colectivo. A partir de estos enfoques transdisciplinarios, algunos investigadores espirituales comenzaron a reinterpretar a los ángeles como expresiones de la mente holográfica universal, es decir, manifestaciones de una inteligencia cósmica que interactúa con la conciencia humana.

Diferencias entre ángeles, arcángeles y otros seres espirituales

Los ángeles pueden considerarse especialistas cósmicos, cada uno con una función específica en la realidad: sanación, protección, inspiración, entre otras. Su capacidad de acción está determinada por su frecuencia vibratoria—el nivel energético en el que operan—y por su "campo de especialización", es decir, el tipo de intervención espiritual que pueden realizar. A diferencia de los *devas*, entidades de tradiciones orientales vinculadas a los elementos naturales como el aire, la tierra y el agua, los ángeles trabajan con estructuras energéticas y patrones universales que trascienden lo puramente físico.

---

[7] Los arquetipos son patrones universales descritos por Carl Jung como imágenes primordiales presentes en el inconsciente colectivo.

Los arcángeles, en cambio, actúan como grandes coordinadores. Si los ángeles trabajan de manera individual o en pequeñas misiones, los arcángeles supervisan proyectos de mayor alcance, abarcando desde la guía de naciones hasta la protección de ciclos evolutivos planetarios. Su energía es más expansiva y opera en múltiples dimensiones simultáneamente, lo que significa que pueden actuar sobre colectivos humanos y procesos históricos, influyendo en el desarrollo espiritual a gran escala.

Otros seres espirituales con funciones distintas incluyen a los guías espirituales, que son almas evolucionadas que han completado su ciclo de encarnaciones y acompañan a las personas en su desarrollo personal. Los devas, por su parte, custodian los ecosistemas y las fuerzas de la naturaleza, asegurando el equilibrio planetario. En otra categoría se encuentran los maestros ascendidos, quienes, habiendo vivido experiencias humanas en diferentes encarnaciones, han alcanzado un alto grado de conciencia y continúan asistiendo a la humanidad desde planos superiores. Comprender estas diferencias es clave para elegir los métodos adecuados de invocación o conexión con cada tipo de entidad.

La función de los ángeles en el universo

Desde una perspectiva cósmica, los ángeles pueden considerarse arquitectos de la estructura espacio-temporal. Su función es mantener la armonía entre el plan divino y su manifestación en la materia, asegurando que los ciclos de creación y evolución sigan un orden coherente. Algunas teorías inspiradas en la física teórica, como la teoría de cuerdas, sugieren que su labor consiste en estabilizar dimensiones ocultas dentro del tejido del universo, actuando como reguladores de las leyes fundamentales de la realidad. Esto equivale a imaginar que los ángeles desempeñan un papel similar al de un mecánico que ajusta cada engranaje de una gran máquina para que todo funcione en perfecta sincronía.

A nivel humano, los ángeles operan como ingenieros kármicos, modificando las condiciones iniciales de las situaciones para favorecer el aprendizaje sin interferir en el libre albedrío. En otras palabras, crean oportunidades de crecimiento espiritual sin imponer decisiones. La teoría de la sincronicidad, desarrollada por el psicólogo Carl Jung, puede ayudarnos a entender este proceso: los ángeles parecen intervenir a través de "coincidencias significativas", eventos que alinean experiencias externas con procesos internos de transformación, generando caminos propicios para la evolución personal.

A nivel planetario, los ángeles regulan la circulación de energías entre dimensiones. Esto se manifiesta a través de la apertura de portales estelares—puntos de acceso a realidades superiores—y la activación de vórtices de energía en lugares sagrados o de alta actividad electromagnética. La llamada "rejilla cristalina terrestre", una red de energía que envuelve y penetra el planeta, es mantenida en equilibrio gracias a estas interacciones angélicas. Su labor se traduce en la regulación de fuerzas telúricas (energías provenientes del interior de la Tierra) y cósmicas (energías de origen celestial), asegurando que la conexión entre el cielo y la Tierra se mantenga activa y accesible para la humanidad.

Cómo los ángeles interactúan con los humanos

La conexión entre los ángeles y los seres humanos se basa en principios de resonancia energética y libre albedrío. En términos sencillos, esto significa que la presencia angélica se percibe con mayor intensidad cuando la vibración de la persona se alinea con la de estos seres, pero sin que ellos interfieran directamente en la voluntad individual. Su influencia es sutil y respetuosa, funcionando más como una guía que como una imposición.

Uno de los principales canales de comunicación angélica es el campo emocional. Los ángeles inducen estados elevados de amor incondicional, serenidad y claridad interior, lo que facilita la transformación personal. Algunas teorías en biofísica cuántica sugieren que esta interacción se produce a través de los campos toroidales del corazón, estructuras energéticas que generan patrones armónicos en la conciencia, del mismo modo que una orquesta afinada crea una sinfonía perfecta.

En el plano mental, los ángeles emplean símbolos universales y arquetipos que han estado presentes en la humanidad a lo largo del tiempo. Imágenes como la paloma, el rayo o la espiral actúan como códigos que transmiten mensajes sin necesidad de palabras. También se cree que el lenguaje geométrico sagrado—figuras como la flor de la vida o los sólidos platónicos[8]—sirve como una vía de comunicación para activar memorias profundas en el ADN y despertar conocimientos innatos. La neurociencia ha identificado correlaciones entre experiencias místicas y la activación simultánea de ciertas regiones cerebrales[9], como los lóbulos temporales (asociados a la percepción y la memoria) y la corteza prefrontal (relacionada con la toma de decisiones y la introspección). Esto sugiere que las experiencias angélicas tienen un impacto real en la manera en que interpretamos y procesamos la realidad.

---

[8] La flor de la vida es un símbolo geométrico asociado con patrones universales; los sólidos platónicos representan formas fundamentales en geometría sagrada.
[9] Estudios como los de Newberg (2001) muestran actividad en lóbulos temporales durante experiencias místicas.

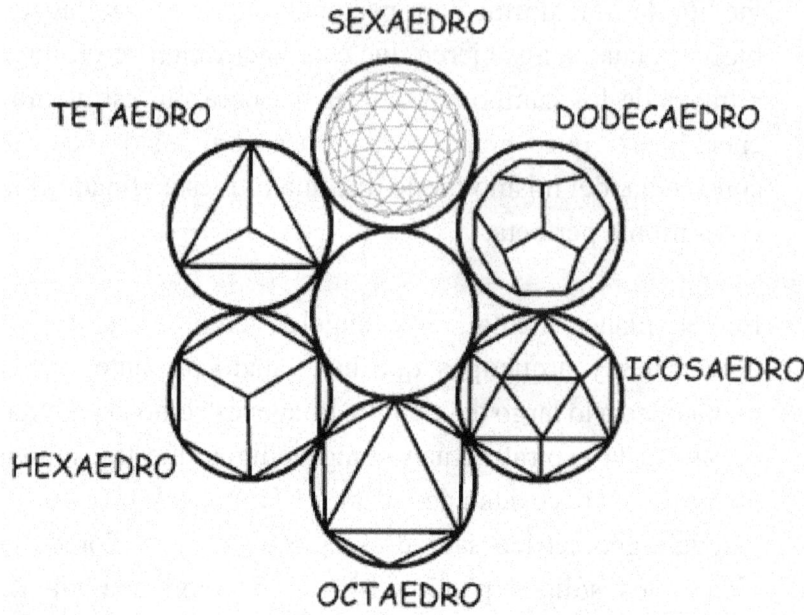

Flor de la vida y Sólidos Platónicos

A nivel físico, la presencia de los ángeles puede manifestarse a través de fenómenos lumínicos sutiles, como destellos en la visión periférica o pequeñas esferas de luz, conocidas como *orbes*, que algunas personas han captado en fotografías. También se han registrado cambios en los campos electromagnéticos locales con el uso de detectores EMF (ElectroMagnetic Field), observándose fluctuaciones en momentos en los que se ha reportado una fuerte presencia espiritual. Aunque estos fenómenos desafían las explicaciones científicas convencionales, invitan a considerar que la realidad está interconectada en niveles que aún no comprendemos del todo.

Percepción angélica: señales y manifestaciones

Percibir la presencia de los ángeles requiere desarrollar la *visión sutil*, una capacidad que permite captar energías más allá del espectro visible. Este sentido interno se activa cuando el cerebro entra en estados de alta receptividad, caracterizados por la sincronización de ondas cerebrales theta y gamma. Las ondas theta están relacionadas con la meditación y la intuición, mientras que las gamma se asocian con momentos de lucidez e inspiración. Algunas tradiciones chamánicas han utilizado desde tiempos ancestrales métodos como la danza ritual y la música para inducir estos estados ampliados de conciencia, facilitando así la percepción de lo invisible.

Los ángeles se comunican a través de señales simbólicas que pueden aparecer en la vida cotidiana. Encontrar plumas en lugares inesperados, ver patrones repetitivos en relojes (como 11: 11 o 22: 22) o recibir mensajes que parecen responder directamente a una pregunta interna son algunos de los signos más comunes. Estas manifestaciones pueden interpretarse como recordatorios de alineación espiritual o como respuestas a inquietudes del alma.

Desde una perspectiva energética, se cree que estas señales actúan como claves mnemotécnicas dentro del ADN no codificante, es decir, en aquellas partes de nuestro material genético que no están directamente relacionadas con la producción de proteínas, pero que podrían almacenar información ancestral y espiritual. Algunas hipótesis en epigenética sugieren que ciertos estímulos pueden activar recuerdos latentes en nuestro código genético, lo que explicaría por qué algunas personas sienten un reconocimiento inmediato al recibir una señal angélica.

En el mundo contemporáneo, la tecnología ha abierto nuevas formas de percibir la presencia angélica. Se han documentado interferencias en dispositivos electrónicos, como luces que parpadean sin razón aparente o sonidos inesperados en grabaciones de audio, que parecen responder a la presencia de energías sutiles. Desde una perspectiva esotérica, algunos investigadores han propuesto que estos fenómenos pueden deberse a interacciones con campos de información cuántica, lo que sugiere que los ángeles podrían utilizar incluso los medios digitales para transmitir mensajes adaptados a la conciencia moderna.

De esta manera, la percepción angélica no es un fenómeno exclusivo de tiempos antiguos, sino una realidad que se manifiesta de formas nuevas y variadas en la vida diaria. La clave para reconocerla radica en la apertura interior y la sensibilidad para interpretar los signos que constantemente nos rodean.

Ejercicios Introductorios a la Percepción Angélica

Meditación para Sintonizar con la Energía Angélica

Este ejercicio te ayudará a conectar con las vibraciones sutiles de los ángeles y a expandir tu percepción de su presencia en tu vida.

Instrucciones:
1. **Prepara el espacio:**

   Busca un lugar tranquilo donde puedas estar en calma y sin interrupciones. Siéntate o recuéstate cómodamente, manteniendo la espalda recta pero relajada. Coloca tus manos suavemente sobre tu regazo o a los lados de tu cuerpo.

2. **Respira conscientemente:**

   Cierra los ojos y comienza a respirar de manera pausada y profunda. Inhala por la nariz, permitiendo que el aire llene primero tu abdomen y luego tu pecho. Retén unos instantes y exhala lentamente por la boca. Siente cómo con cada exhalación tu cuerpo se relaja más.

3. **Visualiza la luz celestial:**

Imagina una luz blanca y dorada descendiendo suavemente desde lo alto, penetrando tu coronilla y llenando todo tu ser. Percibe cómo esta luz divina fluye por cada célula de tu cuerpo, liberando bloqueos, disipando tensiones y envolviéndote en una profunda sensación de paz.

4. **Expande tu energía:**

    A medida que te sumerges en esta luz, imagina que tu energía se expande más allá de tu cuerpo, conectándose con un campo infinito de amor y sabiduría: el reino angélico.

5. **Abre tu intención:**

    Desde tu interior, expresa mentalmente o en voz alta:

    "Ángeles de luz, abro mi corazón y mi mente a su amor y guía. Permítanme sentir su presencia de la forma en que mejor pueda comprenderla."

6. **Percibe sin expectativas:**

    Mantente en estado de receptividad. Observa cualquier sensación, imagen, emoción o pensamiento que surja. No analices ni juzgues, simplemente experimenta.

7. **Cierra con gratitud:**

Cuando sientas que es momento de finalizar, agradece a los ángeles por su presencia y trae tu consciencia de vuelta a tu cuerpo físico. Siente el contacto con el suelo, el aire a tu alrededor, el latido de tu corazón. Antes de abrir los ojos, afirma internamente:

"Permanezco conectado con la energía angélica a lo largo del día."

Realiza esta meditación con frecuencia para fortalecer tu conexión con el reino angélico y afinar tu capacidad de percepción sutil.

2. Ejercicio de Conexión con tu Ángel Guardián

Tu ángel guardián ha estado contigo desde el instante en que naciste, acompañándote en cada paso de tu vida. Este ejercicio te permitirá fortalecer tu vínculo con su amorosa presencia.

Instrucciones:
1. **Encuentra tu espacio sagrado:**

   Elige un lugar donde puedas estar en calma y sin distracciones. Puede ser en tu habitación, en un rincón especial de la naturaleza o simplemente en un momento de tranquilidad durante el día.

2. **Conciencia de la respiración:**

   Cierra los ojos y dirige tu atención a tu respiración. No intentes modificarla, solo obsérvala. Siente el aire entrando y saliendo de tu cuerpo de forma natural, permitiéndote anclarte en el presente.

3. **Activación del corazón:**

   Lleva tu atención al centro de tu pecho, donde reside tu corazón. Imagina que con cada inhalación una suave luz dorada se expande desde este punto, irradiando amor y serenidad por todo tu ser. Permanece unos momentos en esta sensación, dejando que la luz disuelva cualquier inquietud.

4. **Invita a tu ángel guardián:**

   Desde este estado de apertura, formula una invitación con amor y confianza:

5. *"Ángel de mi guarda, presencia amorosa que me ha acompañado desde mi nacimiento, te invito a hacerte presente en mi consciencia. Déjame sentirte y saber que estás aquí conmigo."*

6. **Escucha y percibe:**

   Mantente en silencio y receptivo. Tal vez sientas un cambio en la temperatura, un cosquilleo sutil en la piel o una profunda sensación de calma. Quizás una palabra, imagen o emoción surja espontáneamente en tu mente. No te preocupes si no percibes algo inmediato, el vínculo con tu ángel se fortalece con la práctica.

7. **Cierra con gratitud:**

   Para concluir, expresa un mensaje de agradecimiento:

   "Gracias, amado ángel, por estar siempre a mi lado. Ayúdame a permanecer consciente de tu presencia a lo largo de mi vida."

   Respira profundamente unas cuantas veces y, cuando te sientas listo, abre los ojos.

2. Historia de los ángeles a través de las culturas y religiones

Ángeles en el judaísmo: desde el Antiguo Testamento hasta la Cábala

En la tradición judía, los ángeles son conocidos como mal'akh, un término hebreo que significa "mensajero". Su papel principal es servir como intermediarios entre Dios y la humanidad, llevando mensajes divinos o interviniendo en momentos clave de la historia. En el Antiguo Testamento, estos seres no se limitan a ser presencias abstractas; en muchas ocasiones toman forma humana y participan activamente en los acontecimientos terrenales[10].

Un ejemplo de ello se encuentra en los capítulos 18 y 19 del Génesis, donde se relata la visita de tres ángeles a Abraham. Uno de ellos anuncia el nacimiento de Isaac, mientras que los otros dos se dirigen a Sodoma para advertir a Lot sobre la inminente destrucción de la ciudad. Esta interacción simboliza la manifestación directa de la voluntad divina en

---

[10] En textos como Génesis 18-19, los ángeles interactúan físicamente con los humanos, mostrando su papel como intermediarios divinos en eventos clave.

el mundo humano. Otro pasaje significativo es la visión de Jacob en Génesis 28: 12, donde contempla una escalera que conecta el cielo y la tierra, por la cual los ángeles suben y bajan. Este sueño refuerza la idea de que los ángeles no solo transmiten mensajes, sino que también facilitan la conexión entre los planos espirituales y materiales.

A lo largo de la literatura rabínica, los ángeles adquieren roles más definidos y se les otorgan nombres y funciones específicas. Entre los más destacados se encuentra Miguel, protector de Israel[11] y símbolo de la fortaleza divina; Rafael, el sanador celestial, cuyo papel en el Libro de Tobit es fundamental para guiar y asistir a Tobías en su misión; y Gabriel, el portador de visiones y revelaciones proféticas, especialmente en el Libro de Daniel.

La Cábala, la tradición mística del judaísmo, profundiza aún más en la naturaleza de los ángeles, considerándolos fuerzas energéticas que operan a través de las Sefirot, los canales de la divinidad en el Árbol de la Vida. En el Zohar, uno de los textos cabalísticos más importantes, los ángeles son descritos como entidades de luz que mantienen el orden cósmico y registran las acciones humanas, funcionando como puentes entre la experiencia espiritual y la conducta ética.

---

[11] El arcángel Miguel es mencionado en textos como Daniel 10:13 y Apocalipsis 12:7 como líder de las huestes celestiales.

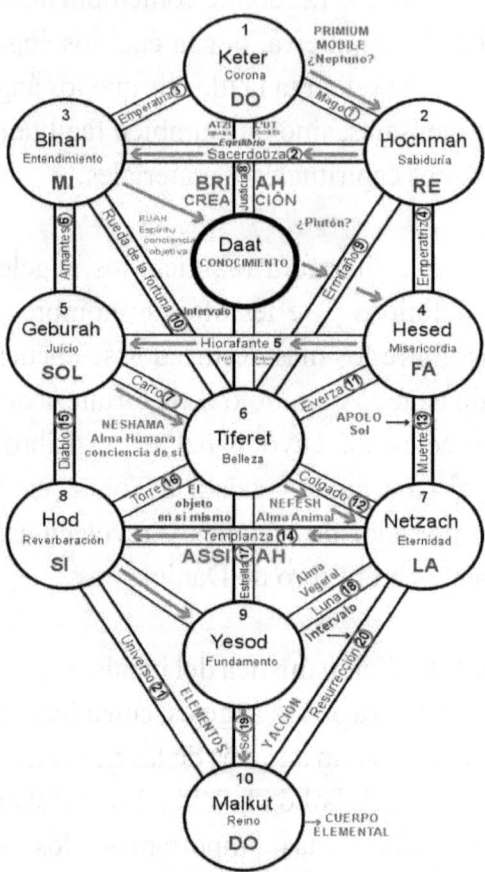

Árbol de la vida y las Sefirot

Ángeles en el cristianismo: evolución de la doctrina angélica

El cristianismo adoptó y reinterpretó la angelología judía, otorgando a estos seres un papel más definido dentro del plan de salvación. Desde los primeros siglos, los ángeles fueron considerados no solo como mensajeros, sino también como participantes activos en la redención de la humanidad.

Uno de los hitos en la evolución de esta doctrina fue la obra de Pseudo-Dionisio el Areopagita[12], un místico cristiano medieval que clasificó a los ángeles en jerarquías celestes. Según su sistema, los serafines representan el amor ardiente de Dios, los querubines custodian la sabiduría sagrada y los tronos encarnan la autoridad divina. Posteriormente, Tomás de Aquino profundizó en estos conceptos, describiendo a los ángeles como "intelectos puros", es decir, seres sin cuerpo físico cuya existencia está dedicada a la contemplación y adoración de Dios.

Los arcángeles Miguel, Gabriel y Rafael adquirieron un papel central en la tradición cristiana. Miguel se consolidó como el guerrero celestial que lucha contra las fuerzas del mal; Gabriel se convirtió en el ángel de la anunciación,

---

[12] Pseudo-Dionisio el Areopagita fue un teólogo y místico cristiano del siglo V-VI, autor de textos neoplatónicos influyentes sobre teología negativa y jerarquía celestial, atribuidos falsamente a un discípulo de Pablo.

comunicando a María su papel en el nacimiento de Jesús; y Rafael mantuvo su rol de sanador y guía espiritual.

El Concilio de Nicea en el año 325 d.C. marcó un punto crucial en la doctrina angélica, al rechazar la idea de que Cristo pudiera ser considerado un ángel, afirmando su divinidad absoluta. Esto reforzó la concepción de los ángeles como seres subordinados a Dios, cuya función principal es servir y asistir a la humanidad.

El arte del Renacimiento reflejó esta visión, representando a los ángeles con una belleza etérea que combinaba lo humano con lo divino. Pintores como Fra Angelico y Sandro Botticelli los plasmaron con formas andróginas y armoniosas, transmitiendo su naturaleza celestial a través del color, la luz y la expresión serena de sus figuras.

Ángeles en el islam: los yinn y los malaikah

En la tradición islámica, los ángeles (malaikah) son descritos en el Corán como seres de luz, creados por Dios para cumplir sus órdenes sin cuestionarlas. A diferencia de los humanos y los yinn—estos últimos creados de fuego y dotados de libre albedrío—, los ángeles no poseen voluntad propia y operan exclusivamente como ejecutores de la voluntad divina.

Jibril[13] (Gabriel) es el ángel más destacado del islam, pues fue el encargado de revelar el Corán al profeta Mahoma en la cueva de Hira, convirtiéndose así en el vínculo entre lo divino y la humanidad. Mikail (Miguel) gobierna los fenómenos naturales y se le asocia con la lluvia y la fertilidad de la tierra. Israfil es el ángel que tocará la trompeta en el Día del Juicio, marcando el fin de los tiempos.

Además de los ángeles, el islam reconoce la existencia de los yinn, seres invisibles que pueden inclinarse tanto hacia el bien como hacia el mal. Su libre albedrío los hace similares a los humanos, y en algunas interpretaciones se les vincula con entidades demoníacas en otras tradiciones.

La teología islámica medieval estableció una jerarquía precisa entre los ángeles, dividiéndolos en distintos rangos, como los hamalat al-'arsh(portadores del trono de Dios) y los muqarrabun(los más cercanos a Dios). Esta estructura refleja una visión en la que lo divino se manifiesta tanto en la armonía del cosmos como en la protección individual de cada creyente.

---

[13] Según la tradición islámica, Jibril transmitió el Corán al profeta Mahoma durante 23 años, comenzando en la cueva de Hira.

Seres celestiales en el zoroastrismo y su influencia

El zoroastrismo, una de las religiones más antiguas del mundo, desarrolló un sistema angelológico que influyó profundamente en el judaísmo y, por ende, en las tradiciones cristiana e islámica. Su dios supremo, Ahura Mazda, delegó ciertas funciones en los Amesha Spentas, entidades divinas que representan principios cósmicos esenciales.

Cada Amesha Spentaencarna una virtud sagrada: Vohu Manah simboliza el buen pensamiento, Asha Vahishta la verdad y la justicia, y Kshathra Vairya la soberanía y la protección. Además, los Yazatas—seres venerables que actúan como intermediarios entre el cielo y la tierra— incluyen figuras como Mithra, dios de la luz y los pactos, y Anahita, diosa del agua y la fertilidad.

Durante el exilio babilónico, el contacto con el zoroastrismo influyó en la configuración de la angelología judía, consolidando la figura de Miguel como defensor del pueblo de Israel y reforzando la noción de un conflicto cósmico entre el bien y el mal. La idea de los fravashis, espíritus guardianes individuales, también encontró paralelismos en la concepción de los ángeles protectores.

Devas y seres celestiales en el hinduismo y budismo

En el hinduismo, los devas son deidades que representan fuerzas de la naturaleza y principios cósmicos. Agni es el dios del fuego, Vayu gobierna los vientos y Surya encarna la energía solar. A diferencia de los ángeles monoteístas, los devas no están supeditados a un único dios, sino que forman parte de un panteón interconectado.

El budismo, por su parte, concibe a los devas como habitantes de planos superiores dentro del samsara, el ciclo de reencarnaciones. Aunque gozan de gran poder, siguen sujetos al karma y eventualmente deben renacer en otros estados de existencia.

Otros seres celestiales incluyen las apsaras, ninfas danzarinas que acompañan a los dioses, y los gandharvas, músicos divinos. En contraste, los bodhisattvas encarnan la compasión infinita y, en su deseo de ayudar a los demás, posponen su entrada al nirvana para guiar a los seres hacia la iluminación, cumpliendo un papel similar al de los ángeles guardianes en otras tradiciones.

Ángeles en la mitología nórdica y griega: paralelos y diferencias

Aunque en la mitología nórdica no existe una figura equivalente a los ángeles en el sentido tradicional, sí encontramos entidades que cumplen roles similares como mediadores y guardianes del destino. Las valquirias, por ejemplo, son guerreras celestiales que seleccionan a los más valientes caídos en batalla para conducirlos al Valhalla, un majestuoso salón donde los guerreros aguardan el Ragnarok, la batalla final del mundo. Su función simboliza la conexión directa entre lo humano y lo divino, asegurando que los dignos tengan un lugar en la eternidad.

Otro concepto relacionado es el de los fylgjur, espíritus tutelares que acompañan a las personas a lo largo de su vida, adoptando generalmente la forma de un animal protector. Estos guardianes son considerados manifestaciones del destino y, en muchos casos, reflejan el carácter o la suerte de quienes los poseen.

Por otro lado, la mitología griega introduce la noción de los daimones , seres que actúan como intermediarios entre los dioses y los humanos. A diferencia de los ángeles de la tradición abrahámica, los daimones no son inherentemente benévolos ni malignos, sino fuerzas que pueden influir en la fortuna y el destino de las personas. Algunos, como los genios tutelares, protegen e inspiran a los mortales, mientras que otros pueden causar desgracia o confusión.

Dentro de este panteón, figuras como Hermes, el mensajero de los dioses, y Nike, la personificación de la victoria, presentan características que posteriormente influirían en la iconografía cristiana de los ángeles. No obstante, en la cosmovisión griega estos seres no eran meros ejecutores de la voluntad divina, sino que formaban parte de un sistema politeísta donde múltiples deidades y fuerzas coexistían en una estructura compleja de interacciones.

Evolución de la percepción angélica en la Era de Acuario

La imagen de los ángeles ha evolucionado constantemente a lo largo del tiempo, y en la llamada Era de Acuario—interpretada por muchos como un nuevo ciclo de transformación espiritual—ha adquirido significados distintos a los de las tradiciones religiosas convencionales. En este contexto, los ángeles son concebidos como arquetipos cuánticos, un término que busca fusionar conceptos de la física moderna con nociones espirituales. La idea es que estos seres no son entidades externas con forma definida, sino patrones de conciencia presentes en el campo energético del universo y en la psique humana.

El movimiento New Age ha jugado un papel clave en esta reinterpretación, integrando ideas de la Cábala—donde los ángeles son vistos como emanaciones de la divinidad—, la teosofía—que establece jerarquías espirituales complejas—y la psicología junguiana, que los considera manifestaciones del inconsciente colectivo. En este enfoque sincretista, los ángeles no son figuras a las que se deba rendir culto, sino guías espirituales con los que cada individuo puede establecer una relación directa a través de la intuición y la meditación.

Dentro de esta corriente, autoras como Doreen Virtue[14] han promovido herramientas como cartas oráculo y técnicas de comunicación angelical, presentando a los ángeles como "coaches espirituales" que ayudan a las personas en su crecimiento interior. Esta visión enfatiza el empoderamiento individual, alejándose de las jerarquías dogmáticas y promoviendo una espiritualidad accesible y personalizada.

En la actualidad, esta perspectiva sigue ganando adeptos, reflejando una búsqueda colectiva de conexión con lo trascendente sin necesidad de adherirse a estructuras religiosas tradicionales. Los ángeles, lejos de ser figuras estáticas, continúan transformándose según las necesidades espirituales de cada época.

Ángeles en la cultura popular moderna: influencia en el arte y la literatura

La imagen de los ángeles ha sido reelaborada en el arte y la literatura contemporánea, alejándose en muchos casos de sus raíces teológicas para adaptarse a nuevos contextos culturales. Artistas como Louise Bourgeois han explorado la iconografía del ser alado desde un enfoque introspectivo,

---

[14] Doreen Virtue es una autora contemporánea conocida por popularizar métodos modernos de comunicación con ángeles en la corriente New Age.

plasmando en sus obras las dimensiones emocionales y psicológicas del ser humano.

En la cultura pop, los ángeles han sido reinterpretados de maneras sorprendentes. En la serie de animación Neon Genesis Evangelion[15], por ejemplo, estos seres aparecen como entidades enigmáticas de origen extraterrestre, fusionando lo sagrado con lo tecnológico y lo apocalíptico. Series como Supernaturaly Good Omenshan profundizado en la ambigüedad moral de estos seres, retratándolos como entidades complejas con conflictos internos, lejos de la imagen tradicional de mensajeros divinos inmaculados.

En la literatura, novelas como Ángeles y demonios de Dan Brown han entrelazado la angelología con tramas de misterio e intriga histórica, mientras que La invención de los ángeles de Donna Tartt explora una visión más simbólica y filosófica de estos seres. En el cine, películas como Constantine y City of Angels[16] han humanizado la figura del ángel, explorando dilemas existenciales y el anhelo de trascendencia en un mundo donde lo divino y lo humano se entrelazan.

Este resurgimiento de la figura angélica en la cultura contemporánea refleja una tendencia hacia la exploración

---

[15] Neon Genesis Evangelion es una serie japonesa que reinterpreta conceptos religiosos y filosóficos a través de una narrativa apocalíptica futurista.
[16] City of Angels (1998) explora temas sobre amor y mortalidad desde la perspectiva de un ángel que desea experimentar emociones humanas

de lo espiritual desde un enfoque personal y artístico. Lejos de ser representaciones estáticas, los ángeles han evolucionado para convertirse en símbolos de protección, transformación y redención, proyectando los deseos y aspiraciones humanas en el eterno misterio de lo celestial.

3. Jerarquías angélicas: Entendiendo el orden celestial

La jerarquía celestial según Pseudo-Dionisio el Areopagita

El sistema jerárquico delineado por Pseudo-Dionisio en *De Coelesti Hierarchia* (siglos V-VI d.C.) ofrece una visión estructurada de las inteligencias celestiales, organizándolas en tres esferas de tres órdenes cada una. Este modelo, que fusiona el pensamiento neoplatónico con la teología cristiana, describe cómo la luz y el conocimiento divino descienden desde los niveles más elevados hasta alcanzar la esfera humana.

Cada triada cumple un propósito específico en este proceso de transmisión espiritual. La primera se sumerge en la contemplación pura de la divinidad, la segunda se encarga de interpretar y dar forma a ese conocimiento, y la tercera actúa directamente en el mundo material, influyendo en la experiencia humana. Esta estructura no es rígida ni mecánica, sino más bien una red viva de conciencia interconectada donde cada nivel potencia y colabora con el siguiente.

Las jerarquías superiores no se comunican directamente con las inferiores, sino que emplean símbolos y arquetipos que se adaptan a la comprensión de cada orden, asegurando así una transmisión progresiva del conocimiento divino. Imagina este proceso como un río que fluye desde las alturas, filtrándose en distintos cauces hasta llegar a la humanidad. En este flujo, los ángeles emplean patrones sagrados, como la geometría universal, para facilitar la manifestación del conocimiento en el plano terrenal.

Las nueve órdenes angélicas

1. Serafines

Los Serafines encarnan el amor divino en su forma más pura e incandescente. Su nombre, derivado del hebreo *saraph* ("arder"), alude a la llama de su devoción absoluta. En la visión profética de Isaías (6: 1-3), rodean el trono de Dios entonando el *Trisagion*[17]—"Santo, Santo, Santo"—, lo que genera vibraciones de altísima frecuencia capaces de purificar y transformar todo lo que tocan. Su energía es similar a una melodía celestial que disuelve cualquier sombra, recordándonos nuestra conexión con la unidad del universo.

2. Querubines

---

[17] El Trisagion es un himno litúrgico que exalta la santidad divina y se utiliza en las tradiciones cristianas orientales y occidentales.

Los Querubines[18] son los guardianes del conocimiento sagrado y los depositarios de la sabiduría cósmica. Se los representa con múltiples ojos y alas, símbolo de su visión total y su capacidad de abarcar todos los niveles de existencia. En la tradición cabalística, se asocian con *Binah*, la emanación de la comprensión profunda. No solo custodian el conocimiento, sino que lo decodifican para que pueda ser transmitido de manera comprensible a órdenes inferiores, actuando como intérpretes del pensamiento divino.

3. Tronos

Los Tronos representan la justicia divina y la estabilidad del cosmos. Son conocidos también como *Ophanim*[19] ("ruedas"), pues en textos apocalípticos aparecen como estructuras giratorias que sostienen el trono celestial. Imagina una maquinaria cósmica perfecta, donde su función es estabilizar las realidades y canalizar la energía divina en armonía con los patrones del universo. Su presencia equilibra las fuerzas del caos y el orden, garantizando la coherencia en la manifestación de la voluntad divina.

4. Dominaciones

---

[18] Los Querubines aparecen en Génesis 3:24 como guardianes del Edén y en Ezequiel 10 como portadores del trono divino.
[19] Los Ophanim son descritos en Ezequiel 1:15-21 como ruedas llenas de ojos que acompañan a los seres vivientes en visiones proféticas

Las Dominaciones son los arquitectos de las leyes universales. Se les atribuye la responsabilidad de diseñar los principios que rigen el cosmos, estableciendo la armonía entre las leyes físicas y espirituales. Su papel es similar al de ingenieros divinos, asegurándose de que la energía fluya correctamente entre los diferentes planos de existencia. A ellos se debe la estructura del orden natural, desde la gravedad hasta la interacción de las almas en sus procesos evolutivos.

5. Virtudes

Las Virtudes son los facilitadores de los milagros y los guardianes de la gracia divina. Su energía transforma la vibración del mundo material para alinearla con estados superiores de conciencia. Son los encargados de manifestar cambios trascendentales, como sanaciones espontáneas o sincronías significativas, convirtiendo la fe y la intención en realidades tangibles. A lo largo de la historia, se les ha vinculado con la administración de los elementos y con la capacidad de elevar la materia a niveles más sutiles.

6. Potestades

Los Potestades son los guardianes del equilibrio kármico y los reguladores de las dinámicas entre la luz y la oscuridad. Su función es proteger la integridad de los procesos evolutivos, asegurando que ninguna fuerza altere el desarrollo natural del alma. Se dice que trabajan desmantelando estructuras energéticas negativas y disipando egregores[20]—formas de pensamiento colectivo que pueden influir en la conciencia humana—, permitiendo así que la humanidad avance sin interferencias distorsionadoras.

7. Principados

Los Principados[21] son los guardianes de las naciones y las culturas. Su influencia se extiende al crecimiento de sociedades, el florecimiento de movimientos artísticos y el avance de ideas que transforman la historia. Actúan como inspiradores de revoluciones espirituales y guardianes de la identidad colectiva, influyendo en líderes y visionarios para que alineen sus acciones con el bienestar común. Son los encargados de mantener la conexión entre la humanidad y las fuerzas superiores que guían la evolución planetaria.

8. Arcángeles

Los Arcángeles coordinan misiones de gran envergadura a nivel planetario. Mientras que los ángeles asisten individualmente, los arcángeles operan en dimensiones colectivas, interviniendo en momentos críticos de la humanidad. Por ejemplo, Miguel es reconocido por su protección en tiempos de conflicto, y Rafael por su labor en

---

[20] os egregores son formas de pensamiento colectivo que, según el esoterismo, pueden influir positiva o negativamente en la conciencia grupal.

[21] Según Daniel 10:13, los Principados supervisan regiones o pueblos; se menciona al "Príncipe de Persia" como ejemplo de esta función.

la sanación global. Su vibración abarca múltiples niveles de existencia, permitiéndoles asistir en simultáneo a distintos procesos de transformación en la Tierra.

9. Ángeles

Los Ángeles son los mensajeros y guardianes más cercanos a la humanidad. Su función es actuar directamente en la vida de las personas, ofreciendo guía, protección y apoyo en el día a día. Se dice que trabajan con el campo energético de cada individuo, ajustando sus frecuencias emocionales y mentales para alinearlas con un propósito superior. Son la manifestación más tangible de la asistencia celestial, recordándonos que nunca estamos solos en nuestro camino.

Funciones específicas de cada orden angélico

Cada orden angélica cumple un propósito único dentro del vasto entramado del universo, funcionando como canales especializados para la manifestación y regulación de la energía divina. No son solo figuras simbólicas, sino agentes activos que influyen en la estructura de la realidad.

Los **Serafines**, más allá de su devoción a la divinidad, emiten vibraciones que no solo alaban, sino que también modelan la estructura del cosmos. Su canto, más que una expresión de adoración, es una frecuencia poderosa que influye en la disposición de galaxias y en la armonía de los planos sutiles. Es como si su melodía envolviera el universo, manteniendo el orden en los niveles más elevados de la existencia.

Los **Querubines**, guardianes de la sabiduría, no acumulan conocimiento como un archivo estático, sino que lo siembran como ideas en la mente de quienes están preparados para recibirlas. Estas inspiraciones pueden manifestarse en avances científicos, revelaciones espirituales o impulsos creativos que transforman el curso de la humanidad.

Los **Tronos** son agentes de equilibrio. Su función es ordenar la energía, transformar el caos en armonía y establecer la estructura cósmica a través de patrones que se reflejan en todo, desde el equilibrio emocional de un individuo hasta la estabilidad de sistemas planetarios. Su intervención puede percibirse en momentos de crisis, cuando las energías parecen desbordadas y necesitan ser realineadas.

Las **Dominaciones** operan como los grandes organizadores del flujo universal. Son los diseñadores de los principios que rigen la existencia, estableciendo las bases para la interacción entre las leyes espirituales y las naturales. Su labor garantiza que la evolución del cosmos siga un propósito divino sin interferencias desordenadas.

Las **Virtudes** son la fuerza detrás de los milagros y los cambios trascendentales. Actúan como canales de la gracia divina, materializando las plegarias y los anhelos más elevados en el mundo físico. Su influencia se percibe en fenómenos como sanaciones inesperadas, sincronicidades significativas y sucesos que desafían la lógica convencional.

Los **Potestades**, por su parte, son los guardianes del equilibrio energético. Custodian la estabilidad de la conciencia colectiva, desmantelando egregores o patrones de pensamiento negativos que pueden afectar a la humanidad. Su labor es comparable a la de quienes limpian una habitación oscura y polvorienta, permitiendo que la luz penetre y transforme el espacio.

Los **Principados** intervienen en la evolución cultural y espiritual de la humanidad. No solo protegen naciones y civilizaciones, sino que impulsan los grandes despertares de la historia, como el Renacimiento o los movimientos de cambio ético y social. Son la chispa que enciende el espíritu de cada época, asegurando que las sociedades se desarrollen en sintonía con el plan divino.

Los **Arcángeles** coordinan misiones a gran escala. Mientras los ángeles trabajan con individuos, los arcángeles manejan procesos colectivos, dirigiendo transformaciones a nivel planetario. Su presencia se hace evidente en momentos cruciales de la humanidad, cuando es necesario un cambio masivo de conciencia o un ajuste en la energía de la Tierra.

Por último, los **Ángeles**, los más cercanos a los seres humanos, son quienes interactúan directamente con la vida cotidiana. Actúan como guías, protectores e inspiradores, ajustando la energía personal de cada individuo para ayudarles a encontrar su camino y fortalecer su conexión con lo divino.

Jerarquías angélicas en diferentes tradiciones religiosas

A lo largo de la historia, diversas culturas han estructurado sus propias jerarquías celestiales, reflejando la universalidad de la presencia angélica en el pensamiento humano.

En el judaísmo, encontramos figuras como los Chayot Ha Kodesh ("seres vivientes") y los Ofanim ("ruedas"), que emergen de la tradición mística de la Merkabah, una visión esotérica del carro celestial donde los ángeles son parte de una estructura divina en constante movimiento.

El islam, aunque no establece una jerarquía tan detallada como la cristiana, reconoce la existencia de los Malaikah (ángeles) y los Jinn, seres espirituales con naturaleza propia. Figuras como Yibril (Gabriel) juegan un papel esencial en la revelación de mensajes divinos, como en la entrega del Corán al profeta Mahoma.

En el zoroastrianismo, una de las tradiciones espirituales más antiguas, los Amesha Spentas[22] ("inmortales benéficos") cumplen funciones similares a los arcángeles. Destaca Vohu Manah, símbolo del buen pensamiento, cuya labor es guiar a la humanidad hacia la virtud y la armonía.

En el hinduismo, los Devas[23] representan fuerzas naturales y cósmicas que rigen el universo, mientras que en el budismo los Bodhisattvas, aunque no son ángeles en el sentido occidental, asumen el rol de guías espirituales que ayudan a las almas en su evolución hacia la iluminación.

El pensamiento esotérico, especialmente en la angelología hermética, ha integrado estas visiones. La Cábala asocia cada uno de los sefirot con coros angélicos específicos, mientras que la teosofía los vincula con planos de existencia superiores. Más allá de las diferencias doctrinales, todas estas perspectivas reflejan una misma inquietud humana: comprender las fuerzas invisibles que rigen la existencia y su relación con lo divino.

Cómo interactuar con diferentes niveles de la jerarquía

---

[22] Los Amesha Spentas son vistos en el zoroastrismo como extensiones de Ahura Mazda, cada uno encarnando virtudes fundamentales del cosmos.
[23] Los Devas son dioses menores del panteón hindú asociados con elementos naturales; destacan Agni (fuego) y Surya (sol).

La conexión con los distintos niveles angélicos requiere expandir la percepción y sintonizarse con frecuencias más elevadas. Para interactuar con las esferas superiores, como los Serafines y los Querubines, se recomienda la práctica de la meditación profunda, el ayuno consciente y el silencio interior, métodos que permiten afinar la conciencia para captar su presencia sutil.

Las órdenes intermedias, como las Dominaciones y las Virtudes, pueden ser contactadas mediante herramientas simbólicas, como mandalas o frecuencias musicales sagradas. La vibración del sonido y la geometría actúan como llaves que facilitan el acceso a su energía.

Los Arcángeles y Ángeles, en cambio, responden a invocaciones más directas. Sus nombres, cuando se pronuncian en hebreo—como Mikael (Miguel) o Gavriel (Gabriel)—, generan una resonancia vibratoria que facilita la conexión. También pueden ser llamados a través de colores específicos, como el azul para Miguel o el dorado para Uriel.

Por otro lado, los Tronos y Potestades se vinculan con la acción social y el servicio comunitario. Su presencia se manifiesta en momentos de cambio colectivo, cuando se necesita restaurar el orden y la justicia en el mundo.

Simbolismo y atributos de cada orden angélico

Cada orden angélica posee atributos y símbolos que facilitan su reconocimiento y conexión:

- **Serafines**: Esferas de fuego, hexagramas, colores rojo-dorados.
- **Querubines**: Tetramorfos (león, toro, águila, humano), tonos esmeralda.
- **Tronos**: Ruedas concéntricas, topacio, vibraciones profundas.
- **Dominaciones**: Cetros, lapislázuli, la proporción áurea.
- **Virtudes**: Cálices, aguamarina, escalas musicales armónicas.
- **Potestades**: Espadas de luz, amatista, mantras protectores.
- **Principados**: Coronas, cuarzo rosa, geometría sagrada.
- **Arcángeles**: Trompetas, zafiro, nombres terminados en "-el".
- **Ángeles**: Alas sutiles, perlas, melodías personales.

Estos símbolos no son meramente decorativos, sino que condensan la esencia vibratoria de cada orden, sirviendo como portales de conexión con sus energías.

La relación entre jerarquías angélicas y evolución espiritual humana

Cada orden angélica refleja un aspecto del desarrollo espiritual humano, actuando como guías en el proceso de despertar de la conciencia. Así como la luz del sol ilumina la tierra en distintas intensidades según la estación, las jerarquías angélicas influyen en la evolución del alma a medida que esta avanza en su camino de comprensión y transformación.

Los **Serafines** representan el estado más puro de iluminación. Su vibración resuena con la unión absoluta con lo divino, ese momento en el que el velo de la separación se disuelve y el ser humano experimenta la totalidad del universo dentro de sí. Es la cúspide del despertar espiritual, donde el amor incondicional se convierte en la fuerza primordial que lo guía todo.

Los **Querubines**, en cambio, simbolizan la sabiduría trascendental, el conocimiento profundo que revela los misterios de la existencia. No es un saber intelectual, sino una comprensión directa de la naturaleza del cosmos. Aquellos que se sintonizan con esta energía acceden a una expansión de conciencia en la que las respuestas parecen llegar sin esfuerzo, como si siempre hubieran estado allí, esperando ser recordadas.

Los **Tronos** encarnan el propósito, la capacidad de materializar en el mundo físico lo que se ha comprendido en los planos superiores. Son la conexión entre la iluminación y la acción, el puente entre la visión y la realidad. Su energía impulsa a aquellos que han recibido la luz del conocimiento a convertirla en servicio, en una contribución tangible al equilibrio del universo.

Este proceso de ascensión espiritual no ocurre de manera lineal ni uniforme. Más bien, es un movimiento dinámico en el que distintas jerarquías angélicas intervienen en función de las experiencias y necesidades de cada individuo. Por ejemplo, en momentos de crisis o transformación profunda, los **Potestades** actúan disolviendo patrones kármicos y reajustando la energía, como una corriente que limpia y renueva todo a su paso.

Cada paso en la evolución espiritual fortalece el campo áurico[24], esa envoltura energética que rodea y define a cada persona. Sintonizar con los **Serafines** eleva la vibración del alma, mientras que conectar con los **Querubines** activa el entendimiento superior. La influencia de los **Principados**, por otro lado, puede sentirse en momentos de cambios colectivos, cuando el individuo se ve impulsado a contribuir con el despertar de su entorno.

---

[24] Concepto esotérico sobre cuerpo energético multicolor que refleja estado físico-emocional-espiritual.

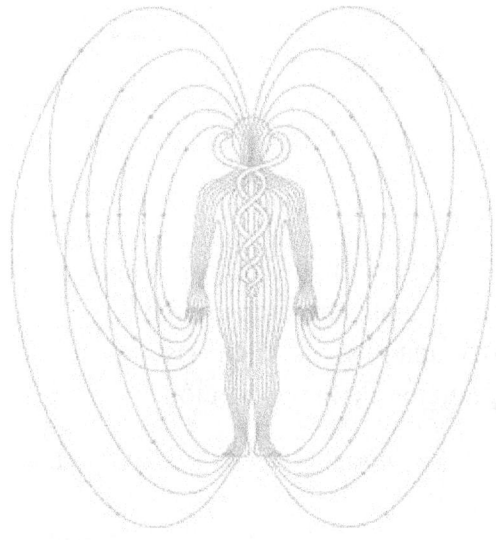

Campo áurico

Esta visión mística de la angelología nos recuerda que el universo es un entramado vivo, en el que cada ser juega un papel esencial. Desde las dimensiones más elevadas hasta lo más cotidiano, todo está interconectado por un propósito mayor que se despliega en perfecta armonía. Las jerarquías angélicas no son solo guardianes del orden celestial, sino también compañeros de camino, guiándonos en cada etapa de nuestro crecimiento espiritual.

Meditación para Conectar con las Diferentes Órdenes Angélicas

Esta meditación te permitirá recorrer la vibración de cada coro angélico, sintiendo su energía y permitiendo que sus enseñanzas se integren en tu ser. Es un viaje interior en el que experimentarás la esencia de cada orden, conectando con su luz y su propósito en el plan divino.

Instrucciones:

1. Encuentra un lugar tranquilo donde puedas sentarte cómodamente sin interrupciones. Si lo deseas, enciende una vela o coloca cristales que resuenen con la intención de la meditación.

2. Cierra los ojos y respira profundamente. Inhala por la nariz y exhala lentamente por la boca, dejando que cada respiración te lleve a un estado de paz y receptividad.

3. Visualiza una luz blanca brillante sobre tu cabeza. Es la energía pura de la Fuente Divina. Siente cómo desciende suavemente por tu coronilla, llenando todo tu cuerpo con su radiación sanadora.

4. Frente a ti, aparece un camino dorado. Es el sendero que te llevará a través de los distintos niveles angélicos. Con confianza, da el primer paso y permite que la energía de este viaje te envuelva.

5. Un resplandor rojo te rodea. Has llegado al reino de los **Serafines**, los ángeles del amor puro. Siente su calor abrazador, que disuelve cualquier barrera en tu corazón. Su vibración despierta en ti la capacidad de amar sin condiciones, recordándote que eres parte de la unidad divina.

6. Continúa avanzando y el resplandor cambia a un brillante naranja. Este es el dominio de los **Querubines**, guardianes de la sabiduría celestial. Su energía abre tu mente, permitiéndote acceder a un conocimiento que trasciende el pensamiento lógico. Siente cómo su presencia activa en ti la claridad y la comprensión.

7. Ahora, el camino se tiñe de amarillo dorado. Has entrado en la esfera de los **Tronos**, los ángeles de la voluntad divina. Su luz te envuelve con fuerza y determinación, alineándote con tu propósito más elevado. Deja que su energía te impulse a actuar con certeza y confianza.

8. Más adelante, el sendero brilla con un verde esmeralda radiante. Es el dominio de las **Dominaciones**, que traen el equilibrio y la organización divina. Siente cómo su presencia fortalece tu capacidad de manifestar tus metas, guiándote con disciplina y orden.

9. El color se transforma en un azul celeste profundo. Estás en el reino de las **Virtudes**, los ángeles de la gracia. Su vibración llena tu ser de fe y coraje, disipando cualquier temor o duda. Permite que su luz te sostenga, dándote la confianza de que todo está en perfecto desarrollo.

10. Ahora, el camino se torna de un índigo intenso. Has llegado a la esfera de las **Potestades**, guardianes de la protección espiritual. Siente su energía formando

un escudo de luz a tu alrededor, liberándote de influencias negativas y fortaleciendo tu campo energético.

11. A medida que avanzas, un resplandor violeta te envuelve. Has entrado en el reino de los **Principados**, los ángeles que guían la transformación de la humanidad. Su energía despierta en ti la compasión y la capacidad de influir positivamente en tu entorno. Siente cómo su amor se extiende a través de ti hacia el mundo.

12. Un magenta vibrante aparece a tu alrededor. Estás en la esfera de los **Arcángeles**, los grandes mensajeros divinos. Su presencia eleva tu vibración, conectándote con planos superiores de conciencia. Escucha sus mensajes, pues pueden llegar a ti como pensamientos, sensaciones o imágenes.

13. Finalmente, una luz blanca y pura te envuelve. Has alcanzado el dominio de los **Ángeles**, los compañeros cercanos de la humanidad. Su amorosa energía te rodea en un abrazo de luz. Siente su protección y apoyo incondicional, recordándote que nunca caminas solo.

14. Poco a poco, el camino comienza a desvanecerse y te sientes regresando suavemente a tu cuerpo. La luz blanca sobre tu cabeza se atenúa, pero la conexión con los ángeles permanece viva dentro de ti.

15. Con calma, mueve tus dedos y toma una respiración profunda. Cuando estés listo, abre los ojos y regresa con la certeza de que la energía angélica está siempre presente en tu vida.

4. Los siete arcángeles principales: Perfiles y funciones

Miguel: Protección y Coraje

El arcángel Miguel, cuyo nombre significa "¿Quién como Dios?", es el guardián de la protección y el coraje. Su función va más allá de la simple defensa física: trabaja en la configuración de campos energéticos que envuelven a los seres, creando escudos vibracionales que bloquean influencias negativas. Puedes imaginar su presencia como una burbuja luminosa que te rodea, reforzándose ante cualquier perturbación energética.

Desde la metafísica, se le asocia con la manipulación de plasmas de luz en el aura, organizando patrones vibratorios que fortalecen el espíritu y brindan seguridad. Es como la danza de luces de una aurora boreal: cada destello se sincroniza para formar una barrera protectora que mantiene el equilibrio interno. En este sentido, Miguel combate la "entropía espiritual", es decir, el desorden o desgaste de la energía sagrada que nos mantiene alineados con nuestro propósito.

Más allá de su rol protector, Miguel también encarna el coraje. No se trata solo de enfrentar peligros externos, sino de transformar el miedo en una fuerza activa que impulse decisiones firmes y valientes. Su energía te ayuda a convertir la inseguridad en determinación, permitiéndote superar bloqueos internos. En términos psicológicos, esto se relaciona con la integración de la sombra personal: el proceso de reconocer y aceptar aquellos aspectos de ti mismo que, en el pasado, has reprimido o ignorado.

La presencia de Miguel se manifiesta en momentos clave de la vida a través de sincronicidades: coincidencias significativas que ocurren cuando necesitas reafirmar tu confianza en el camino elegido. Tradicionalmente, se le representa con una espada flamígera, símbolo de discernimiento. Esta espada no solo corta la oscuridad, sino también las ilusiones y los lazos emocionales que impiden avanzar. Su poder no reside en la imposición, sino en el empoderamiento: Miguel no protege a través del miedo, sino enseñándote a encontrar tu propia fuerza interior.

Gabriel: Comunicación y Anunciación

Gabriel, cuyo nombre significa "Fortaleza de Dios", es el gran mensajero celestial, aquel que conecta dimensiones y facilita el flujo de información entre el mundo material y el espiritual. Su energía actúa como un puente entre lo visible y lo invisible, ayudando a traducir mensajes intuitivos y revelaciones en pensamientos comprensibles.

Cuando Gabriel se hace presente, su influencia se percibe en sueños, meditaciones o momentos de claridad súbita. Su labor no es solo transmitir conocimiento, sino también desbloquear la capacidad de expresión. Es un guía para artistas, escritores y comunicadores, pues ayuda a transformar ideas abstractas en palabras e imágenes que resuenen con el alma.

Desde una perspectiva metafísica, su vibración se compara con el entrelazamiento cuántico: la conexión instantánea entre partículas sin importar la distancia. De la misma manera, Gabriel facilita una comunicación que trasciende el espacio y el tiempo, permitiendo recibir orientación desde planos elevados de conciencia.

Su trompeta simbólica representa la vibración primordial que da forma a la realidad. En el lenguaje esotérico, se dice que su sonido armoniza la materia con la intención divina, manifestando nuevos comienzos. Por ello, Gabriel es el arcángel de la anunciación y de la creación: su presencia es un llamado a dar forma a proyectos, revelar verdades ocultas y expresar el propio propósito con autenticidad.

Cuando sientes bloqueos en tu comunicación o creatividad, invocar a Gabriel te ayuda a restaurar la fluidez. Desde la neurociencia, su acción se asocia con la sincronización de los hemisferios cerebrales, permitiendo que la intuición y la lógica trabajen en conjunto. En su esencia, Gabriel nos recuerda que cada palabra, cada idea y cada visión tiene el poder de transformar el mundo.

Rafael: Sanación y Ciencia

Rafael, cuyo nombre significa "Medicina de Dios", es el sanador divino. Su presencia no solo restaura el cuerpo físico, sino que también sana emociones y patrones energéticos que generan desequilibrios. Su trabajo se extiende más allá de curar síntomas: llega a la raíz del problema para generar una transformación real.

Las tradiciones espirituales afirman que su energía activa mecanismos de autorreparación celular, ayudando al cuerpo a regenerarse de manera natural. Esto encuentra paralelismos con estudios de epigenética, que sugieren que nuestras células responden no solo a factores biológicos, sino también a la intención y la vibración emocional.

Rafael también es el guardián del conocimiento médico y científico. En la tradición hermética, se le asocia con el caduceo: un bastón con dos serpientes entrelazadas, símbolo del equilibrio entre el cuerpo y el espíritu. Su influencia impulsa la investigación ética y el descubrimiento de nuevas formas de sanación que respetan la armonía universal.

Más allá de la medicina tradicional, Rafael guía procesos de sanación emocional y espiritual. Su energía ayuda a liberar traumas, cortar lazos con el pasado y restaurar la paz interior. No impone sanación, sino que ilumina el camino para que cada persona encuentre su propia medicina interna.

Si buscas claridad en temas de salud, bienestar o equilibrio emocional, invocar a Rafael te ayuda a recibir respuestas y soluciones alineadas con tu crecimiento. Su presencia nos recuerda que la verdadera sanación no es solo eliminar el dolor, sino restaurar la armonía en todos los niveles del ser.

Uriel: Sabiduría y Creatividad

Uriel, cuyo nombre significa "Fuego de Dios", es el arcángel de la sabiduría revelada. Su energía ilumina la mente, permitiendo ver conexiones ocultas y comprender realidades más profundas. A diferencia de Gabriel, quien facilita la comunicación externa, Uriel trabaja en el conocimiento interno, guiando procesos de introspección y transformación.

Su influencia despierta la creatividad y la intuición. En momentos de duda, su luz aporta claridad, revelando soluciones inesperadas. Desde la psicología transpersonal, se le asocia con estados de flujo creativo, aquellos momentos en los que las ideas fluyen sin esfuerzo y el tiempo parece detenerse.

Uriel también es guardián de los misterios esotéricos. Su energía se manifiesta en símbolos, geometrías sagradas y arquetipos ancestrales. Su presencia puede hacer que una imagen, un libro o una experiencia cotidiana adquiera un significado más profundo, como si de repente una verdad universal se revelara ante ti.

Desde la neurociencia, se ha demostrado que la apreciación de la belleza y el arte estimula regiones cerebrales relacionadas con la percepción y la memoria. En este sentido, Uriel no solo inspira a los artistas, sino que nos ayuda a reconocer la armonía y el orden en todas las cosas.

Su fuego sagrado no destruye, sino que transforma. En momentos de crisis, su energía ayuda a quemar viejas creencias y abrir paso a una nueva visión de la realidad. Su presencia nos recuerda que el conocimiento no se trata solo de acumular información, sino de integrar la sabiduría en la vida cotidiana.

Jofiel: Belleza e Iluminación

Jofiel, cuyo nombre significa "Belleza de Dios", es el guardián de la luz y la armonía, revelando el equilibrio divino presente en toda la creación. Su energía transforma la percepción ordinaria en una mirada profunda y contemplativa, permitiendo que la geometría sagrada subyacente en la naturaleza se haga evidente. Desde la simetría de una flor hasta el ritmo de las olas del mar, Jofiel ayuda a reconocer que la belleza no es solo una cualidad estética, sino un lenguaje sutil del universo. Es como si, a través de su presencia, lo cotidiano adquiriera un brillo especial, despertando el asombro y la gratitud por la perfección de la existencia.

Su influencia también se extiende al plano mental y espiritual. La física cuántica plantea que el acto de observar puede modificar lo observado, y Jofiel encarna este principio: al cambiar la forma en que miramos el mundo, transformamos la realidad misma. Como arcángel de la iluminación, facilita momentos de comprensión profunda, aquellos instantes de claridad en los que todo parece encajar con un propósito mayor. Además, en el ámbito de la ecología espiritual, su presencia ayuda a restaurar la conexión entre la humanidad y la naturaleza, recordando que la belleza no es algo externo, sino un reflejo de la armonía universal que también habita en nuestro interior.

Chamuel: Amor y Relaciones

Chamuel, cuyo nombre significa "El que ve a Dios", representa la esencia del amor incondicional, un lazo invisible que une almas más allá del tiempo y el espacio. Su energía fluye como un bálsamo sanador en el ámbito de las relaciones humanas, restaurando conexiones dañadas y fortaleciendo los vínculos con quienes nos rodean. Así como el pegamento une las piezas de una vasija rota, Chamuel repara las grietas emocionales que pueden haberse formado a lo largo de la vida. Desde relaciones familiares hasta lazos de amistad o amorosas, su influencia equilibra y armoniza, promoviendo interacciones basadas en la comprensión y la empatía.

Más allá del amor romántico, Chamuel nos guía hacia una relación más profunda con nuestro propio ser, ayudándonos a reconocer nuestro valor y a construir relaciones auténticas desde el amor propio. Estudios sobre la coherencia cardíaca han demostrado que el ritmo del corazón influye en nuestro estado emocional, y la vibración de Chamuel ayuda a estabilizar estos patrones, fomentando la paz y el equilibrio incluso en medio de conflictos. Se dice que su energía armoniza el "campo social cuántico", esa red sutil de interacciones que conecta a las personas, facilitando encuentros significativos y sincronías que impulsan el crecimiento mutuo. Su presencia disuelve las ilusiones del ego y nos permite ver la divinidad en cada ser, recordándonos que el amor es la fuerza que sostiene toda la creación.

Zadkiel: Libertad y Transmutación

Zadkiel, cuyo nombre significa "Justicia de Dios", es el arcángel de la transmutación, aquel que nos ayuda a liberarnos de las cargas del pasado y a transformar las experiencias en sabiduría. Su energía actúa como un alquimista interno, disolviendo patrones de pensamiento limitantes y creencias que nos mantienen anclados al sufrimiento. Se dice que su vibración resuena con el fuego violeta, una energía de purificación y cambio que permite soltar viejas heridas y dar paso a una nueva forma de ser. Imagina su influencia como un pincel que borra delicadamente las marcas del tiempo, dejando en su lugar una superficie en blanco lista para ser reescrita con una nueva historia.

Pero su labor no se limita a la liberación personal. Zadkiel también inspira cambios colectivos, impulsando procesos de justicia y evolución social. A lo largo de la historia, su energía ha sido invocada en momentos de transformación profunda, en movimientos que han buscado equilibrar el poder con la compasión. Como portador de la espada de luz violeta, simboliza el discernimiento que corta las cadenas de la ilusión sin destruir la esencia divina en cada experiencia. Su presencia nos recuerda que la verdadera libertad no solo consiste en romper ataduras, sino en asumir la responsabilidad de nuestro propio destino y caminar con valentía hacia una vida de mayor conciencia y plenitud.

Colores, días y cristales asociados a cada arcángel

Cada arcángel vibra en una frecuencia única que se refleja en colores, días y cristales específicos, los cuales amplifican su energía y facilitan su conexión con quienes buscan su guía.

Miguel, protector y guardián celestial, resuena con el azul eléctrico, un tono que encarna la fuerza, la determinación y el poder espiritual. Su energía alcanza su punto máximo los domingos, día solar vinculado a la vitalidad y la iluminación. Para sintonizar con su protección, se recomienda el uso de sodalita y lapislázuli, cristales que favorecen la claridad mental y la conexión espiritual, reforzando el coraje y la confianza.

Gabriel, mensajero divino, vibra con el blanco plateado, un color que representa la pureza y la revelación. Su influencia se intensifica los lunes, día regido por la Luna y sus ciclos, propiciando la intuición y la comunicación. El cuarzo claro y la selenita son sus cristales afines, ya que actúan como conductores energéticos que ordenan el flujo de información y favorecen la percepción espiritual.

Rafael, sanador universal, irradia el verde esmeralda, símbolo de renovación y equilibrio. Su energía se fortalece los miércoles, día regido por Mercurio, planeta de la comunicación y la medicina. La malaquita y la aventurina verde refuerzan su influencia, facilitando procesos de sanación en el cuerpo, la mente y el alma. Su vibración resuena con la frecuencia de 528 Hz, asociada con la reparación y la armonización celular.

Uriel, guardián de la sabiduría y la iluminación, emite un brillo de oro rubí, color que evoca el conocimiento ancestral y la creatividad. Su día es el jueves, vinculado a Júpiter, el planeta de la expansión y el crecimiento. Sus cristales de afinidad son el ojo de tigre, que fortalece la intuición y el coraje, y el ámbar, una piedra de sabiduría que resguarda memorias y activa la claridad mental.

Jofiel, el arcángel de la belleza y la inspiración, vibra en un amarillo diamante, tono que refleja la iluminación y la manifestación terrenal. Su energía es más intensa los viernes, día consagrado a Venus, símbolo del amor y la armonía. Cristales como el citrino, que promueve la creatividad y la alegría, y el topacio imperial, que estimula la claridad mental, potencian su presencia en el plano físico.

Chamuel, encarnación del amor incondicional, resuena con un rosa profundo, una vibración que envuelve al corazón con ternura y comprensión. Su influencia es más fuerte los martes, regidos por Marte, planeta de la acción y la determinación, equilibrando la pasión con la empatía. La rodocrosita y el cuarzo rosa, cristales que favorecen la sanación emocional y el amor propio, son sus aliados energéticos.

Zadkiel, maestro de la transmutación, irradia un violeta platino, tono que simboliza la transformación y la libertad espiritual. Su día es el sábado, bajo la regencia de Saturno, planeta de la disciplina y el crecimiento interno. La amatista, piedra de la intuición y la purificación, y la sugilita, cristal que favorece la liberación de patrones limitantes, facilitan su labor en el proceso de transmutación energética.

Invocaciones específicas para cada arcángel

Cada arcángel responde a una vibración particular que puede activarse a través de sonidos sagrados y mantras específicos.

Miguel, símbolo de protección y valentía, responde a la invocación de **Mikha'el**, pronunciada con firmeza para activar su escudo de luz. Su mantra **MI-CHI-EL**, entonado en 936 Hz, fortalece el cuerpo de luz, disolviendo energías discordantes y estableciendo una barrera vibratoria de protección.

Gabriel, el arcángel de la revelación, responde al llamado **Gavri'el**, cuya pronunciación ascendente representa la elevación del conocimiento. La sílaba clave **GAB** activa el chakra laríngeo, desbloqueando la expresión auténtica, mientras que el bija mantra **GAM** facilita la recepción de mensajes divinos.

Rafael, portador de la sanación universal, se invoca mediante **Rapha'el**, haciendo énfasis en **RAH**, una vibración que estimula la regeneración y armonización celular. Su mantra resonante en **741 Hz** alinea el campo energético, promoviendo el bienestar físico y emocional.

Uriel, guardián de la sabiduría, se conecta a través de la entonación **Uri'el**, en un tono grave que profundiza el conocimiento intuitivo. La sílaba **UR** abre canales de percepción elevada, mientras que **RI** estimula la glándula pineal[25], facilitando la comprensión de verdades universales.

Jofiel, iluminador de la belleza oculta, responde a **Yofiel**, en tonos agudos que expanden la percepción estética. Su mantra **YOF**, entonado en **639 Hz**, sincroniza la conciencia con la armonía cósmica, despertando la capacidad de contemplar la belleza en todas sus formas.

Chamuel, embajador del amor, vibra con la entonación **Khamu'el**, pronunciada desde el corazón para activar el chakra cardíaco. La sílaba **KHA** abre las puertas a la compasión, mientras que **MUEL** sincroniza la vibración personal con la energía del amor incondicional, resonando en **528 Hz**, frecuencia de la sanación emocional.

Zadkiel, el arcángel de la transmutación, responde al sonido **Tzadqiel**, entonado en una escala descendente que representa la disolución de bloqueos kármicos. La sílaba **TZAD** impulsa la liberación de viejas estructuras mentales, mientras que **KIEL** estabiliza el proceso de transformación. Su mantra **TZA**, resonando en **852 Hz**, favorece la renovación interior y el acceso a estados de conciencia superiores.

---

[25] La glándula pineal regula ciclos circadianos y se asocia con lo espiritual; en tradiciones místicas se le llama el "tercer ojo". René Descartes llamó a la glándula pineal "el asiento del alma" por su papel en la percepción espiritual según filosofías antiguas.

Cómo trabajar con los arcángeles en la vida diaria

Incorporar la energía de los arcángeles en la rutina cotidiana no requiere de rituales complejos, sino de una sintonización consciente con su presencia. Desde el momento en que despiertas, puedes armonizarte con la vibración de cada arcángel, comenzando por visualizar el color asociado al que rige el día. Por ejemplo, los lunes, evocar el blanco plateado de Gabriel puede potenciar tu capacidad de comunicación y receptividad, ayudándote a expresarte con mayor claridad en conversaciones y tareas diarias.

Los objetos cotidianos también pueden convertirse en puntos de conexión con su energía. Puedes consagrar un anillo con el sello de Miguel para llevar contigo su protección, programar tus llaves con un sigilo arcangélico o incluso colocar un pequeño símbolo de Rafael en tu escritorio para favorecer la sanación y el bienestar. Al dotar estos objetos de una intención específica, los transformas en anclas vibracionales que te recuerdan la presencia y asistencia de estos seres de luz a lo largo del día.

Incluso la alimentación puede ser una forma de conexión arcangélica. Dedicar cada alimento a un propósito espiritual fortalece la comunión con su energía: visualizar la luz verde de Rafael mientras nutres tu cuerpo refuerza la regeneración y el equilibrio, mientras que saborear conscientemente un bocado bajo la inspiración de Jofiel te permite apreciar la belleza sensorial en cada experiencia. Convertir la alimentación en un acto de gratitud e intención eleva su impacto y lo transforma en un canal de armonización espiritual.

En el ámbito profesional, la influencia de los arcángeles puede ser una gran aliada. Si necesitas creatividad e inspiración, invocar a Uriel puede abrirte a nuevas ideas y soluciones. Para negociaciones o presentaciones importantes, Gabriel te ayuda a comunicar con claridad y persuasión. También puedes sintonizar con su vibración mediante herramientas tecnológicas: colocar fondos de pantalla con colores afines a cada arcángel o programar tonos de llamada con frecuencias específicas, como 639 Hz para Miguel, puede ser un recordatorio vibracional de su presencia. Algunos incluso integran secuencias numéricas, como el 444 para Chamuel, en documentos o contraseñas, reforzando su influencia en el día a día.

El descanso es otro espacio propicio para la conexión arcangélica. Antes de dormir, puedes establecer intenciones precisas, como pedir a Zadkiel que te ayude a liberar bloqueos energéticos durante la fase REM o a Rafael que impulse la regeneración celular en la fase delta del sueño. Durante estas etapas, la mente subconsciente está más receptiva a la sanación y la guía espiritual, haciendo que la energía angélica actúe con mayor fluidez.

Por último, la gratitud es un pilar esencial en esta conexión. Agradecer conscientemente a Miguel por la seguridad que sientes, a Chamuel por la armonía en tus relaciones o a

Jofiel por la belleza que descubres en cada instante crea un circuito energético que fortalece su presencia en tu vida. Este pequeño gesto, sencillo pero poderoso, mantiene viva la interacción con los arcángeles y permite que su luz se integre en cada aspecto de tu existencia.

Oraciones de Invocación Específicas para los Siete Arcángeles Principales

1. Miguel: Protección y Coraje

Invocación:

"Arcángel Miguel, te llamo para que tu luz protectora me envuelva y disipe toda sombra. Rodéame con tu escudo de fuerza y guíame con tu espada de luz en cada desafío que enfrente. Dame el coraje para actuar con determinación y la sabiduría para elegir lo justo. Gracias por tu constante protección y guía."

Trabajo Diario:

Cada mañana, antes de comenzar tu día, invoca a Miguel y visualiza su luz azul envolviéndote como una armadura energética que te resguarda de influencias negativas. Si enfrentas una situación desafiante o necesitas tomar una decisión importante, llama su presencia y siente su fuerza infundiendo seguridad en tu interior.

2. Gabriel: Comunicación y Anunciación

Invocación:

"Arcángel Gabriel, mensajero de la luz, ayúdame a comunicarme con claridad y verdad. Permite que mis palabras reflejen amor y comprensión, y que mi voz transmita inspiración a quienes me rodean. Despierta en mí la intuición para recibir los mensajes del universo. Gracias por tu guía constante."

Trabajo Diario:

Antes de reuniones importantes, conversaciones delicadas o cualquier actividad creativa, invoca a Gabriel para que fluya la comunicación y se exprese tu verdad con claridad. Visualiza su luz blanca plateada despejando cualquier bloqueo mental y permitiéndote hablar desde el corazón con seguridad y dulzura.

3. Rafael: Sanación y Ciencia

Invocación:

"Arcángel Rafael, sanador divino, te pido que envuelvas mi cuerpo, mente y espíritu con tu luz esmeralda. Restaura mi energía, elimina todo desequilibrio y guía mi camino hacia la plenitud y el bienestar. Ayúdame a tomar decisiones que fortalezcan mi salud y mi armonía interior. Gracias por tu amor sanador."

Trabajo Diario:

Cuando sientas agotamiento físico o emocional, visualiza la luz verde de Rafael envolviendo cada célula de tu cuerpo, regenerando y armonizando tu energía. Si practicas yoga, meditación o terapias alternativas, invoca su presencia para potenciar sus beneficios y recibir su asistencia en el proceso de sanación.

4. Uriel: Sabiduría y Creatividad

Invocación:

"Arcángel Uriel, llama de sabiduría, ilumina mi mente con tu conocimiento divino. Ayúdame a encontrar respuestas, a expandir mi creatividad y a resolver cada desafío con claridad e ingenio. Inspírame para descubrir oportunidades donde otros ven obstáculos. Gracias por tu luz transformadora."

Trabajo Diario:

Si necesitas claridad en la toma de decisiones o inspiración para proyectos creativos, invoca a Uriel. Visualiza su luz dorada activando tu mente, iluminando ideas y revelando caminos que antes parecían invisibles. Su energía es especialmente útil en el aprendizaje, el estudio y el desarrollo intelectual.

5. Jofiel: Belleza e Iluminación

Invocación:

"Arcángel Jofiel, espejo de la belleza divina, ayúdame a ver la armonía y la perfección en todas las cosas. Ilumina mi mente para que mi visión sea clara y mi espíritu refleje luz. Guíame para descubrir la belleza en lo simple y para irradiar paz en todo lo que hago. Gracias por tu amorosa inspiración."

Trabajo Diario:

Cuando necesites renovar tu entorno o encontrar belleza en la vida cotidiana, llama a Jofiel. Visualiza su luz amarilla dorada expandiéndose a tu alrededor, elevando tu percepción y despertando el sentido del asombro. Su presencia te ayudará a encontrar luz incluso en los momentos más oscuros.

6. Chamuel: Amor y Relaciones

Invocación:

"Arcángel Chamuel, fuente infinita de amor, enséñame a amar sin miedo ni barreras. Sana las heridas de mi corazón y ayúdame a construir relaciones basadas en la comprensión y la ternura. Permíteme ver la divinidad en cada ser que encuentro en mi camino. Gracias por tu amor incondicional."

Trabajo Diario:

Siempre que sientas conflictos emocionales o necesites fortalecer tus relaciones, invoca a Chamuel. Visualiza su luz rosa envolviendo tu corazón, disolviendo resentimientos y llenándote de compasión. Su energía te ayudará a cultivar vínculos armoniosos y a sanar cualquier fractura en el amor propio.

7. Zadkiel: Libertad y Transmutación

Invocación:

"Arcángel Zadkiel, maestro de la transmutación, ayúdame a liberar las ataduras del pasado y a abrazar la transformación con gratitud. Llena mi ser con la luz violeta para disolver toda carga y renacer en una versión más elevada de mí mismo. Gracias por tu guía en mi camino de evolución."

Trabajo Diario:

Si deseas liberarte de hábitos negativos, emociones densas o cargas energéticas, invoca a Zadkiel. Visualiza su fuego violeta consumiendo lo que ya no necesitas, dejando espacio para una nueva energía. Puedes llamarlo especialmente durante prácticas de meditación, trabajo energético o procesos de sanación interior.

5. Ángeles guardianes: Cómo identificar y conectar con el tuyo

Concepto de ángel guardián

Desde tiempos ancestrales, diversas culturas han compartido la creencia en seres espirituales cuya misión es velar por la protección y el bienestar de las personas. Esta idea se refleja en tradiciones milenarias que, aunque distintas en sus formas, coinciden en la existencia de entidades guardianas que acompañan al ser humano en su tránsito por la vida.

En el zoroastrismo persa, una de las religiones más antiguas, se habla de los fravashi, espíritus protectores que no solo cuidan a los individuos, sino que también encarnan los ideales y la esencia de la comunidad, garantizando el orden y la armonía. En el antiguo Egipto, el Ka[26] representaba una fuerza vital que coexistía con cada persona, funcionando como un doble espiritual que aseguraba su protección y continuidad más allá de la vida terrenal. Esta noción de una energía que trasciende la

---

[26] El Ka en la mitología egipcia era un doble espiritual que preservaba la identidad individual tras la muerte, vinculado al concepto de alma eterna

existencia física y guía el destino humano está presente en múltiples tradiciones.

El judaísmo, por su parte, introdujo a los malakhim—mensajeros divinos—como seres que intervienen en momentos cruciales para orientar y asistir a los humanos. Un ejemplo de ello se encuentra en el Libro de Tobías[27], donde el arcángel Rafael acompaña y protege a Tobías a lo largo de su viaje, guiándolo hacia la sanación y el crecimiento personal.

Con la expansión del cristianismo, la idea de los ángeles guardianes se estructuró aún más. Figuras como Pseudo-Dionisio Areopagita, místico del siglo V, plantearon que cada persona recibe la custodia de un ángel desde su nacimiento, un concepto que cobró fuerza en la espiritualidad medieval. Durante el Renacimiento, la angelología se entrelazó con el hermetismo—corriente esotérica que explora la conexión entre el microcosmos y el macrocosmos—y la cábala, fomentando prácticas de comunicación con estos seres. En la era moderna, movimientos como la Golden Dawn[28], sociedad esotérica del siglo XIX, exploraron rituales para invocar y conectar con los ángeles. Actualmente, una visión más universal y

---

[27] El Libro de Tobías (siglo II a.C.) es texto deuterocanónico que muestra la intervención angélica en asuntos humanos mediante sanación y guía práctica.
[28] La Golden Dawn (1888-1903) fue orden hermética que revitalizó el estudio de la angelología mediante rituales cabalísticos y tarot angélico. Se le conocía en español como La Orden del Amanecer Dorado y fue popularizada por personajes como Aleister Crowley

transreligiosa concibe a los ángeles guardianes no solo como protectores, sino también como catalizadores de la evolución espiritual de cada individuo.

¿Todos tenemos un ángel guardián?

Las tradiciones espirituales de diversas culturas sostienen que la protección angélica es un principio universal. En la Biblia, el Salmo 91: 11proclama: "A sus ángeles mandará acerca de ti", reafirmando la creencia de que cada persona cuenta con la asistencia de estos seres celestiales. En Mateo 18: 10, se alude a la presencia especial de los ángeles en la vida de los niños, sugiriendo que su resguardo nos acompaña desde la infancia.

El islam también reconoce a los malaikah, entidades que registran las acciones humanas y velan por el equilibrio divino en la vida de cada persona. En el hinduismo, los devas—seres luminosos vinculados a la naturaleza y al cosmos—actúan como guías y guardianes espirituales, promoviendo la armonía en el universo.

Desde una perspectiva más esotérica, la teosofía[29], corriente filosófica del siglo XIX, sostiene que cada alma tiene múltiples guardianes, asignados según su evolución

---

[29] Movimiento fundado por Helena Blavatsky (1875) que sintetiza ocultismo oriental y occidental, incluyendo jerarquías angélicas.

kármica. Esto implica que ciertos ángeles y guías podrían haber acompañado al individuo en vidas pasadas, adaptándose a su crecimiento espiritual. En el ámbito psicológico, Carl Jung describió al ángel guardián como un arquetipo[30] del inconsciente colectivo, es decir, una imagen simbólica que refleja la necesidad humana de orientación y protección en tiempos de incertidumbre.

La neuroteología—disciplina que estudia la relación entre las experiencias espirituales y la actividad cerebral—ha identificado que la creencia en guardianes celestiales activa regiones como la corteza prefrontal medial, área del cerebro vinculada a la toma de decisiones y la sensación de apoyo. Esto sugiere que, más allá de su existencia objetiva, la idea de un ángel guardián influye positivamente en la psicología humana, generando una percepción de acompañamiento y guía en momentos clave.

Cómo identificar las señales de tu ángel guardián

Los ángeles guardianes suelen manifestarse de manera sutil, a través de coincidencias significativas o eventos que parecen diseñados para llamar nuestra atención. Entre las señales más comunes se encuentran:

---

[30] Jung consideraba los ángeles como manifestaciones del Sí-Mismo, puentes entre consciente e inconsciente colectivo.

- Plumas blancas en lugares inesperados: muchas tradiciones las interpretan como un mensaje de protección y confirmación de su presencia.
- Secuencias numéricas repetitivas: combinaciones como 11: 11, 333o 444son consideradas por algunos como códigos angelicales que refuerzan su cercanía.
- Cambios de temperatura repentinos: sensaciones de calor o frío sin explicación aparente pueden indicar un contacto energético con estos seres.
- Sueños simbólicos: los ángeles pueden aparecer en los sueños como figuras luminosas que entregan mensajes o símbolos, como llaves (acceso a conocimientos ocultos) o espejos (invitaciones a la introspección).
- Aromas inexplicables: la percepción repentina de fragancias como incienso, flores o perfumes sin una fuente física reconocible es una de las manifestaciones más reportadas.

Desde la parapsicología—disciplina que estudia fenómenos inexplicables por la ciencia convencional—se ha documentado que muchas de estas experiencias surgen en momentos de decisiones importantes, sugiriendo que podrían ser respuestas a estados de apertura espiritual o intuiciones profundas.

Técnicas para comunicarte con tu ángel guardián

Conectar con tu ángel guardián no requiere rituales complejos, sino una disposición a escuchar y percibir señales sutiles. Algunas prácticas efectivas incluyen:

- Momentos de introspección: reservar pausas diarias para aquietar la mente y estar atentos a pensamientos o sensaciones espontáneas.
- Registro de sincronicidades: llevar un diario donde anotes coincidencias o señales que, vistas en conjunto, revelen patrones significativos.
- Expresión artística: la música, la escritura o la pintura pueden ser herramientas para canalizar mensajes simbólicos y fortalecer la conexión con los ángeles.
- Oración o intención consciente: establecer una comunicación clara mediante pensamientos o palabras dirigidas con gratitud y apertura.

Algunos conceptos de la física cuántica han sido empleados de manera metafórica para explicar esta interacción. El entrelazamiento cuántico, fenómeno en el que dos partículas se afectan mutuamente sin importar la distancia, ha sido usado para ilustrar la idea de que la conciencia humana puede resonar con entidades espirituales sin necesidad de contacto físico. En términos sencillos, es como si existiera un vínculo invisible que permite que el pensamiento y la intención generen respuestas en niveles sutiles de la realidad.

Es importante, sin embargo, discernir entre intuiciones auténticas y proyecciones de la mente. La semiología espiritual—estudio de los símbolos en el ámbito místico—advierte que no todas las señales provienen de entidades externas, sino que algunas pueden ser reflejos internos del subconsciente. La clave está en la coherencia y la repetición: si una señal persiste a lo largo del tiempo y se presenta en momentos relevantes, es más probable que sea una manifestación genuina de tu ángel guardián.

Diferencia entre ángel guardián y guía espiritual

En la exploración de lo espiritual, la distinción entre ángeles guardianes y guías espirituales puede parecer sutil, pero sus naturalezas y propósitos son profundamente diferentes. Los ángeles guardianes pertenecen a órdenes celestiales inmutables, seres de luz que operan dentro de un plan divino universal y cuya presencia trasciende el tiempo y el espacio. Su manifestación suele expresarse a través de símbolos arquetípicos como la luz brillante, las alas o una sensación envolvente de protección y amor incondicional. Su labor no está condicionada por experiencias humanas previas, sino que responde a la vibración cósmica del orden divino.

Por otro lado, los guías espirituales son almas que han transitado la existencia humana y, tras alcanzar un nivel elevado de conciencia, eligen acompañar y orientar a quienes siguen en su camino terrenal. Su ayuda es más personalizada, basada en la empatía y el conocimiento adquirido a través de sus propias vidas pasadas. Mientras los ángeles guardianes transmiten su mensaje mediante impulsos intuitivos y patrones energéticos universales, los guías espirituales pueden presentarse con formas más familiares, evocando a ancestros, maestros o incluso figuras históricas que resuenan con el propósito de quien los recibe.

La percepción de estos seres ha sido estudiada desde diferentes enfoques, incluso en el ámbito neurocientífico. Investigaciones en neuroimagen han mostrado que la sensación de presencia angélica activa regiones del lóbulo parietal derecho, área vinculada con la orientación espacial y la percepción de una presencia externa protectora. En cambio, la interacción con guías espirituales involucra el lóbulo temporal izquierdo, relacionado con la memoria y la evocación de experiencias pasadas, lo que refuerza la idea de que su guía se presenta a menudo en forma de recuerdos, imágenes o narraciones con significado personal.

Cómo fortalecer la conexión con tu ángel guardián

Profundizar la conexión con tu ángel guardián es un proceso de alineación consciente que se sostiene sobre tres principios esenciales: la pureza vibracional, la intención enfocada y la gratitud activa. La pureza vibracional implica un estado de armonía interna y externa, evitando la acumulación de energías densas tanto a nivel físico como emocional. La intención enfocada es el acto de sintonizarse conscientemente con la presencia angelical, estableciendo un propósito claro en cada petición o comunicación. Finalmente, la gratitud activa refuerza el vínculo con lo divino, reconociendo y apreciando las señales que el ángel envía, como la aparición inesperada de plumas, luces o sincronicidades que confirman su cercanía.

Para fortalecer esta conexión, existen prácticas específicas que pueden potenciar la receptividad espiritual. El uso de cristales de cuarzo, considerados amplificadores energéticos, permite establecer un canal más claro para la interacción angélica. La vibración de ciertas frecuencias sonoras, como la de 528 Hz, también ha sido empleada en meditaciones y técnicas de armonización energética, ya que se asocia con la apertura del chakra del corazón y la sintonización con frecuencias superiores de amor y sanación.

Desde una perspectiva energética, la repetición constante de estas prácticas genera lo que algunos llaman "campos morfogenéticos", estructuras vibracionales que facilitan la conexión con planos sutiles. La clave está en la continuidad y la intención: establecer un diálogo frecuente con el ángel guardián, asignarle tareas concretas—como protección durante un viaje o inspiración en momentos de duda—y estar atentos a las respuestas que se manifiestan en el entorno. Aunque estas señales no siempre se pueden medir con parámetros científicos, su impacto en la vida cotidiana se percibe en forma de mayor claridad, serenidad y una profunda sensación de acompañamiento y guía.

El nombre de tu ángel guardián: importancia y cómo descubrirlo

Si bien conocer el nombre de tu ángel guardián no es un requisito para recibir su guía y protección, muchas personas encuentran que hacerlo fortalece su conexión y facilita la comunicación con esta presencia celestial. Es importante recordar que el nombre de tu ángel es único para ti y no forma parte de ninguna lista predefinida o generalizada.

Más allá de un nombre específico, lo que realmente importa es la intención y el sentimiento con los que lo llamas. Así como en la vida cotidiana podemos usar un apodo cariñoso para alguien cercano sin que ello afecte el vínculo, tu ángel responderá con amor a cualquier nombre que elijas desde el corazón. Su conexión contigo es vibracional, más allá de las palabras.

A continuación, te comparto un ejercicio para descubrir el nombre de tu ángel guardián a través de tu intuición, sueños y sincronicidades. Este proceso no busca forzar una respuesta inmediata, sino abrir el canal para que la revelación llegue de manera natural.

Ejercicio para descubrir el nombre de tu ángel guardián

1. **Prepara el espacio y la intención**

   Antes de dormir, encuentra un lugar tranquilo y adopta una posición cómoda. Respira profundamente varias veces hasta sentirte relajado. Visualiza una luz blanca envolviéndote con calidez y protección, como si estuvieras dentro de un espacio sagrado.

2. **Realiza la invocación**

   Con el corazón abierto, expresa mentalmente o en voz alta una petición como:

   "Amado ángel guardián, te invito a que te hagas presente en mi conciencia. Muéstrame tu nombre o un símbolo que represente nuestra conexión. Estoy abierto y receptivo a tu guía."

3. **Entrega y confía**

   Mientras te sumerges en el sueño, mantén una actitud de apertura. No te aferres a recibir una respuesta inmediata ni intentes controlar el proceso. Deja que la información llegue en el momento perfecto.

4. **Registra tus sueños**

Al despertar, permanece unos momentos en quietud antes de moverte. Intenta recordar cualquier palabra, imagen o sensación que haya destacado en tu sueño. Anótala en un diario, aunque parezca poco clara o sin sentido inmediato.

5. **Observa las señales durante el día**

Presta atención a nombres o palabras que se repitan a lo largo del día. Podrían aparecer en una conversación, en un libro, en una canción o incluso en un letrero en la calle. La repetición es una señal clave de que tu ángel está intentando comunicarse.

6. **Sigue el proceso durante varios días**

Realiza este ejercicio durante al menos una semana, registrando tus observaciones tanto en el sueño como en la vigilia. Al final de este periodo, revisa tus notas y busca patrones o coincidencias.

7. **Reconoce la respuesta**

Si un nombre o símbolo ha surgido de manera recurrente, úsalo con confianza en tus invocaciones y meditaciones. Si en lugar de un nombre has recibido una imagen, emoción o sensación, toma esto como un punto de referencia para conectar con tu ángel.

8. **Cultiva la relación con tu ángel**

Más allá del nombre, lo esencial es fortalecer el vínculo a través de la meditación, la oración y la atención a las señales sutiles que recibes día a día. Recuerda que tu ángel se comunica constantemente contigo, de formas que van más allá de las palabras.

Confía en que la información llegará en el momento adecuado y en la manera más armoniosa para ti. La conexión con tu ángel guardián no se basa en fórmulas rígidas, sino en la apertura del corazón y la certeza de que su presencia te acompaña siempre.

6. El lenguaje de los ángeles: Símbolos, números y sincronicidades

La comunicación angélica no se expresa en palabras convencionales, sino en un lenguaje vibracional que se manifiesta a través de símbolos, secuencias numéricas y sincronicidades. Estos mensajes actúan como puentes entre el mundo material y las dimensiones sutiles, activando resonancias en la conciencia y permitiendo que lo invisible se haga presente de manera perceptible. En muchas tradiciones espirituales, estos códigos son considerados llaves que abren portales hacia realidades superiores, facilitando la conexión con los planos angélicos.

Para captar estos mensajes, es necesario desarrollar un estado de sintonización que permita percibir las señales con claridad. Así como un instrumento musical debe estar afinado para producir un sonido armonioso, la mente y el espíritu del receptor deben alinearse con las frecuencias en las que operan los ángeles. Esta capacidad de percepción ha sido estudiada incluso en el campo de la neuroteología, donde se ha observado que las experiencias espirituales activan áreas del cerebro relacionadas con la intuición y la conexión con estados de conciencia expandidos. Así, la comunicación angélica no es una imposición externa, sino una invitación a elevar la vibración interna para interpretar correctamente los mensajes que se nos envían.

Símbolos angélicos comunes y su significado

Los símbolos angélicos han aparecido en diferentes culturas y momentos históricos como representaciones arquetípicas de lo divino. No son simples figuras decorativas, sino condensaciones de energía y significado que transmiten información de forma directa a la conciencia.

- **Alas:** Más allá de su imagen icónica, las alas representan la capacidad de trascender las limitaciones humanas y acceder a estados elevados de comprensión. Son símbolo de libertad, elevación espiritual y protección.
- **Espadas**: Asociadas con el arcángel Miguel, las espadas simbolizan el poder del discernimiento, la capacidad de cortar con la ilusión y la confusión para acceder a la verdad. También representan la fuerza para enfrentar desafíos con valentía.
- **Halos de luz**: Estas esferas luminosas indican un estado de conciencia expandida y conexión con lo divino. En muchas representaciones artísticas, los halos rodean la cabeza de seres iluminados como señal de su vibración elevada.
- **Plumas**: Encontrar plumas en momentos clave de la vida es una de las señales angélicas más comunes. Se considera un mensaje de aliento, una confirmación de que estamos siendo guiados y protegidos.
- **Orbes** luminosos: A veces captados en fotografías o percibidos en estados meditativos, estos destellos

de luz se asocian con la presencia angélica manifestándose de manera sutil en la realidad física.
- **Geometría sagrada**: Figuras como el icosaedro o el dodecaedro han sido utilizadas en la antigüedad como estructuras de conexión con dimensiones superiores. Estos patrones geométricos reflejan el orden divino en el universo y pueden servir como herramientas para meditar y alinear la conciencia con planos elevados.

Estos símbolos no aparecen al azar, sino que emergen en momentos específicos como respuestas a preguntas, confirmaciones de decisiones o recordatorios de que no estamos solos en nuestro camino espiritual.

Numerología angélica: secuencias numéricas y sus mensajes

Los números también son un lenguaje universal mediante el cual los ángeles transmiten mensajes. Cada número vibra con una frecuencia específica y al aparecer repetidamente, señala una comunicación dirigida hacia la persona que lo percibe.

- **111**: Indica la apertura de un portal energético. Es una invitación a mantener pensamientos positivos y enfocar la intención en la manifestación de deseos alineados con el propósito de vida.
- **222**: Representa el equilibrio y la armonía. Es un mensaje de confianza, asegurando que todo se está

alineando para bien, incluso si no es evidente de inmediato.
- **333**: Simboliza la presencia de guías espirituales y la activación del cuerpo, mente y espíritu en un mismo propósito. Es una señal de apoyo para seguir adelante con seguridad.
- **444**: Conexión con la protección angelical. Cuando este número aparece con frecuencia, se considera un recordatorio de que estamos rodeados de asistencia espiritual.
- **555**: Indica cambios inminentes. Puede aparecer cuando se acerca una transformación importante en la vida, animando a aceptar el flujo de los acontecimientos con confianza.
- **666**: Más allá de interpretaciones erróneas, esta cifra representa un llamado a equilibrar lo material y lo espiritual. Aparece cuando es necesario reajustar prioridades y reconectar con la esencia interna.
- **777**: Relacionado con la introspección y la sabiduría mística. Es un número de alineación con el conocimiento superior y la revelación de verdades espirituales profundas.
- **888**: Símbolo de abundancia y prosperidad. Indica que se están abriendo puertas para la manifestación de recursos en todos los niveles.
- *999*: Representa el cierre de ciclos y la preparación para nuevos comienzos. Es una señal de que es momento de dejar atrás lo que ya no sirve y avanzar con una nueva perspectiva.
- **11: 11**: Considerado un código de activación espiritual, este número se asocia con la alineación del

destino y la conexión con planos superiores de conciencia.

Estos códigos numéricos pueden aparecer en relojes, matrículas de autos, recibos o cualquier otro contexto cotidiano. Su repetición no es coincidencia, sino una invitación a prestar atención a los mensajes del universo.

Encontrarás todo un anexo dedicado a profundizar en la numerología angelical al final de este libro.

Sincronicidades como forma de comunicación angélica

Las sincronicidades son eventos aparentemente casuales que, al observarse en conjunto, revelan un patrón significativo. Desde la perspectiva angélica, estas coincidencias no son azarosas, sino manifestaciones de una inteligencia superior que ajusta las circunstancias para guiarnos en nuestro camino.

- **Encuentros fortuitos**: Reencontrarse con personas del pasado o conocer a alguien clave en un momento determinante puede ser un mensaje de que estamos en el camino correcto.
- **Mensajes repetidos**: Cuando una misma palabra, imagen o frase aparece de manera recurrente en distintos medios, es señal de que hay un mensaje importante esperando ser comprendido.

- **Acceso a información precisa**: En ocasiones, justo cuando se necesita claridad en un tema, un libro, un video o una conversación inesperada brindan exactamente la respuesta que se estaba buscando.
- **Sincronización de eventos**: Situaciones que parecen estar alineadas de manera impecable, como si el universo conspirara para facilitar un camino, son una clara señal de intervención angélica.

Desde la física cuántica, la teoría del entrelazamiento sugiere que todo en el universo está interconectado más allá del tiempo y el espacio. Este principio puede aplicarse a la sincronicidad, donde eventos distantes y aparentemente desconectados se alinean para entregar un mensaje o facilitar una experiencia transformadora.

Las sincronicidades suelen ser más evidentes en momentos de cambio o decisiones cruciales. Cuando se experimentan con frecuencia, es señal de que la conciencia se está alineando con el flujo natural del universo y la guía espiritual se hace más presente.

El lenguaje de los ángeles no es arbitrario ni caótico. Cada símbolo, número o evento sincronizado actúa como un punto de contacto entre dimensiones, recordándonos que la realidad es mucho más vasta y compleja de lo que percibimos con los sentidos ordinarios. Desarrollar la sensibilidad para reconocer estas señales es abrirse a una forma de comunicación que trasciende el intelecto y permite una interacción directa con lo divino.

Plumas, arcoíris y otros mensajes angélicos

La naturaleza actúa como un vasto lienzo en el que se plasman mensajes sutiles de los ángeles. Estos signos pueden manifestarse de formas inesperadas, y cuando aprendemos a reconocerlos, fortalecemos nuestra conexión con el reino espiritual.

Uno de los signos más frecuentes son las plumas, que pueden aparecer en lugares insólitos, como dentro de un hogar sin ventanas abiertas o en espacios donde no hay aves cercanas. Cuando encuentras una pluma en tu camino sin una explicación lógica, se interpreta como un recordatorio de que los ángeles están cerca, apoyándote y guiándote. El color de la pluma también puede dar pistas sobre su mensaje: las blancas suelen estar asociadas con paz y protección, las azules con comunicación y verdad, mientras que las doradas o amarillas simbolizan iluminación y alegría.

Los arcoíris, por su parte, son un símbolo universal de conexión entre el cielo y la tierra, entre lo visible y lo invisible. Si aparece un arcoíris en un momento clave de tu vida —por ejemplo, cuando haces una oración o piensas en una situación que te preocupa— es una confirmación de que las respuestas que buscas están en camino. En algunos casos, estos arcoíris pueden presentarse de formas inusuales, como un halo de luz alrededor del sol o un reflejo en el agua, reforzando su mensaje de esperanza y guía divina.

Las nubes también pueden servir como vehículos de comunicación angélica. Algunas personas han observado formaciones que adoptan la silueta de alas, corazones o figuras celestiales. Estas imágenes efímeras invitan a la introspección y a abrirnos a la presencia amorosa de nuestros guías espirituales.

Otro signo común es la aparición repetitiva de ciertos animales, como mariposas blancas o colibríes, especialmente en momentos de duda o transición. Desde la perspectiva espiritual, estos seres son mensajeros que traen vibraciones de alegría, transformación y protección. Sus apariciones están vinculadas a la sincronicidad y reflejan la presencia de energías sutiles en acción.

Cada uno de estos signos funciona como un reflejo del principio de correspondencia: el significado de la señal depende de la percepción y el estado interior del observador. Lo más importante es que, al notar estos mensajes en la naturaleza, tomes un momento para conectar con su significado y confiar en la guía que los ángeles están enviando.

Sueños y visiones: decodificando mensajes angélicos

Los ángeles a menudo utilizan el mundo onírico para comunicarse, pues en el estado de sueño la mente consciente se relaja y es más receptiva a mensajes simbólicos. Estos sueños se caracterizan por ser vívidos y tener una sensación de realidad intensa, como si pertenecieran a otra dimensión.

En los sueños angélicos, es común experimentar la presencia de seres luminosos, paisajes de luz o sonidos armoniosos que transmiten paz y claridad. También pueden presentarse a través de símbolos como llaves (que representan nuevas oportunidades), espejos (autoconocimiento y verdad) o escaleras (progresión espiritual). La sensación al despertar suele ser de profunda calma o certeza, como si hubieras recibido una revelación silenciosa.

Desde un enfoque neurológico, se ha observado que los sueños de alta intensidad emocional activan áreas del cerebro vinculadas al procesamiento simbólico, lo que sugiere que nuestro subconsciente interpreta estas experiencias con un significado más profundo. Si sueñas con ángeles o recibes mensajes durante el sueño, es recomendable anotarlos al despertar para analizarlos con mayor claridad.

Las visiones en estado de vigilia son otro tipo de manifestación angélica. Estas pueden ocurrir durante momentos de meditación profunda, en situaciones de crisis o en momentos de introspección intensa. Se presentan como destellos de luz, figuras geométricas, palabras que parecen flotar en el aire o incluso la impresión de haber visto fugazmente una silueta etérea. Estas visiones, aunque efímeras, suelen dejar un impacto emocional duradero y pueden contener mensajes clave para tu evolución espiritual.

Para interpretar estos mensajes, es útil observar los detalles y patrones que se repiten en tus experiencias. ¿Hay símbolos recurrentes en tus sueños? ¿Las visiones ocurren en momentos específicos? La clave está en conectar estos eventos con tu vida y con las preguntas que tienes en el momento. Los ángeles hablan a través del lenguaje de la intuición, y cuanto más atención prestes a sus señales, más clara será su comunicación.

Desarrollo de la intuición para interpretar mensajes angélicos

Afinar la intuición es esencial para recibir y comprender los mensajes angélicos. Este proceso implica sensibilizar la conexión entre el corazón y la mente, estableciendo un equilibrio entre la razón y la percepción sutil.

Una de las formas más efectivas de fortalecer esta capacidad es la práctica de la meditación con enfoque en el corazón. La ciencia ha demostrado que existe una sincronización entre el ritmo cardíaco y la actividad cerebral que potencia la intuición. Al entrar en un estado de calma profunda, esta coherencia facilita la recepción de información intuitiva y amplifica la percepción de energías sutiles.

Otra técnica poderosa es la sintonización con la frecuencia Schumann, una vibración electromagnética natural de la Tierra que resuena en aproximadamente 7.83 Hz. Se cree que esta frecuencia ayuda a equilibrar el cuerpo energético y a conectar con planos superiores de conciencia. Existen sonidos y meditaciones diseñadas específicamente para inducir este estado y potenciar la percepción extrasensorial.

El uso de cristales como el cuarzo claro o la selenita también puede actuar como amplificador de mensajes angélicos. Estos cristales tienen propiedades piezoeléctricas, lo que significa que pueden transformar y amplificar energías sutiles, ayudando a sintonizar con la vibración celestial. Tenerlos cerca durante la meditación o al dormir puede facilitar experiencias de contacto angélico.

La práctica diaria de registrar tus intuiciones, mensajes o visiones fortalece las conexiones neuronales asociadas a la percepción extrasensorial. Este proceso, conocido como neuroplasticidad, permite que el cerebro se adapte y refine la capacidad de recibir información sutil con mayor claridad.

Incluso la alimentación influye en la apertura intuitiva. Se ha observado que una dieta equilibrada que favorezca estados de claridad mental —como el consumo moderado de grasas saludables y alimentos naturales— puede potenciar la agudeza sensorial y mejorar la conexión con los mensajes espirituales.

El desarrollo de la intuición es un camino progresivo. A medida que prestas más atención a los signos y practicas la interpretación simbólica, la comunicación con los ángeles se vuelve más fluida y espontánea.

Ejercicio práctico: Diario de Comunicación Angélica

Un diario dedicado a registrar los mensajes y señales angélicas es una herramienta invaluable para fortalecer tu conexión espiritual. Este ejercicio te permitirá reconocer patrones, analizar símbolos recurrentes y profundizar en la comprensión del lenguaje angélico.

Pasos para crear tu Diario de Comunicación Angélica:

1. **Elige un cuaderno especial** que te inspire y resuene con tu intención de conectar con los ángeles.

2. **Escribe una dedicatoria** en la primera página, expresando tu deseo de recibir y comprender los mensajes divinos.

3. **Divide tu diario en secciones**, por ejemplo:
    - **Símbolos:** Registra cualquier señal significativa en la naturaleza (plumas, arcoíris, animales).
    - **Números:** Apunta secuencias numéricas repetitivas (111, 444, 12: 12) y sus posibles significados.
    - **Sincronicidades:** Anota coincidencias sorprendentes o eventos que parezcan estar guiados por una fuerza mayor.
    - **Sueños:** Describe tus sueños angélicos y analiza sus símbolos.
    - **Intuiciones:** Escribe pensamientos o sensaciones que te parezcan mensajes internos o revelaciones espontáneas.

4. **Lleva tu diario contigo** o mantenlo en un lugar accesible para registrar cualquier experiencia en el momento.

5. **Revisa tu diario regularmente** y busca patrones en los mensajes recibidos.

6. **Expresa gratitud** por la guía angélica. La gratitud fortalece el vínculo con los ángeles y aumenta la frecuencia de comunicación.

7. Preparación espiritual para el trabajo angélico: Limpieza y protección

Preparar el cuerpo y el entorno antes de cualquier trabajo espiritual es fundamental para establecer una conexión clara con los ángeles. En el plano energético, las vibraciones densas pueden actuar como interferencias, dificultando la comunicación con estas entidades de luz. No se trata de una cuestión de juicio moral, sino de la necesidad de generar un estado vibracional que sea compatible con su frecuencia. Así como en la música ciertas notas deben armonizarse para crear una melodía agradable, en la interacción con los ángeles es necesario sintonizarse con su energía para facilitar su presencia.

Un buen ejemplo de esto se encuentra en la física cuántica: en muchos experimentos, los científicos crean un vacío controlado para eliminar cualquier partícula externa que pueda distorsionar los resultados. Del mismo modo, los ángeles operan en planos elevados donde la pureza energética es clave. Sin un espacio limpio y ordenado, la comunicación se vuelve difusa, como si intentáramos captar una señal de radio en medio de una tormenta eléctrica. La purificación es el proceso que permite despejar el "ruido" energético y facilitar un punto de encuentro entre nuestra dimensión y la suya.

Las tradiciones espirituales más antiguas comprendían bien esta necesidad. En Egipto y Sumeria, por ejemplo, se realizaban rituales de limpieza antes de contactar con los dioses y sus mensajeros[31], utilizando hierbas, aceites y baños ceremoniales. La tradición hermética expresa este principio con la famosa frase "Como es arriba, es abajo", recordándonos que si queremos atraer energías elevadas, debemos reflejar esa misma pureza en nuestro interior y en nuestro entorno.

Técnicas de limpieza energética personal

La purificación energética opera en tres niveles: físico, emocional y mental. A nivel físico, el uso de baños con sales marinas es una práctica ancestral basada en la capacidad de los minerales para absorber y neutralizar energías discordantes. El agua, reconocida desde siempre como un elemento purificador[32], actúa como un canal de liberación, especialmente cuando se combina con una intención clara y consciente. Transformar un baño cotidiano en un ritual de

---

[31] En Egipto, los sacerdotes realizaban abluciones rituales y usaban incienso como el kyphi, mientras que en Sumeria se empleaban baños y oraciones para purificar templos y personas.

[32] En numerosas tradiciones, como el cristianismo (bautismo) y el hinduismo (baños en el Ganges), el agua simboliza la limpieza espiritual y la renovación.

limpieza energética puede marcar una gran diferencia en la calidad de la conexión con los ángeles.

En el plano emocional, la respiración consciente ayuda a liberar bloqueos y tensiones acumuladas. Se ha demostrado que la exhalación prolongada activa el sistema nervioso parasimpático, induciendo un estado de calma profunda. Este equilibrio es fundamental para que las energías sutiles fluyan sin resistencia. Visualizar una luz blanca o dorada rodeando el cuerpo durante este proceso potencia aún más su efecto, alineando nuestra frecuencia con la de los seres angélicos.

Incluso la ciencia moderna encuentra paralelismos con estas prácticas. Estudios en bioelectromagnetismo[33] han demostrado que los estados de coherencia psicofisiológica, en los que cuerpo y mente están en equilibrio, mejoran la capacidad del organismo para interactuar con campos energéticos sutiles. Esta armonización facilita la comunicación con lo trascendental y permite que la energía fluya sin obstrucciones.

---

[33] El bioelectromagnetismo estudia cómo los campos eléctricos y magnéticos generados por el cuerpo humano influyen en la salud y la interacción energética.

Creación de un espacio sagrado para la comunicación angélica

El ser humano ha comprendido desde tiempos remotos la importancia de los espacios sagrados en la conexión con lo divino. Arquitecturas como los zigurats[34] mesopotámicos y las catedrales góticas fueron diseñadas con la intención de elevar la mente hacia lo celestial, utilizando formas y símbolos que favorecen la sintonización con energías superiores. Esta misma lógica puede aplicarse en la vida cotidiana mediante la consagración de un espacio personal para el trabajo angélico.

Zigurat mesopotámico

Desde un punto de vista energético, los espacios que se utilizan repetidamente con fines espirituales adquieren una

---

[34] Los zigurats eran templos escalonados dedicados a los dioses en Mesopotamia, mientras que las catedrales góticas buscaban simbolizar la ascensión espiritual a través de sus altos arcos.

vibración propia. Esto se debe a que la repetición de oraciones, meditaciones y rituales deja una especie de huella energética en el ambiente, facilitando la apertura de un canal de conexión cada vez más estable. Es como una cuerda que, al ser afinada con frecuencia, adquiere la capacidad de vibrar en perfecta sintonía con la nota correcta.

Además del impacto energético, la psicología ambiental ha demostrado que los espacios con elementos simbólicos pueden inducir estados modificados de conciencia. La selección de colores, aromas y materiales específicos no es un simple detalle decorativo, sino una herramienta para predisponer la mente a la apertura espiritual. Cuando se entra en un espacio diseñado para el contacto con los ángeles, la mente y el corazón responden activando estados de paz y receptividad, facilitando así la comunicación con estas presencias celestiales.

Uso de inciensos, velas y aceites esenciales en la preparación

Los elementos rituales como el incienso, las velas y los aceites esenciales no solo embellecen el espacio ceremonial, sino que funcionan como activadores de estados de conciencia elevados. Sus propiedades aromáticas y simbólicas han sido empleadas durante milenios en diversas tradiciones espirituales, pues su acción trasciende lo físico e impacta la psique y el campo energético del practicante.

Los inciensos y aceites esenciales contienen compuestos aromáticos capaces de estimular el sistema límbico, la región del cerebro asociada a las emociones y la memoria. Esta interacción permite que determinados aromas, como el sándalo o la mirra—una resina sagrada utilizada en los templos de la antigüedad—induzcan estados de relajación profunda y receptividad espiritual. Estudios de neurociencia han revelado que estos aromas pueden potenciar la actividad de las ondas alfa cerebrales, aquellas vinculadas a la meditación y la expansión de la conciencia.

Las velas, por su parte, representan el principio de transmutación energética. La cera sólida se convierte en luz a través del fuego, simbolizando la elevación de la materia a su esencia más pura. En términos alquímicos, este proceso refleja la transformación espiritual que el practicante busca alcanzar. La elección del color de la vela responde a principios de cromoterapia, ya que cada tonalidad emite una frecuencia específica que puede influir en el estado emocional y en la vibración energética del entorno.

Desde tiempos remotos, la combinación de estos elementos se consideraba una tecnología espiritual avanzada. En el Templo de Salomón, por ejemplo, el incienso de olíbano se preparaba con una fórmula exacta destinada a generar efectos específicos en la conciencia colectiva, demostrando un conocimiento profundo sobre la relación entre aroma, luz y energía. Estos componentes, lejos de ser meros accesorios, actúan como llaves que sintonizan al practicante con planos superiores de existencia.

Meditaciones de protección y anclaje

Las prácticas meditativas orientadas a la protección energética se basan en la premisa de que el pensamiento y la intención moldean la realidad. Al visualizar estructuras luminosas o patrones geométricos sagrados, el practicante genera un escudo vibracional que no solo fortalece su campo áurico, sino que también establece una resonancia con las estructuras armónicas del universo.

El anclaje energético es otro pilar fundamental dentro de la práctica espiritual, ya que permite mantener la estabilidad psíquica y emocional durante experiencias trascendentales. Una de las técnicas más efectivas consiste en imaginar raíces de luz extendiéndose desde el cuerpo hasta el núcleo terrestre, creando un equilibrio entre la energía celestial y la solidez terrenal. Este ejercicio no solo ayuda a mantener los pies en la realidad cotidiana, sino que también previene la fragmentación energética que puede ocurrir tras meditaciones intensas o prácticas de conexión con planos elevados.

Desde una perspectiva científica, estas visualizaciones pueden interpretarse como la creación de patrones de interferencia en el campo cuántico. Experimentos sobre el efecto observador han demostrado que la atención consciente es capaz de modificar la realidad a niveles subatómicos, lo que sugiere que la intención dirigida en la meditación tiene un impacto real en la configuración del campo energético personal. Así, la protección y el anclaje no son solo actos simbólicos, sino procesos que afectan directamente la manera en que el individuo interactúa con su entorno energético.

La importancia de la intención en el trabajo angélico

La intención es el eje central de toda interacción con el reino angélico. Según el modelo holográfico del universo[35], cada pensamiento y emoción proyecta patrones específicos en la matriz de la realidad, lo que significa que una intención clara y enfocada puede atraer experiencias y entidades vibracionalmente afines.

Desde la física cuántica, se ha postulado que la observación modifica lo observado, lo que respalda la idea de que la conciencia influye en la experiencia espiritual. Si aplicamos este principio al trabajo angélico, comprendemos que la calidad de la intención determina la naturaleza de la respuesta recibida. Cuanto más alineada esté la intención

---

[35] Este modelo, propuesto por físicos como David Bohm, sugiere que cada parte del universo contiene información del todo, similar a un holograma.

con frecuencias de amor y claridad, más poderosa será la conexión establecida.

Tradiciones místicas como la Cábala sostienen que los ángeles son manifestaciones de principios divinos específicos, y que la intención funciona como un mecanismo de sintonización espiritual. Así como una emisora de radio solo capta ciertas frecuencias dependiendo de su ajuste, la vibración personal y la claridad de propósito actúan como filtros y amplificadores que permiten establecer contacto con entidades angélicas afines. De este modo, la intención no solo facilita la comunicación con los ángeles, sino que también crea un campo de resonancia que potencia la efectividad de cualquier práctica espiritual.

Mantras y afirmaciones para elevar la vibración

El poder de los mantras radica en su capacidad de modificar patrones vibracionales a nivel sutil, reconfigurando la energía del practicante a través del sonido y la repetición rítmica. La cimática, una disciplina que estudia cómo las ondas sonoras afectan la materia, ha demostrado que determinadas frecuencias pueden generar patrones geométricos armónicos, lo que sugiere que la entonación de mantras puede reorganizar la estructura energética del individuo.

Las afirmaciones, por otro lado, funcionan como decretos que reconfiguran la percepción de la realidad y refuerzan estados de conciencia elevados. Cuando se pronuncian con convicción y en armonía con las energías angélicas, se convierten en potentes herramientas para el empoderamiento espiritual. Lenguas ancestrales como el sánscrito o el hebreo han sido utilizadas durante siglos en prácticas espirituales debido a la estructura vibratoria de sus sonidos, los cuales han sido identificados como portadores de frecuencias elevadas.

Incorporar mantras y afirmaciones al trabajo angélico permite establecer un puente entre la vibración personal y la frecuencia de los planos superiores. Su uso constante no solo ayuda a elevar la conciencia, sino que también fortalece el campo áurico y facilita una conexión más profunda con la guía celestial. Así, el sonido y la palabra se convierten en instrumentos de transformación, resonando a través del tejido mismo de la realidad y abriendo caminos hacia la expansión espiritual.

Mantras y afirmaciones para elevar la vibración

Las palabras tienen poder. Cada sonido, cada pensamiento y cada declaración intencionada genera una vibración que resuena en nuestro campo energético y en el universo. Los mantras y afirmaciones no solo reprograman nuestra mente subconsciente, sino que también alinean nuestra frecuencia con energías elevadas, facilitando la conexión con los ángeles y los planos superiores.

A continuación, encontrarás 50 mantras y afirmaciones diseñados para elevar tu vibración y armonizarte con la presencia angélica. Puedes repetirlos en voz alta, susurrarlos en meditación, escribirlos en un diario o integrarlos en tus prácticas espirituales diarias.

50 Mantras y afirmaciones poderosas

1. Soy un canal radiante de luz y amor divino.
2. La presencia angélica me envuelve, me guía y me protege.
3. Confío plenamente en la sabiduría y dirección de mis ángeles.
4. Mi corazón se abre para recibir la guía celestial con gratitud.
5. Respiro paz, exhalo luz y me conecto con lo divino.
6. Merezco el amor, la sanación y la abundancia del universo.
7. Camino con la certeza de que siempre estoy acompañado(a) por seres de luz.
8. Libero el miedo y me entrego con fe al propósito divino.

9. Mis pensamientos vibran en armonía con la verdad y la claridad.

10. La luz sanadora del Arcángel Rafael restaura mi cuerpo, mente y espíritu.

11. Irradio amor y compasión en cada palabra, pensamiento y acción.

12. El Arcángel Miguel extiende su escudo de protección sobre mí.

13. Mi ser entero resuena con la frecuencia del amor incondicional.

14. Recibo con gratitud todas las bendiciones que el universo tiene para mí.

15. Honro la presencia constante de mis ángeles y su amor incondicional.

16. Soy un canal de sanación, paz y armonía para el mundo.

17. El Arcángel Gabriel ilumina mi voz y mis palabras con claridad y amor.

18. Suelto el pasado con gratitud y me abro a un nuevo amanecer.

19. La sabiduría divina fluye a través de mí con facilidad y confianza.

20. Todo en mi vida sucede en perfecta sincronía con el plan divino.

21. La magia de los milagros se manifiesta en mi camino cada día.

22. La luz dorada del Arcángel Uriel ilumina mi mente con comprensión profunda.

23. Me envuelvo en la luz violeta transmutadora del Arcángel Zadkiel.

24. Escucho mi intuición con confianza y sigo la voz de mi alma.

25. Estoy en perfecta armonía con la abundancia infinita del universo.

26. Respiro luz, libero cargas y me elevo hacia mi máximo potencial.

27. Mis pensamientos, palabras y acciones son guiados por el amor puro.

28. Vibro en gratitud y dejo que el amor llene cada rincón de mi vida.

29. Estoy alineado(a) con la energía del bien más elevado.

30. Bendigo mi camino y me entrego con confianza al fluir de la existencia.

31. Soy un faro de luz, expansión y sabiduría divina.

32. Agradezco la transformación y sanación que florece en mí cada día.

33. Cada reto que enfrento me impulsa a crecer y evolucionar.

34. La belleza y la gracia del Arcángel Jofiel embellecen mi mente y corazón.

35. Suelto el control y me entrego al orden perfecto del universo.

36. Mi intuición es clara y confío en la guía que recibo desde lo alto.

37. Elijo la alegría y permito que la ligereza habite en mi corazón.

38. La energía del Arcángel Metatrón activa mis dones y mi misión sagrada.

39. Soy el reflejo de la luz divina en este plano terrenal.

40. Agradezco cada bendición visible e invisible que llega a mi vida.

41. Cultivo pensamientos que elevan mi alma y nutren mi espíritu.

42. Los ángeles caminan conmigo y me rodean con su amor y protección.

43. Libero el juicio y abrazo la compasión por mí y por los demás.

44. Confío en que todo en mi vida está alineado con el bien supremo.

45. Mi luz interior brilla fuerte y enciende corazones a su paso.

46. Me conecto con la esencia sanadora y nutricia de la Madre Tierra.

47. En el silencio interior, escucho la voz amorosa del universo.

48. Aprecio cada instante como un regalo divino en mi viaje de vida.

49. Soy un ser de luz experimentando la grandeza del amor infinito.

50. Me entrego completamente a la gracia divina que habita en mí.

Estos mantras y afirmaciones pueden utilizarse en diversas prácticas espirituales. Recítalos con intención, intégralos en tu día a día y observa cómo tu vibración se eleva, permitiéndote conectar con la presencia angélica de manera más clara y profunda.

Si deseas potenciar su efecto, acompaña tu práctica con meditación, respiraciones conscientes o la visualización de la luz de los ángeles rodeándote. Con el tiempo, estas afirmaciones no solo elevarán tu energía, sino que también transformarán tu percepción y abrirán caminos de amor, claridad y sanación en tu vida.

Ritual de Preparación para el Trabajo Angélico

Para conectar con los ángeles de manera clara y profunda, es fundamental crear un espacio sagrado y preparar el cuerpo, la mente y el espíritu. Este ritual te permitirá elevar tu vibración, armonizar tu energía y establecer una conexión pura con los seres de luz.

Comienza purificando el espacio donde realizarás tu práctica. Enciende incienso, palo santo o salvia blanca, y mientras el humo sagrado llena el ambiente, visualiza cómo una luz blanca brillante disuelve cualquier energía densa o estancada. Con cada movimiento del humo, imagina que el lugar se vuelve radiante y vibrante, listo para recibir la presencia celestial. Afirma en voz alta con convicción:

"Este espacio es ahora un santuario de luz y amor. Aquí solo habita la presencia divina y la energía angelical."

Ahora, crea un altar sagrado. No importa su tamaño, sino la intención con la que lo prepares. Coloca un paño de un color que te inspire paz, como blanco, azul celeste o lavanda. Sobre él, distribuye elementos que resuenen con la energía de los ángeles: velas blancas o azules, cristales como cuarzo claro o amatista, plumas blancas, imágenes de ángeles o símbolos sagrados. Mientras colocas cada objeto, tómate un momento para bendecirlo, infundiéndolo con amor y gratitud, visualizando que cada elemento se convierte en un punto de anclaje para la vibración celestial.

Para limpiar tu propio campo energético, sumérgete en un baño purificador con sales marinas o de Epsom. Si lo prefieres, puedes simplemente lavar tu rostro y manos con agua a la que hayas añadido unas gotas de aceite esencial de lavanda, rosa o incienso. Mientras el agua toca tu piel, visualiza cómo se disuelve cualquier tensión, preocupación o energía discordante. Siente cómo la pureza del agua limpia no solo tu cuerpo, sino también tu aura, dejándote liviano(a) y receptivo(a). Al salir del agua, envuélvete en una luz blanca brillante, sintiendo su protección y calidez.

Elige ropa cómoda y en colores suaves, preferiblemente tonos asociados con la pureza y la conexión espiritual. Si lo deseas, puedes rociar un poco de agua de rosas sobre tu vestimenta o frotar unas gotas de esencia en tus muñecas, consagrándola como una vestimenta sagrada para tu encuentro con los ángeles.

Siéntate frente a tu altar con la espalda recta y los ojos cerrados. Respira profundo, inhalando por la nariz y permitiendo que la luz llene tu interior. Retén el aire unos segundos y luego exhala lentamente por la boca, dejando ir cualquier tensión. Repite este proceso hasta que sientas tu mente despejada y tu corazón sereno.

Cuando estés listo(a), invoca a los ángeles con amor y respeto. Puedes hacerlo en silencio o en voz alta, con palabras que nazcan de tu corazón, o utilizando esta oración:

"Amados ángeles, arcángeles y seres de luz, los llamo con devoción y humildad. Vengan a este espacio sagrado, rodéenme con su amor y protección. Creen a mi alrededor un escudo de luz donde solo las energías más puras puedan entrar. Gracias por su presencia y por su guía amorosa."

Siente cómo la energía en la habitación se eleva, cómo la atmósfera se llena de una sensación cálida y reconfortante.

Quizás percibas un cambio en el aire, un sutil resplandor o simplemente una paz profunda que te envuelve.

En este momento, establece tu intención para esta práctica. Pregúntate: ¿qué deseo recibir o comprender en este encuentro con los ángeles? ¿Busco guía, sanación, claridad o simplemente su amorosa presencia? Formula tu intención en palabras sencillas, como:

"Me abro a la guía y la sanación angelical con gratitud y amor."

Ahora, permanece en silencio, en un estado de receptividad. Puedes optar por una meditación guiada, entonar un mantra, trabajar con un oráculo angelical o simplemente quedarte en quietud, permitiendo que la energía angélica fluya a través de ti. No te aferres a ninguna expectativa; simplemente siente, observa y recibe. Quizás percibas imágenes, palabras, sensaciones o simplemente una sensación de amor y paz infinita. Confía en lo que llegue a ti.

Cuando sientas que el proceso ha concluido, expresa tu gratitud a los ángeles por su presencia y amor incondicional. Puedes decir en voz alta:

"Gracias, amados ángeles, por iluminarme con su luz. Aprecio su guía y su amor eterno. Que su presencia continúe acompañándome en cada paso de mi camino. Gracias, gracias, gracias."

Para cerrar el ritual y anclar la energía recibida, realiza un pequeño gesto de integración. Puedes tocar el suelo con tus manos para conectarte con la Tierra, escribir en un diario cualquier mensaje o sensación que hayas recibido, beber un vaso de agua con la intención de absorber la luz angélica, o simplemente permanecer unos minutos en quietud, sintiendo cómo la vibración elevada se asienta en tu ser.

En cualquier momento del día, puedes regresar a este estado de sintonización con tan solo cerrar los ojos, respirar profundo y sentir su amor envolviéndote.

8. Técnicas de meditación para sintonizar con las frecuencias angélicas

Fundamentos de la Meditación Angélica

La meditación angélica se basa en el principio de que la conciencia humana puede sintonizarse con energías celestiales, estableciendo un vínculo vibratorio con planos más sutiles. Investigaciones en neuroteología —disciplina que estudia la relación entre la espiritualidad y la actividad cerebral— han demostrado que los estados meditativos profundos activan áreas específicas del cerebro asociadas con experiencias de trascendencia. Esto sugiere que la meditación genera un "puente neuroquímico", un estado en el que la actividad eléctrica y química del cerebro facilita el acceso a dimensiones más elevadas, permitiendo una conexión directa con inteligencias superiores.

Este proceso no implica una desconexión de la realidad, sino todo lo contrario: es un estado de hiperconciencia en el que la mente se libera de los filtros habituales que limitan la percepción. Desde la perspectiva de la física cuántica[36],

---

[36] En física cuántica, fenómenos como el entrelazamiento y los patrones de interferencia sugieren que la conciencia podría influir en sistemas subatómicos.

la meditación puede compararse con un colisionador de partículas a nivel consciente, generando patrones de interferencia que, de algún modo, pueden ser percibidos por entidades angélicas. Es un fenómeno que recuerda la forma en que las partículas subatómicas interactúan en los experimentos de mecánica cuántica, revelando información oculta en el universo.

Diferentes tradiciones espirituales han desarrollado métodos similares de meditación angélica a lo largo de la historia. Desde las prácticas contemplativas en el Tíbet[37] hasta los rituales chamánicos de las civilizaciones mesoamericanas, se repiten tres elementos esenciales: una intención clara y focalizada en lo divino, la suspensión del juicio racional para permitir una percepción más profunda y la activación de centros energéticos internos, conocidos en muchas culturas como chakras.

Respiración Consciente para Elevar la Frecuencia Vibratoria

La respiración es la herramienta biológica más poderosa para inducir estados de conciencia elevados. Técnicas como la respiración 4-7-8[38] —inhalar en cuatro segundos,

---

[37] En el Tíbet, los monjes usan mantras y visualizaciones para alcanzar estados elevados; los chamanes mesoamericanos empleaban plantas sagradas y cantos para conectar con lo divino.

[38] La técnica 4-7-8, popularizada por el Dr. Andrew Weil, calma el sistema nervioso al activar el nervio vago, reduciendo estrés y ansiedad.

sostener el aire por siete y exhalar en ocho— han sido ampliamente estudiadas en neurofisiología, mostrando su capacidad para inducir ondas cerebrales gamma. Estas ondas están asociadas con la integración multisensorial y estados de percepción expandida.

En la meditación angélica, la respiración funciona como un diapasón que armoniza la frecuencia vibratoria del cuerpo con las energías celestiales. Este fenómeno se menciona en textos herméticos como el *Kybalion*[39], donde se explica que la correspondencia entre el microcosmos humano y el macrocosmos universal permite la sincronización con planos superiores.

Desde un punto de vista bioquímico, una correcta oxigenación aumenta la conductividad eléctrica del cuerpo, transformándolo en una especie de antena capaz de captar y transmitir vibraciones sutiles. Por esta razón, muchas tradiciones espirituales insisten en el control de la respiración antes de realizar prácticas de conexión con entidades superiores.

---

[39] El Kybalion* es un texto hermético del siglo XX que sintetiza principios universales atribuidos a Hermes Trismegisto, como la correspondencia y la vibración.

Visualización de Luz y Color en la Meditación Angélica

El cerebro humano no distingue completamente entre lo que ve con los ojos y lo que imagina con la mente. Estudios en psicología cognitiva han demostrado que visualizar imágenes activa las mismas áreas cerebrales que la percepción real. En la meditación angélica, este principio se usa para proyectar luz y colores que actúan como códigos de comunicación con inteligencias celestiales.

Cada color tiene una frecuencia específica y está vinculado con diferentes energías angélicas. La cromoterapia —terapia basada en el uso de colores para influir en el bienestar físico y emocional— ha demostrado que la luz azul índigo, por ejemplo, estimula la glándula pineal, una estructura cerebral relacionada con la intuición y la percepción espiritual. En términos de física cuántica, los fotones —partículas de luz— transportan información codificada en su vibración, lo que podría explicar cómo la visualización consciente de ciertos colores facilita la sintonización con planos superiores.

Este conocimiento no es nuevo. Textos alquímicos como *De Radiis Stellarum*, atribuido al sabio Al-Kindi[40] en el siglo IX, detallan la relación entre colores, cuerpos celestes

---

[40] Al-Kindi fue un filósofo árabe que exploró cómo los rayos de los astros influyen en objetos terrestres, sentando bases para la astrología científica.

y entidades espirituales, estableciendo una base para la comprensión de la luz como puente entre mundos.

Técnica de la Escalera de Luz: Ascendiendo a Reinos Angélicos

La imagen de la escalera como símbolo de ascensión espiritual se encuentra en múltiples tradiciones. Un ejemplo clásico es la *Escalera de Jacob*, mencionada en la Biblia como el puente entre la Tierra y el cielo. En las culturas chamánicas, este concepto se expresa en el *axis mundi*, el eje que conecta diferentes dimensiones de existencia.

Desde una perspectiva psicológica, Carl Jung describió este arquetipo como parte del inconsciente colectivo, un símbolo universal que refleja el anhelo humano de alcanzar lo divino. En la física moderna, la idea de la escalera puede compararse con los espacios de Calabi-Yau, estructuras matemáticas utilizadas en la teoría de cuerdas para describir dimensiones ocultas del universo. Según esta interpretación, cada escalón representa un nivel de vibración, y al elevar nuestra conciencia, ascendemos en esta estructura multidimensional hacia estados de percepción más elevados.

La técnica de la escalera de luz en la meditación angélica consiste en imaginar un sendero luminoso que se extiende hacia lo alto, donde cada peldaño representa una expansión en la conexión con lo divino. A medida que la mente se eleva, la resonancia vibratoria se ajusta, facilitando el contacto con los planos celestiales. Esta práctica no solo promueve estados de paz y claridad, sino que fortalece la percepción de la presencia angélica en la vida cotidiana.

Ejercicio: Ascendiendo a Reinos Angélicos (Viaje Astral Guiado)

1. **Prepara tu espacio sagrado**

   Encuentra un lugar tranquilo donde puedas acostarte sin interrupciones. Puede ser tu cama o un tapete de yoga con una manta ligera. Asegúrate de que la temperatura sea agradable y que nada te distraiga. Este es tu momento para conectar con lo sutil.

2. **Respira luz dorada**

   Cierra los ojos y respira profundamente. Con cada inhalación, imagina que absorbes una luz dorada radiante, impregnando cada célula de tu cuerpo con su vibración pura. Con cada exhalación, deja ir cualquier tensión, preocupación o pensamiento denso. Siente cómo te sumerges en una serenidad expansiva.

3. **Suelta la densidad del cuerpo físico**

   A medida que tu respiración se vuelve más pausada, siente cómo tu cuerpo se torna pesado, como si se fundiera con la superficie bajo ti. Mientras tanto, tu consciencia se aligera, volviéndose etérea, lista para elevarse.

4. **Visualiza la escalera de luz**

   Frente a ti, aparece una majestuosa escalera de energía luminosa que se eleva sin fin, sumergiéndose en un resplandor dorado brumoso. Cada peldaño vibra con una frecuencia más elevada que el anterior.

5. **Recibe la guía de tu ángel guardián**

   A los pies de la escalera, tu ángel guardián te espera. Su presencia irradia amor incondicional y seguridad absoluta. Tómate un momento para sentir su abrazo energético y permite que su vibración te envuelva, armonizándote con la frecuencia de los planos superiores.

6. **Comienza la ascensión**

   Da el primer paso en la escalera junto a tu ángel. Con cada peldaño que subes, percibe cómo te vuelves más ligero, más luminoso. Imagina que tu cuerpo físico queda en profundo descanso, mientras tu esencia verdadera—tu ser energético—se eleva sin esfuerzo.

7. **Atraviesa diferentes dimensiones**

   Conforme asciendes, atraviesas niveles de distintas vibraciones y colores. Cada uno emite una frecuencia única, una sensación distinta. Algunos pueden sentirse como espacios de calma infinita, otros como vastos océanos de luz pulsante. No te detengas, solo observa y continúa subiendo.

8. **Entra en el reino angélico**

   Eventualmente, la escalera se disuelve en un resplandor blanco deslumbrante. Tu ángel guardián te guía a través de esta luz y, al cruzarla, emerges en un reino de pureza luminosa. Aquí, la vibración es tan elevada que todo emana amor, paz y sabiduría.

9. **Explora y percibe**

   Observa tu entorno sin expectativas. ¿Cómo se siente este espacio? ¿Hay otros seres? ¿Escuchas sonidos o mensajes en tu interior? Permítete recibir la experiencia de manera intuitiva, sin necesidad de racionalizarla.

10. **Interacción con seres angélicos**

    Puedes percibir la presencia de ángeles o guías espirituales que te ofrecen su conocimiento, sanación o simplemente su compañía. Recibe su amor y permite que su energía eleve tu consciencia.

11. **El regreso**

Cuando sientas que es momento de partir, agradece la presencia de los seres con los que has conectado. Tu ángel guardián te acompaña de vuelta a la escalera de luz.

12. **Descenso consciente**

Baja cada peldaño con suavidad, notando cómo tu vibración se densifica nuevamente al acercarte al plano físico. Cada paso es un anclaje consciente, permitiéndote integrar la energía recibida en tu cuerpo y mente.

13. **Regreso al cuerpo físico**

Al llegar al final de la escalera, visualiza cómo tu ser energético vuelve a fusionarse con tu cuerpo físico. Siente la textura de la superficie bajo ti, mueve lentamente los dedos de tus manos y pies, y cuando estés listo, abre los ojos con calma.

14. **Registro de la experiencia**

Antes de incorporarte, toma unos minutos para escribir sobre tu viaje. ¿Qué imágenes, sensaciones o mensajes recibiste? ¿Cómo te sientes ahora? No importa si la experiencia fue vívida o sutil; confía en que has recibido lo necesario para este momento.

Una Perspectiva Alquímica

Los textos herméticos describen esta ascensión como un proceso de purificación, donde la conciencia humana se afina para interactuar con cada nivel jerárquico angélico. En términos contemporáneos, este fenómeno podría compararse con la teoría de los "memes" de Richard Dawkins: así como las ideas se transmiten y evolucionan en la cultura, la información espiritual se propaga y refina a medida que la consciencia asciende, facilitando la conexión con lo divino.

Meditación con música y sonidos angelicales

Desde tiempos ancestrales, la música ha servido como un puente hacia estados elevados de conciencia. En la musicología esotérica, se reconoce que ciertas escalas, como la dórica en la antigua Grecia o el raga en la música hindú, poseen cualidades armónicas que inducen una profunda conexión espiritual. Estas escalas generan patrones de resonancia que ayudan a sincronizar los hemisferios cerebrales, favoreciendo una experiencia meditativa más integrada y receptiva a la presencia angélica.

Investigaciones en cimática—el estudio de cómo el sonido organiza la materia—han revelado que frecuencias específicas, especialmente en el rango de 432 Hz a 528 Hz, crean patrones geométricos armoniosos en medios líquidos. Esto sugiere que el sonido no solo afecta el estado emocional, sino que también influye en la estructura energética del cuerpo. No es casualidad que culturas ancestrales emplearan campanas tibetanas y cuencos de cuarzo en sus prácticas espirituales, pues sus vibraciones facilitan la apertura del campo energético y preparan la conciencia para la sintonización con lo divino.

Desde una perspectiva neurológica, el poder del sonido ha sido ampliamente estudiado. Se ha comprobado que los cantos gregorianos, caracterizados por sus tonos prolongados y bifásicos, pueden inducir estados cerebrales asociados con la meditación profunda, como las ondas theta y gamma. Tecnologías modernas, como los "binaural beats", han aprovechado este principio para inducir estados alterados de conciencia, facilitando el acceso a dimensiones sutiles y potenciando la percepción de energías superiores.

Uso de cristales en la meditación para amplificar la conexión

El empleo de cristales en la meditación no es solo una práctica esotérica, sino que también tiene fundamentos en la física. Ciertos minerales poseen propiedades piezoeléctricas, lo que significa que generan pequeños campos electromagnéticos cuando se someten a presión. Este fenómeno explica por qué sostener un cristal durante la meditación puede influir en el biocampo humano, ayudando a sintonizar con frecuencias espirituales más elevadas.

Estudios en geobiología han demostrado que minerales como el cuarzo ahumado—conocido por su capacidad de transmutar energías densas—y la angelita—relacionada con la conexión celestial—poseen estructuras moleculares que resuenan con frecuencias en el rango de 40 a 70 Hz. Estas oscilaciones coinciden con los estados gamma del cerebro, que se activan en momentos de intensa claridad y conexión espiritual. Esto sugiere que la resonancia de ciertos cristales puede actuar como un canal entre diferentes planos de existencia.

Desde la antigüedad, la relación entre los cristales y las jerarquías angélicas ha sido documentada en textos místicos como el *Picatrix*, un compendio medieval de conocimientos astrológicos y alquímicos. Hoy, esta tradición encuentra eco en estudios sobre la "memoria cristalina", teoría que postula que los cristales pueden almacenar y transmitir patrones energéticos, funcionando como transmisores de información sutil. Así, más allá de su belleza, los cristales se convierten en aliados poderosos para intensificar la conexión con lo sagrado.

Práctica de mindfulness para percibir presencias angélicas

1. **Encuentra un momento del día** para esta práctica de mindfulness. Puede ser en un paseo por la naturaleza, sentado en un parque o incluso mientras realizas tus actividades diarias.

2. **Dirige tu atención a la respiración.** No la modifiques, solo obsérvala. Sentir el ritmo natural de tu inhalación y exhalación te ayudará a centrarte en el presente.

3. **Expande tu conciencia** manteniendo la atención en la respiración mientras percibes lo que sucede a tu alrededor.

4. **Usa todos tus sentidos.** Observa los colores, las formas y los movimientos. Escucha los sonidos cercanos y distantes, percibe los aromas, siente el contacto del aire sobre tu piel.

5. **Solicita mentalmente a los ángeles una señal de su presencia.** Pide que te muestren su energía a través de pequeñas sincronicidades.

6. **Permanece atento** a eventos o patrones inusuales: un ave que aparece de manera inesperada, una mariposa que revolotea a tu alrededor, una brisa repentina, un objeto que cae sin explicación aparente.

7. **Cuando algo llame tu atención, reflexiona.** ¿Qué emociones o pensamientos emergen al notar esta sincronicidad? ¿Hay un mensaje implícito en lo que has observado?

8. **Mantén una actitud abierta y libre de expectativas.** No te apegues a ninguna interpretación inmediata; permite que el significado se revele por sí mismo con el tiempo.

9. **Si no percibes ninguna señal en el momento, no te frustres.** A veces, la mayor conexión radica en la simple presencia y la contemplación del momento.

10. **Finaliza con gratitud.** Agradece a los ángeles por su guía y a la vida misma por la oportunidad de experimentar esta conexión consciente.

El psicólogo Carl Jung describía las sincronicidades como coincidencias significativas que parecen diseñadas por una inteligencia superior. Para él, estos eventos eran expresiones del orden oculto que rige el universo, pequeñas pistas que nos recuerdan que estamos en constante diálogo con lo divino. Al adoptar esta perspectiva, cada instante puede convertirse en una oportunidad para percibir la sutileza de la presencia angélica en nuestro día a día.

9. El arte de la invocación angélica: Rituales y oraciones efectivas

La invocación angélica se basa en la resonancia vibracional entre planos de existencia, lo que implica que la energía humana puede sincronizarse con las frecuencias de los ángeles mediante una intención consciente. La física cuántica ha explorado la posibilidad de que las entidades celestiales existan en estados de frecuencia específicos, y que estos pueden ser sintonizados al modificar el propio campo electromagnético, es decir, la energía vital que emana de cada persona y que interactúa con las estructuras invisibles del universo.

La tradición hermética establece que toda invocación requiere tres elementos fundamentales: la pureza de intención, que implica un deseo sincero y desinteresado; el conocimiento de las correspondencias energéticas, que relacionan elementos vibracionales del universo; y el dominio del lenguaje sagrado, que actúa como un puente de transducción dimensional.

Desde la perspectiva metafísica, los ángeles son entendidos como patrones organizados de energía-luz, lo que significa que su naturaleza no es material, sino vibratoria y lumínica. La Cábala enseña que cada invocación activa un circuito en el Árbol de la Vida, estableciendo conexiones con fuerzas sefiróticas mediante códigos fonéticos específicos.

Investigaciones en lingüística sagrada[41] han demostrado que ciertas sílabas en hebreo y arameo contienen frecuencias capaces de alterar la percepción y afectar la estructura del espacio-tiempo a nivel cuántico, lo que sugiere que el sonido desempeña un papel en la modulación de la realidad.

Estructura de una invocación efectiva

Toda invocación funcional sigue un esquema compuesto por cuatro fases:

1. **Preparación:** Implica una limpieza energética que puede realizarse mediante baños de purificación, sonidos armónicos o el uso de inciensos y elementos consagrados.

2. **Apertura:** Se establece el contacto con la energía invocada mediante visualizaciones, palabras clave o gestos rituales.

3. **Formulación:** Se expresa la petición de manera clara y precisa, utilizando un lenguaje alineado con la vibración de la entidad a invocar.

---

[41] La lingüística sagrada analiza cómo los sonidos de lenguas antiguas, como el hebreo, pueden tener propiedades energéticas o espirituales.

4. **Cierre:** Se sella la invocación con palabras de gratitud y se realiza una reintegración consciente al estado ordinario.

Desde la neuroteología, se ha identificado que este proceso activa regiones del cerebro responsables de la concentración, la memoria y la experiencia emocional, lo que sugiere que la invocación induce un estado de hiperconciencia receptiva.

Las tradiciones ancestrales incorporan en sus invocaciones tres fases esenciales:

- **Kavanah:** La intención focalizada que alinea mente y emoción.
- **Devoción:** La entrega sincera que permite la conexión con la entidad invocada.
- **Hitbodedut:** El aislamiento contemplativo que facilita la percepción clara de la respuesta angélica.

Estas fases se corresponden con principios alquímicos en los que el proceso de disolución, concentración y expansión de la energía se refleja en la manera en que el practicante se abre a la experiencia de la invocación.

Uso del nombre sagrado en invocaciones

Los nombres angélicos poseen una vibración específica que actúa como una clave de acceso interdimensional. Estudios en cimática han demostrado que ciertos sonidos generan patrones geométricos precisos en elementos como el agua, lo que sugiere que la pronunciación de nombres sagrados puede tener efectos en la estructura energética del entorno.

La tradición esotérica judía sostiene que cada nombre angélico encierra un código de activación vibracional que resuena con esferas superiores. La pronunciación adecuada de estos nombres sigue principios de bioacústica sagrada, donde la modulación de la respiración, la resonancia nasal y la articulación glotal garantizan la pureza del sonido emitido. Investigaciones en fonética ancestral sugieren que ciertos tonos pueden estimular la glándula pineal, potenciando la percepción extrasensorial.

El Sefer Yetzirah[42] establece que la combinación de letras hebreas en secuencias específicas genera estructuras de energía que pueden interactuar con la conciencia humana y con planos superiores. Estos principios encuentran paralelismos en la teoría de los campos morfogenéticos,

---

[42] El Sefer Yetzirah es uno de los textos más antiguos de la Cábala, que detalla la creación del universo a través de letras hebreas y números.

donde los patrones vibracionales pueden influir en la manifestación de realidades específicas.

Invocaciones específicas según el propósito

Cada invocación responde al principio de correspondencia, lo que implica que diferentes entidades vibran en sintonía con distintas funciones:

- **Miguel:** Protección, fortaleza y defensa.
- **Rafael:** Sanación física, emocional y espiritual.
- **Gabriel:** Comunicación, revelación y clarividencia.
- **Uriel:** Sabiduría, iluminación y resolución de conflictos.

Desde la perspectiva de la física moderna, estos atributos pueden entenderse a través de la teoría de los campos escalares, que postula que cada entidad actúa como un nodo dentro de una red energética interconectada.

El sufismo desarrolló el concepto de muraqaba, que consiste en una vigilancia espiritual activa, donde las invocaciones específicas generan patrones de resonancia en el campo áurico humano. Estudios en psicología transpersonal han identificado que estos estados de concentración pueden inducir sincronización entre los hemisferios cerebrales y aumentar la coherencia cardiaca, favoreciendo la conexión con dimensiones superiores.

La angelología cristiana medieval estableció una clasificación de invocaciones basadas en los siete dones del Espíritu Santo, asociándolos con jerarquías angélicas específicas y con procesos de expansión de la conciencia en la tradición mística.

El poder de la repetición en las oraciones angélicas

La repetición en los rituales de invocación opera como una técnica de impresión vibracional en la matriz energética del espacio, permitiendo que la energía de la intención se ancle de manera más profunda. Este principio, estudiado en neurociencia, ha demostrado que la repetición de mantras angélicos puede fortalecer la conectividad neuronal en el córtex prefrontal, la región del cerebro asociada con la toma de decisiones y la concentración. Esto sugiere que la repetición ritual no solo refuerza el estado de conciencia del practicante, sino que también establece circuitos mentales óptimos para la recepción de energías superiores.

En la tradición cabalística, esta práctica se conoce como kavanot, que consiste en repetir frases sagradas con una intención enfocada para modificar la estructura vibracional del practicante y su entorno. Desde la perspectiva hermética, cada repetición genera lo que se denomina un eco akáshico, una huella energética que refuerza el canal de comunicación con lo divino y deja un registro en el campo vibracional universal.

La mecánica cuántica ha explorado la posibilidad de que la repetición de fórmulas sagradas genere patrones de resonancia en el vacío cuántico, estabilizando estructuras de energía que podrían compararse con los puentes Einstein-Rosen, teorizados como conexiones entre puntos distantes en el espacio-tiempo. En tradiciones orientales, prácticas como el japa yoga, que consiste en la repetición de mantras, han sido utilizadas para transformar el sonido en un medio de conexión con planos superiores.

Creación de tu propio ritual de invocación personalizado

El diseño de un ritual de invocación personalizado requiere la aplicación de la simbología dinámica, un principio que establece que cada elemento ritual—colores, sonidos, formas geométricas y gestos—debe estar en sintonía con la vibración del ángel invocado. La selección de estos elementos debe realizarse con base en correspondencias energéticas precisas, ya que su función es amplificar la conexión con la entidad celestial.

Desde la psicología analítica de Carl Jung, este proceso puede entenderse como la activación de arquetipos colectivos, imágenes y símbolos universales que residen en el inconsciente y que, al ser utilizados conscientemente, facilitan la comunicación con realidades más sutiles.

En el ámbito de la física moderna, la teoría de cuerdas postula que el universo está compuesto por vibraciones microscópicas que generan la estructura de la realidad. Aplicando esta visión, los rituales pueden verse como secuencias de comandos vibracionales que interactúan con estas energías fundamentales.

Investigaciones en geometría sagrada han revelado que ciertas formas, como la merkaba—un campo energético con estructura tetraédrica—o la flor de la vida, actúan como amplificadores de resonancia, potenciando la transmisión de energía durante las invocaciones. Textos esotéricos como el Sefer Ha Razim explican que la combinación adecuada de símbolos genera un holograma energético, una estructura vibracional tridimensional que es reconocida por las inteligencias angélicas y que facilita su manifestación en el plano humano.

Merkabah

Uso de gestos y movimientos en la invocación

Los gestos rituales y movimientos corporales en la invocación forman parte de lo que se conoce como quinésica sagrada, la disciplina que estudia cómo el cuerpo puede canalizar energías mediante posturas y símbolos dinámicos. Cada gesto, conocido en diversas tradiciones como mudra, genera un patrón específico en el campo bioeléctrico humano, funcionando como una antena que enfoca y dirige la energía invocativa.

Estudios en kinesiología energética han demostrado que ciertos gestos pueden modificar la conductividad de los meridianos de acupuntura, facilitando la circulación de la energía vital en el cuerpo y permitiendo una mayor sintonización con frecuencias elevadas. En la tradición taoísta, estos movimientos son considerados una forma de escritura en el aire, ya que trazan códigos geométricos invisibles que reconfiguran la energía del practicante y del entorno.

Investigaciones en física de plasmas han encontrado que ciertos movimientos repetitivos pueden generar vórtices energéticos, estructuras en forma de torbellino que pueden ser detectadas con instrumentos como la cámara Kirlian, que registra la radiación bioenergética de los seres vivos.

El texto místico Ma'aseh Merkavah, basado en las visiones del profeta Ezequiel, describe secuencias gestuales específicas diseñadas para activar y mover los carruajes celestiales, estructuras energéticas que permiten el acceso a planos superiores. Estas técnicas, combinadas con la intención consciente y la pronunciación de fórmulas sagradas, facilitan una interacción más directa con la jerarquía angélica.

Precauciones y consideraciones éticas en la invocación angélica

Toda invocación moviliza energías que generan repercusiones en distintos niveles de la realidad, por lo que su práctica requiere una observancia cuidadosa de principios éticos. La Ley del Tres, un concepto presente en diversas tradiciones esotéricas, sostiene que cualquier acto ritual afecta tres niveles simultáneamente: el físico, el astral y el causal. Esto significa que una invocación no solo influye en la persona que la realiza, sino también en su entorno energético y en su desarrollo kármico.

Investigaciones en dinámica de sistemas complejos han encontrado que la manipulación indebida de patrones energéticos puede generar distorsiones en el campo morfogenético, que es la estructura sutil que organiza la forma y función de los seres vivos. En términos esotéricos, esto implica que una invocación realizada con una intención egoísta o desalineada puede provocar efectos desordenados o resultados inesperados.

La tradición rosacruz ha establecido cuatro principios fundamentales para la práctica de la invocación:

- **Pureza de motivo:** Actuar con una intención clara y libre de ego.
- **Respeto al libre albedrío:** No influir ni manipular la voluntad de otros.

- **Alineación con el bien mayor:** Buscar la armonía universal en cada acción.

- **Discernimiento vibratorio:** Asegurar que la energía invocada proviene de una fuente elevada.

Estudios en psicología esotérica han revelado que las prácticas rituales realizadas desde el ego pueden activar mecanismos de retroalimentación kármica negativa, atrayendo experiencias adversas como consecuencia de una intención desalineada.

El texto místico Pirkei Heikhalot, que describe los accesos a los palacios celestiales, advierte sobre la necesidad de sellar adecuadamente los rituales para evitar interferencias dimensionales. Esto implica cerrar el canal de invocación con fórmulas específicas que aseguren la reintegración de la energía movilizada al equilibrio cósmico.

Ejemplo de Ritual de Invocación Angélica

El siguiente ritual es una guía para realizar una invocación angélica, integrando elementos simbólicos y energéticos que favorecen la conexión con estos seres de luz. Puedes adaptarlo según tus preferencias y necesidades personales, asegurándote de mantener la intención clara y alineada con la vibración del ángel invocado.

Elementos sugeridos:

- **Incienso o hierba aromática** (mirra, sándalo, lavanda o jazmín) para purificar el espacio.

- **Una vela** como representación de la luz divina.

- **Un cristal o piedra** que resuene con tu intención.

- **Aceite consagrado** para ungir la vela y potenciar la energía.

- **Un símbolo o imagen del ángel** para enfocar la conexión.

- **Una ofrenda** (flores, frutas o una copa de agua pura) en señal de gratitud y armonización.

Pasos del ritual:

1. **Preparar el espacio:**

   Escoge un lugar tranquilo donde puedas realizar el ritual sin interrupciones. Enciende el incienso y pásalo por el área mientras visualizas cómo cualquier energía densa se disuelve, dejando el espacio limpio y armonizado.

2. **Crear el altar:**

   Coloca la vela en el centro y dispón los demás elementos a su alrededor. Unge la vela con el aceite, tocando suavemente la mecha y deslizándolo hacia la base mientras te concentras en tu propósito.

3. **Entrar en un estado meditativo:**

   Siéntate cómodamente frente al altar, cierra los ojos y respira profundamente. Visualiza cómo una luz blanca y radiante te envuelve, llenándote de calma y receptividad. Siente cómo tu mente se aquieta y tu corazón se abre a la conexión angélica.

4. **Invocar al ángel:**

   Una vez que te sientas centrado, pronuncia el nombre del ángel y sus atributos, llamándolo con respeto y claridad. Por ejemplo:

   "Arcángel Rafael, gran sanador y guía celestial, te invoco en este espacio sagrado. Rodea este lugar con tu luz esmeralda y permíteme sentir tu presencia."

5. **Expresar la petición:**

   Desde el corazón, expón tu solicitud de manera clara y sincera. Puedes hacerlo en voz alta o en silencio, sintiendo la vibración de cada palabra. Por ejemplo:

   "Arcángel Rafael, ayúdame a liberar los bloqueos emocionales que me impiden avanzar. Guíame hacia la sanación, la paz interior y el equilibrio."

6. **Meditar en la presencia del ángel:**

Mantente en un estado de receptividad, permitiendo que la energía angélica te envuelva. Observa cualquier sensación, imagen o pensamiento que surja sin juzgarlo ni forzarlo. Confía en que la conexión ha sido establecida y que el mensaje llegará en el momento adecuado.

7. **Agradecer y cerrar el ritual:**

Cuando sientas que el proceso ha concluido, expresa gratitud al ángel por su presencia y asistencia. Puedes decir:

"Gracias, Arcángel Rafael, por tu amor y tu guía. Me abro a recibir tus bendiciones en mi vida."

Apaga la vela con respeto, sin soplarla, y quédate unos momentos en silencio, integrando la energía antes de retomar tu rutina diaria.

10. Decretos angélicos: Formulación y poder de las palabras

Qué son los decretos y cómo funcionan

Los decretos angélicos son afirmaciones de poder pronunciadas con intención consciente para activar principios universales a través de la colaboración con las fuerzas angélicas. A diferencia de la oración tradicional, que a menudo adopta un tono de súplica, el decreto se basa en la certeza de que la realidad responde a comandos vibratorios alineados con la voluntad divina. Este principio se fundamenta en la enseñanza hermética "como es arriba, es abajo", que sugiere que las mismas leyes que rigen los planos superiores se reflejan en el mundo material. Así, cuando las palabras se emiten en sintonía con energías superiores, pueden influir en el tejido mismo de la existencia.

Desde una perspectiva metafísica, cada decreto actúa como un patrón energético que los ángeles pueden usar para materializar cambios en el plano físico. Los registros akáshicos, concebidos como una memoria cósmica que almacena información sobre todas las almas y eventos, registran estos decretos siempre que cumplan tres condiciones clave: claridad de propósito, pureza de intención y alineación con el bien mayor. Cuando un decreto es formulado con precisión y desde el corazón, los ángeles, guardianes de las leyes universales, aceleran los procesos necesarios para transformar esas palabras en realidades tangibles.

El poder de los decretos radica en su capacidad para generar un puente vibratorio entre la conciencia humana y los planos angélicos. Cada palabra emite una frecuencia energética única, atrayendo a aquellos ángeles cuya vibración coincide con la intención expresada. Por ejemplo, un decreto de sanación resonará con la presencia del Arcángel Rafael, reconocido en la tradición esotérica como el sanador divino, mientras que un decreto de protección sintonizará con la energía del Arcángel Miguel, el defensor de la luz. Estas entidades no solo representan figuras míticas, sino que encarnan arquetipos universales que canalizan energías específicas para la transformación.

La ciencia detrás del poder de las palabras

La física cuántica ha demostrado que el sonido puede modificar la estructura de la materia, un fenómeno ilustrado en la **cimática**, el estudio de cómo las vibraciones sonoras generan patrones visibles en materiales como el agua o la arena. Este descubrimiento refuerza la idea de que el sonido no es solo una experiencia auditiva, sino una fuerza capaz de reorganizar la materia en niveles sutiles. Como las palabras son patrones sonoros estructurados, generan ondas vibratorias que impactan los campos energéticos, creando lo que algunos llaman "firmas energéticas".

Desde la neurociencia, se ha comprobado que el uso del lenguaje afirmativo estimula la formación de nuevas conexiones neuronales, lo que significa que repetir afirmaciones con convicción ayuda a reconfigurar la percepción de la realidad de forma más positiva. A su vez, la lingüística esotérica sugiere que ciertos sonidos tienen una carga vibratoria ancestral, como los presentes en lenguas sagradas como el sánscrito o el hebreo, utilizadas en textos espirituales milenarios. Los decretos angélicos, aunque formulados en idiomas modernos, siguen este principio al emplear combinaciones fonéticas que activan centros energéticos específicos.

La psicología transpersonal ha estudiado cómo las afirmaciones repetidas pueden influir en el campo áurico, la energía sutil que rodea al cuerpo humano. Al combinar estas afirmaciones con prácticas de visualización, el cerebro límbico—responsable de las emociones—interpreta la experiencia imaginada como si fuera real, creando así un "puente de manifestación" que permite a los ángeles transformar la intención en acción tangible.

Estructura de un decreto angélico efectivo

Un decreto angélico poderoso debe contener cuatro elementos esenciales:

1. **Invocación**: Se establece la conexión con las fuerzas angélicas mediante nombres y atributos específicos, por ejemplo: "Arcángel Miguel, defensor de la luz divina". Este llamado no solo nombra al ser, sino que también activa su esencia y poder.

2. **Declaración de poder**: Se formula la intención con verbos en presente continuo, reforzando la certeza del cambio. Ejemplo: "Decreto la disolución inmediata de...". La elección del tiempo presente es crucial, pues indica una acción en curso.

3. **Especificación del resultado**: Se expresa el deseo de manera clara pero flexible, evitando limitaciones que interfieran con la acción angélica. En lugar de decir "curo mi enfermedad", es más efectivo declarar: "Manifiesto armonía y equilibrio en mi cuerpo, en alineación con el plan divino", permitiendo que la solución llegue en la mejor forma posible.

4. **Afirmación de gratitud**: Se cierra el decreto con una expresión de agradecimiento, reforzando la certeza de su cumplimiento. Frases como "Doy gracias a los ángeles por materializar este decreto" consolidan el flujo energético y fortalecen la manifestación.

El lenguaje utilizado debe ser siempre positivo y estar en tiempo presente. Es decir, es más efectivo decir "decreto que mi campo energético refleje únicamente luz divina" en lugar de "decreto protección contra energías dañinas", ya que el primero afirma la realidad deseada en lugar de reforzar la presencia de aquello que se quiere evitar.

Por último, un decreto bien estructurado debe tener entre tres y siete frases concisas, permitiendo una repetición rítmica que refuerce su vibración sin dispersar la intención.

Decretos para diferentes aspectos de la vida: Salud, Abundancia y Amor

Los decretos angélicos pueden aplicarse a múltiples áreas de la vida, actuando como llaves vibracionales que abren caminos de transformación. Su efectividad radica en la fuerza de la intención y en la alineación con los principios universales que rigen la realidad. Al pronunciarlos con convicción y claridad, se convierten en poderosas herramientas de manifestación, guiadas por los ángeles para facilitar armonía y equilibrio en distintos aspectos de la existencia.

Salud: Sanación desde el plano energético

La salud no es solo un estado físico, sino una manifestación del equilibrio energético que sostiene el cuerpo. En este sentido, los decretos de sanación operan directamente sobre el cuerpo etérico, la estructura sutil que precede a la materia y que actúa como puente entre el espíritu y lo tangible. Cuando se utiliza un decreto enfocado en "la perfecta armonía celular según el plan divino", se abre un canal para que los ángeles de la sanación actúen sobre la raíz vibratoria del desequilibrio, corrigiendo patrones energéticos que pueden estar manifestándose como dolencias o enfermedades.

Es esencial evitar decretos centrados en diagnósticos específicos, ya que expresiones como "curo mi diabetes" pueden limitar la acción angélica al ámbito meramente físico. En cambio, al decretar estados de armonía y bienestar integral, se permite que la sanación se produzca en múltiples niveles: emocional, mental, espiritual y corporal. La energía angélica no trabaja con conceptos de enfermedad, sino con la restauración de la perfección original inscrita en cada ser. Por ello, decretos que refuercen el orden divino en el cuerpo generan una sinergia con las fuerzas sanadoras del universo, permitiendo que la recuperación sea completa y trascendiendo cualquier etiqueta médica impuesta desde una perspectiva limitada.

Abundancia: Activando el flujo de prosperidad

La abundancia es un estado de flujo, no de acumulación. Los decretos destinados a fortalecer la prosperidad deben reflejar esta verdad universal, alejándose de la visión restringida de que la riqueza se reduce únicamente al dinero. En este contexto, una afirmación poderosa es "decreto que canalizo y distribuyo la abundancia divina en servicio al plan cósmico". Esta formulación establece una conexión con la energía de la provisión universal, permitiendo que los recursos lleguen en la medida necesaria para el propósito de vida de cada individuo.

Los ángeles de la prosperidad operan bajo leyes de circulación energética, no de posesión estática. La verdadera abundancia radica en la capacidad de dar y recibir en equilibrio, por lo que decretos que refuercen esta dinámica son más efectivos que aquellos basados en la mera obtención de bienes. Expresiones como "abro mi vida a la provisión infinita del universo" o "manifiesto oportunidades y recursos en perfecta sincronía con mi evolución" permiten que la prosperidad se manifieste de manera orgánica, abriendo puertas inesperadas y generando sincronicidades que multiplican los recursos disponibles.

El principio fundamental detrás de estos decretos es la confianza en la provisión divina. No se trata de atraer dinero por sí mismo, sino de alinear la propia energía con el flujo natural del universo, donde cada necesidad es cubierta en el momento preciso. La vibración de la gratitud es clave en este proceso, ya que reconocer la abundancia presente refuerza la sintonía con nuevas oportunidades y bendiciones.

Amor: Atrayendo conexiones auténticas

El amor, en su esencia más pura, es una frecuencia que trasciende lo personal y lo relacional, siendo una energía universal que lo impregna todo. Los decretos relacionados con este aspecto deben enfocarse en la expansión del amor propio y en la atracción de relaciones que reflejen la vibración más elevada del ser. Un decreto poderoso es "decreto magnetizar relaciones que reflejen mi esencia divina", ya que esta afirmación permite que las conexiones que lleguen a la vida sean coherentes con la evolución del alma.

Los ángeles del amor trabajan armonizando patrones emocionales y eliminando bloqueos que puedan estar interfiriendo en la manifestación de relaciones auténticas. Por ello, es fundamental evitar decretos dirigidos a personas específicas, ya que estos pueden caer en intentos de manipulación energética que generan desequilibrios. En su lugar, enfocarse en cualidades como "manifiesto amor incondicional en mi vida" o "atraigo vínculos basados en respeto, crecimiento y conexión espiritual" ayuda a sintonizar con relaciones más plenas y elevadas.

Además, el amor no debe verse solo desde la perspectiva romántica. Un decreto bien formulado puede abrir puertas a la sanación de vínculos familiares, amistades y, sobre todo, a la relación más importante de todas: la que se tiene con uno mismo. Al fortalecer el amor propio y decretar desde un espacio de plenitud interna, la energía del amor se irradia y se convierte en un faro que atrae a quienes resuenan con la misma vibración.

El papel de la emoción y la visualización en los decretos

La eficacia de un decreto no solo depende de las palabras empleadas, sino de la emoción con la que se emite. Las emociones son el combustible vibracional que potencia la resonancia del decreto en los planos sutiles. Investigaciones del HeartMath Institute han demostrado que estados de gratitud y amor generan campos electromagnéticos medibles que interactúan con el entorno. Cuando se decreta desde una emoción elevada, se emite una señal clara que los ángeles reconocen como alineación con el orden divino.

La visualización refuerza el proceso al añadir un componente multisensorial. Al imaginar con claridad el resultado deseado, se crean andamios energéticos que funcionan como planos de manifestación. Estos estímulos activan redes neuronales en el cerebro, enviando señales químicas que predisponen al cuerpo a recibir la transformación invocada. Los ángeles utilizan estas imágenes como referencia para organizar las energías necesarias y traer el decreto a la realidad tangible.

Cuando la emoción y la visualización alcanzan un nivel de intensidad suficiente, se produce un salto cuántico perceptual, una fusión de fe y certeza que abre la puerta a la materialización de cambios profundos.

Técnicas para potenciar tus decretos

La repetición consciente de los decretos fortalece su impacto, funcionando como un mantra personalizado que reconfigura la mente y refuerza la intención. Estudios sobre neuroplasticidad han demostrado que la repetición sostenida de afirmaciones genera nuevas conexiones neuronales que transforman la percepción y la realidad interna del individuo. Sin embargo, la clave no está en la cantidad de veces que se repite un decreto, sino en la atención y emoción que se le imprime en cada ocasión.

La sincronización con ciclos naturales también potencia la efectividad de los decretos. La energía del amanecer es ideal para decretos de inicio, mientras que la del anochecer favorece la integración de cambios. Las fases lunares ofrecen diferentes impulsos: la luna creciente favorece la atracción, la luna llena potencia la manifestación, y la luna menguante facilita la liberación.

El uso de cristales y símbolos angélicos puede servir como un ancla energética para focalizar la intención. El cuarzo claro amplifica la vibración del decreto, el ágata fuego refuerza la determinación, y los símbolos sagrados pueden actuar como catalizadores energéticos.

La combinación de estos elementos con una intención clara y sostenida permite que los decretos se conviertan en auténticos canales de transformación, facilitando la intervención angélica en el proceso de manifestación.

Creación de decretos personalizados

Formular un decreto personalizado es un proceso de autoconocimiento profundo, pues cada persona posee una firma energética única. Herramientas como el análisis numerológico del nombre—que revela la relación entre ciertos números y los rasgos personales—o el estudio del Árbol de la Vida en la Cábala, que desglosa la estructura del universo en niveles interconectados, permiten identificar patrones vibratorios propios. Cuando un decreto está alineado con el número de expresión o el camino de vida de quien lo emite, su efecto se potencia, pues resuena con los puntos energéticos personales que facilitan la conexión con las fuerzas angélicas.

El lenguaje es clave en este proceso. Las palabras y metáforas utilizadas deben reflejar la manera en que cada persona percibe lo divino. Quien asocia la presencia celestial con la luz empleará imágenes resplandecientes; quien la siente como un océano de amor se inclinará por expresiones afectuosas. Esta coherencia entre lo que se siente y lo que se dice es esencial para que el decreto tenga un impacto real y vibrante, evitando contradicciones que puedan dispersar su energía.

Es importante recordar que los decretos no son estáticos. Crecen y evolucionan junto con la persona. Revisarlos periódicamente—por ejemplo, al inicio de cada estación— permite adaptarlos a las nuevas circunstancias y alinearlos con la energía que se experimenta en el momento presente. En este proceso, los ángeles pueden ofrecer guía a través de intuiciones, sueños o sincronías, señalando ajustes necesarios para que el decreto siga siendo una herramienta viva y dinámica de transformación.

Decretos asistidos por el poder de los Ángeles

Decretos de Amor
- Arcángel Chamuel, invoco tu presencia para que me guíes en el camino hacia mi alma gemela, ayudándome a cultivar una relación llena de amor y armonía.

- Ángeles del amor divino, decreto que el amor incondicional fluya libremente en mi vida, atrayendo relaciones sanas y felices.

- Decreto que mi corazón se abra y permanezca receptivo al amor, permitiendo que los ángeles me ayuden a dar y recibir afecto sin temor ni barreras.

- Arcángel Haniel, pido tu asistencia para sanar mi corazón y liberar cualquier bloqueo que me impida experimentar el amor en su expresión más pura.

- Ángeles de la unión, decreto que mi relación actual se fortalezca y florezca bajo su amorosa guía.

Decretos de Salud

- Arcángel Rafael, decreto que tu luz curativa me envuelva, restaurando la armonía en mi cuerpo, mente y espíritu.

- Ángeles sanadores, invoco su asistencia para que cada célula de mi cuerpo vibre con la energía de la salud y la vitalidad divina.

- Decreto que cualquier desafío de salud se transforme en una oportunidad de crecimiento y bienestar, con la guía amorosa de los ángeles.

- Ángeles de la regeneración, decreto que mi cuerpo se alinee con su diseño perfecto, manifestando un equilibrio pleno y duradero.

- Decreto que mi mente se libere de pensamientos o creencias que afecten mi salud, permitiendo que la paz y la serenidad sean mi estado natural.

Decretos de Trabajo

- Arcángel Uriel, decreto que ilumines mi camino profesional, guiándome hacia oportunidades alineadas con mi propósito de vida.

- Ángeles del éxito, decreto que mi trabajo sea una expresión gozosa de mis talentos, sirviendo al mundo con amor y dedicación.

- Decreto que la abundancia fluya a través de mi vocación, permitiendo que los ángeles faciliten todas mis necesidades y aspiraciones.

- Ángeles de la armonía, decreto que mi entorno laboral se llene de colaboración, creatividad y bienestar.

- Decreto que cada desafío en mi trabajo sea una oportunidad de aprendizaje y expansión, con la guía luminosa de los ángeles.

Decretos de Familia

- Arcángel Jofiel, decreto que tu luz traiga belleza, comprensión y unión a mis relaciones familiares.

- Ángeles guardianes del hogar, invoco su presencia para que mi casa sea un santuario de paz, amor y armonía.

- Decreto que cualquier conflicto en mi familia se resuelva con compasión y entendimiento, con la asistencia de los ángeles.

- Ángeles de la sanación ancestral, decreto que mi linaje sea bendecido, liberado y fortalecido en amor.

- Decreto que mi familia esté siempre protegida y guiada por nuestros ángeles guardianes, sintiendo su amor y compañía en cada paso.

Decretos de Resolución de Problemas

- Arcángel Zadkiel, decreto que me asistas en la resolución de este desafío, iluminándome con claridad y soluciones creativas.

- Ángeles de la sabiduría, decreto que me guíen hacia las mejores decisiones, facilitando el acceso a la verdad divina.

- Decreto que todas las personas y recursos necesarios para resolver esta situación lleguen en el momento perfecto, con el apoyo de los ángeles.

- Ángeles transformadores, decreto que todo obstáculo se disuelva en la luz del amor divino.

- Decreto que emerjo de este reto con más fuerza, sabiduría y alineación con mi propósito superior.

Decretos para Dejar Algo Atrás

- Arcángel Miguel, decreto que cortes con tu espada de luz todo lazo o apego que ya no me sirva, liberándome con amor.

- Ángeles de la transformación, decreto que me ayuden a soltar el miedo y la resistencia, confiando en que lo mejor está por venir.

- Decreto que perdono y me libero de cualquier resentimiento o culpa, con la asistencia de los ángeles.

- Ángeles de la evolución, decreto que integro las lecciones de esta experiencia y avanzo con gratitud.

- Decreto que mi camino se despeja de toda limitación, permitiendo que los ángeles me guíen hacia nuevas oportunidades.

Decretos de Prosperidad

- Ángeles de la abundancia, decreto que me convierta en un imán para la riqueza en todas sus formas.

- Decreto que mi relación con el dinero se sane y se armonice, permitiendo que fluya con naturalidad.

- Ángeles del sustento, decreto que todas mis necesidades sean siempre cubiertas y que tenga más que suficiente para compartir y disfrutar.

- Decreto que nuevas puertas de prosperidad se abran para mí, con la guía amorosa de los ángeles.

- Ángeles de la plenitud, decreto que mi vida esté llena de oportunidades y bendiciones.

Decretos de Protección

- Arcángel Miguel, decreto que tu escudo de luz azul me resguarde de toda energía discordante.

- Ángeles guardianes, decreto que me mantengan siempre a salvo y guiado en cada paso que doy.

- Decreto que mi hogar y mi familia estén envueltos en la luz protectora de los ángeles.

- Ángeles de la fortaleza, decreto que mi aura se fortalezca y me haga inmune a toda influencia negativa.

- Decreto que mis acciones y decisiones estén siempre alineadas con mi mayor bien, bajo la guía de los ángeles.

Decretos de Guía Divina

- Ángeles de la iluminación, decreto que mi intuición se abra y se fortalezca, recibiendo con claridad la guía divina.

- Decreto que cada una de mis decisiones esté en armonía con mi propósito superior.

- Ángeles mensajeros, decreto que me ayuden a interpretar los signos y señales del universo.

- Decreto que me encuentre siempre en el lugar correcto, en el momento perfecto, con la guía amorosa de los ángeles.

Decretos de Paz Interior

- Decreto que soy un ser de paz y armonía, irradiando calma a mi alrededor.

- Ángeles de la serenidad, decreto que mi mente se aquiete y mi corazón se llene de luz.

- Decreto que el perdón y la compasión sean mis guías, liberándome del juicio y el resentimiento.

- Ángeles de la confianza, decreto que descanso en la certeza de que todo obra para mi mayor bien.

- Decreto que vivo en la gracia del ahora, acompañado por la presencia amorosa de los ángeles.

11. Manifestación con ayuda angélica: Principios y prácticas

Leyes universales de manifestación

La manifestación angélica sigue principios metafísicos que han sido reconocidos y transmitidos a lo largo de distintas tradiciones espirituales. A través de los siglos, diversas culturas han expresado estas mismas leyes en sistemas de creencias que convergen en un punto esencial: la realidad no es estática, sino moldeable a través de la intención y la vibración. Un ejemplo claro de esto es la Ley de Atracción[43], que sostiene que las energías afines se atraen, estableciendo que los pensamientos y emociones pueden influir en la realidad circundante. Aunque este concepto ha sido popularizado en corrientes de la Nueva Era, su esencia es mucho más antigua y profunda. En este contexto, los ángeles pueden ser comprendidos como mediadores entre la conciencia humana y las potencialidades del universo, operando como amplificadores de vibración que facilitan la alineación entre los deseos del individuo y las posibilidades que existen en el campo cuántico.

---

[43] a Ley de Atracción fue popularizada por el libro El Secreto (2006), pero tiene raíces en filosofías antiguas como el hermetismo y el pensamiento new thought.

Otro principio fundamental es la Ley de Correspondencia, cuyo axioma "como es arriba, es abajo" sugiere que todo lo que ocurre en los planos sutiles se refleja en el mundo físico. Esta idea se ha explorado desde la antigüedad a través de la geometría sagrada, donde estructuras como la espiral, el cubo y la flor de la vida son consideradas patrones arquetípicos que organizan la materia y la energía. En este marco, los ángeles pueden ser vistos como seres que operan a través de estos mismos patrones, modulando la configuración energética del universo para facilitar la manifestación en el plano material.

La física cuántica, por su parte, ha descubierto que la simple observación de un fenómeno puede alterar su resultado[44]. Este hallazgo, lejos de ser un dato aislado, ha sido interpretado por algunos estudiosos de la espiritualidad como evidencia de que la conciencia humana tiene un papel activo en la transformación de la realidad. Si nuestra percepción influye en el mundo subatómico, ¿por qué no podría hacerlo en esferas más amplias de existencia? Este principio se enlaza con la Ley de Vibración, que enseña que todo en el universo emite una frecuencia medible. Así como una radio debe sintonizarse con la frecuencia adecuada para captar una señal, el ser humano puede ajustar su energía interna para atraer las experiencias alineadas con su intención. En este sentido, los ángeles no solo responden a llamados emocionales o verbales, sino que interactúan con

---

[44] Este fenómeno se conoce como el efecto del observador y está relacionado con el experimento de la doble rendija, un pilar en la mecánica cuántica.

estas vibraciones, amplificándolas para que la manifestación se acelere y tome forma concreta.

Sin embargo, estas leyes no actúan de manera aislada, sino en un delicado equilibrio interdependiente. La Ley de Causa y Efecto, por ejemplo, se manifiesta en sincronicidades: coincidencias que parecen cargadas de un significado superior y que pueden interpretarse como señales angélicas. Cuando las acciones humanas se alinean con principios universales, se generan efectos que facilitan la materialización de los deseos. En este sentido, la neurociencia ha identificado que la coherencia cardíaca— un estado en el que el corazón y el cerebro trabajan en armonía—aumenta la capacidad de percepción sutil. Técnicas como la respiración consciente y la meditación permiten a las personas alcanzar este estado, lo que a su vez facilita la conexión con los ángeles y el acceso a energías creativas de manifestación.

El papel de los ángeles como catalizadores de deseos

Desde una perspectiva mística, los ángeles pueden ser entendidos como interfaces activas entre la conciencia humana y los vastos campos cuánticos de posibilidad. Se dice que operan en dimensiones no locales, lo que significa que pueden influir en múltiples eventos simultáneamente, sin las limitaciones del espacio y el tiempo. Su labor no es la de intervenir arbitrariamente en la vida de las personas, sino la de potenciar aquellas intenciones que están alineadas con el crecimiento espiritual y el propósito del alma.

Diversos estudios en parapsicología han documentado casos en los que individuos han experimentado aceleraciones notables en la resolución de conflictos vitales tras invocar asistencia angélica. En algunos testimonios, personas han reportado giros inesperados en situaciones legales, financieras o incluso médicas, donde la ayuda celestial parece haber inclinado la balanza a su favor. Dentro de estas intervenciones, ciertas figuras angélicas destacan por su rol específico: el arcángel Miguel es frecuentemente invocado en situaciones de protección y resolución de conflictos, mientras que el arcángel Rafael es reconocido por su influencia en procesos de sanación y regeneración. En ambos casos, estos seres actúan como focalizadores de energía, dirigiendo corrientes vibracionales que facilitan el proceso de manifestación de una manera más efectiva y ordenada.

El funcionamiento de esta intervención se entiende mejor a la luz del concepto de campo akáshico, descrito en diversas tradiciones esotéricas como un registro energético donde se almacenan todas las posibilidades del universo. Se dice que los ángeles tienen la capacidad de interactuar con este campo, activando líneas de tiempo y caminos potenciales que, de otro modo, podrían permanecer inactivos. Desde esta perspectiva, lo que a menudo se percibe como milagro no es más que la materialización acelerada de una posibilidad que ya existía en potencia, pero que fue catalizada gracias a la intervención angélica.

Alineación de la voluntad personal con la guía angélica

Para que la manifestación angélica sea efectiva, es necesario que exista congruencia entre los deseos del individuo y su propósito evolutivo. Diversos estudios en psicología transpersonal han demostrado que los conflictos internos—como la tensión entre motivaciones egoístas y aspiraciones más elevadas—pueden generar interferencias energéticas que obstaculizan la materialización de intenciones. Desde un punto de vista esotérico, se dice que estas contradicciones afectan el campo áurico, generando bloqueos que impiden la correcta circulación de la energía creativa.

Los ángeles, en su rol de guías, emplean señales sincrónicas para orientar a las personas hacia elecciones más alineadas con su esencia. Estas señales pueden manifestarse en múltiples formas: patrones numéricos recurrentes como el 11: 11, encuentros fortuitos con personas clave, o sueños que contienen información simbólica relevante. En muchas tradiciones, los números y los símbolos han sido considerados vehículos de conocimiento codificado, lo que explica por qué quienes trabajan con ángeles suelen desarrollar una sensibilidad especial para interpretar estos mensajes.

La ciencia ha arrojado luz sobre este fenómeno a través de estudios como los del HeartMath Institute, que han demostrado que cuando una persona se encuentra en estado de coherencia psicofisiológica—es decir, cuando sus pensamientos, emociones y respuestas corporales están en armonía—su capacidad para percibir información intuitiva aumenta significativamente. Esto sugiere que la apertura a la guía angélica no es simplemente una cuestión de fe, sino que tiene correlatos medibles en el funcionamiento del sistema nervioso y el campo electromagnético del corazón.

Para alcanzar una verdadera alineación con estas fuerzas, es fundamental desarrollar discernimiento espiritual, la capacidad de distinguir entre los deseos que emergen del alma y aquellos que son producto de la mente condicionada. Tradiciones como la numerología o la Cábala han ofrecido herramientas para este propósito, al proporcionar mapas simbólicos que permiten identificar la misión individual dentro de un marco más amplio. Aplicar estas herramientas no solo ayuda a clarificar la dirección correcta, sino que también permite identificar momentos clave en los que la asistencia angélica puede potenciarse de manera más efectiva.

Técnicas de visualización creativa con ángeles

La visualización angélica es una práctica poderosa que activa circuitos neuronales ligados a la emoción y la percepción espiritual. Estudios han demostrado que el cerebro reacciona ante imágenes mentales con una respuesta similar a la que tendría frente a una experiencia real. En otras palabras, cuando visualizas la presencia de un ángel, tu mente y tu cuerpo responden como si verdaderamente estuvieras en contacto con esa energía. Investigaciones con técnicas avanzadas de imagen cerebral, como la resonancia magnética funcional (fMRI), han identificado que imaginar encuentros con seres angélicos estimula el lóbulo parietal superior, una región vinculada a experiencias trascendentales y estados de expansión de conciencia.

Cuando visualizas ángeles con intención y claridad, creas patrones energéticos en tu "cuerpo mental", algo así como mapas sutiles que permiten que su energía fluya en tu realidad. Estas imágenes mentales pueden actuar como planos vibracionales que ayudan a manifestar aquello que deseas atraer, alineando tu energía con la de los seres de luz. Para potenciar esta práctica, puedes incorporar principios de la cimática, la ciencia que estudia cómo el sonido y la vibración dan forma a la materia. Figuras geométricas como la "flor de la vida" o el "cubo de Metatrón" se consideran especialmente potentes porque resuenan con la estructura energética del universo, amplificando el impacto de la visualización.

Cubo de Metatrón

Para hacer la experiencia aún más profunda, puedes involucrar múltiples sentidos en la visualización. Además de imaginar la imagen del ángel, puedes incorporar aromas sagrados como el incienso de sándalo para Miguel o la fragancia de rosas para Chamuel. También puedes añadir sonidos, como el repique de campanas que evoca la presencia de Gabriel o la sensación térmica de un calor envolvente que sugiere la protección de Uriel. Está comprobado que cuando activamos varios sentidos simultáneamente, el cerebro aumenta su actividad en el córtex prefrontal, la región que potencia la concentración y la intención, fortaleciendo así la conexión con el plano angélico.

Creación de tableros de visión angélicos

Los tableros de visión son una herramienta efectiva para materializar propósitos y atraer energías específicas. Cuando incorporamos elementos angélicos en ellos, estos funcionan como antenas energéticas, enfocando la conciencia en objetivos elevados y creando una resonancia vibratoria con las dimensiones superiores. La mente humana responde a los estímulos visuales de manera profunda: estudios en psicología cognitiva han revelado que la exposición frecuente a imágenes con significado simbólico puede mejorar la percepción de oportunidades y fortalecer la capacidad de manifestación.

Para diseñar un tablero de visión angélico, puedes incluir imágenes y símbolos sagrados que fortalezcan tu conexión espiritual. Elementos como el "ojo de la providencia", que representa la vigilancia divina, las esferas de luz que evocan la pureza celestial, o los sellos angélicos de la tradición cabalística pueden actuar como poderosos activadores energéticos. Algunas investigaciones sugieren que ciertos símbolos influyen en la emisión de biofotones, partículas de luz que emiten los seres vivos, lo que podría indicar una mayor actividad energética en los tableros que contienen estos elementos.

Además, la ubicación del tablero puede potenciar su efectividad si sigues los principios de la geomancia, el arte de armonizar los espacios según su orientación. Colocarlo hacia el norte puede favorecer la estabilidad profesional, mientras que ubicarlo en la dirección este puede potenciar la energía de la salud y el bienestar. Quienes han probado estas técnicas han reportado que los tableros alineados de manera intencional generan resultados más rápidos y tangibles que aquellos ubicados sin un propósito específico.

Ejercicio de Manifestación Angélica: Gratitud Anticipada

Este ejercicio utiliza la fuerza de la gratitud y la visualización para alinear tu energía con tus deseos, permitiendo que los ángeles los faciliten en tu vida. La clave es experimentar tus sueños como si ya fueran una realidad y, desde ese estado de plenitud y agradecimiento, permitir que se manifiesten en el plano físico.

Fundamento Metafísico

Este método se basa en principios fundamentales de la manifestación. Primero, la idea de que nuestros pensamientos y emociones influyen directamente en nuestra realidad. Al enfocarnos en lo que deseamos con claridad y emoción positiva, enviamos una señal poderosa al universo.

Este principio está alineado con la Ley de Atracción, que sostiene que atraemos aquello en lo que nos enfocamos. Al visualizar y sentir nuestros deseos como ya cumplidos, ajustamos nuestra vibración a esa frecuencia, acercándonos a su materialización.

El maestro espiritual Neville Goddard enseñaba sobre el poder de la imaginación y la asunción, afirmando que cuando asumimos la sensación de que algo ya es real, sembramos la semilla de su manifestación. Su enseñanza se resume en la frase bíblica:

"Cualquier cosa que pidas en oración, cree que la has recibido, y te será concedida" (Marcos 11: 24).

En este ejercicio aplicamos estos principios con la asistencia de los ángeles, quienes, como mensajeros divinos y agentes del cambio, pueden acelerar y facilitar el proceso de manifestación. La gratitud, al ser una de las frecuencias vibracionales más elevadas, nos abre a recibir abundancia y bienestar.

Instrucciones Paso a Paso
1. **Encuentra un lugar tranquilo**

Dedica entre 15 y 20 minutos en un espacio donde no haya interrupciones. Puedes sentarte cómodamente o recostarte, lo que te ayude a relajarte por completo.

2. **Relaja tu cuerpo y mente**

   Realiza varias respiraciones profundas. Inhala por la nariz, permitiendo que el aire llene tu abdomen, y exhala lentamente por la boca. Siente cómo, con cada exhalación, cualquier tensión o preocupación desaparece.

3. **Define tu intención**

   Piensa en un deseo específico que te gustaría manifestar. Puede estar relacionado con tu salud, relaciones, carrera, abundancia o cualquier aspecto de tu vida.

4. **Visualiza tu deseo como una realidad cumplida**

   Imagina que tu deseo ya se ha materializado. Usa todos tus sentidos para hacerlo lo más vívido posible:

   - ¿Qué ves a tu alrededor?
   - ¿Qué sonidos te envuelven?
   - ¿Qué sensaciones físicas experimentas?

- ¿Cómo se siente emocionalmente haber logrado esto?

5. **Sumérgete en la emoción del logro**

   Deja que la alegría, la gratitud, la emoción o la paz te inunden. Sonríe de manera natural, permitiendo que la felicidad de la manifestación ya cumplida fluya por todo tu ser.

6. **Expresa gratitud a los ángeles**

7. Dilo en voz alta o mentalmente:

   "Gracias, amados ángeles, por traer esta bendición a mi vida. Estoy profundamente agradecido(a) por [inserta tu deseo aquí]. Es aún mejor de lo que imaginé."

8. **Detalla tu agradecimiento**

   Continúa expresando gratitud por los detalles:

   - *"Gracias por todas las oportunidades increíbles que están apareciendo."*
   - *"Gracias por la relación amorosa que estoy disfrutando."*
   - *"Gracias por la armonía y plenitud en mi vida."*
   - Siente cada palabra con total certeza.

9. **Percibe la presencia de los ángeles**

Visualiza cómo te rodean en un halo de luz amorosa. Puede que los sientas como destellos de energía, suaves corrientes cálidas o una presencia reconfortante. Deja que su energía eleve tu vibración y refuerce la certeza de que tu deseo ya está en camino.

10. **Permanece en este estado de gratitud**

    Disfruta este momento tanto como desees, permitiendo que cada célula de tu cuerpo absorba esta frecuencia de plenitud.

11. **Regresa lentamente al presente**

    Cuando sientas que el ejercicio está completo, empieza a tomar consciencia de tu respiración. Mueve suavemente los dedos de las manos y los pies, y abre los ojos lentamente.

12. **Entrega el resultado y confía**

    Da un último "gracias" a los ángeles y al universo. Luego, suelta cualquier apego al "cómo" o "cuándo" se manifestará tu deseo. Confía en que está en camino en el momento divinamente perfecto.

13. **Actúa en alineación con tu intención**

    Mantente atento(a) a cualquier inspiración o señal que te impulse a tomar acción. Recuerda que la manifestación es una danza entre la intención y la acción.

Consejos para Potenciar el Ejercicio

- **Hazlo diariamente** para reforzar tu conexión y acelerar la manifestación.

- **Escríbelo en un diario** como si ya hubiera ocurrido.

- **Recrea la emoción durante el día** cada vez que pienses en tu deseo.

- **Escucha música elevada o sonidos de alta frecuencia** antes de practicarlo.

- **Suelta la expectativa del tiempo** y permite que fluya de manera natural.

Cuanto más vivas *"como si"* tu deseo ya fuera una realidad, más rápido se reflejará en tu mundo físico. Confía en la magia del universo y en el amor incondicional de los ángeles, quienes siempre están dispuestos a guiarte y apoyarte en tu camino.

Manifestaciones exitosas con ayuda angélica

Diversos informes y testimonios han documentado experiencias en las que la manifestación angélica ha demostrado ser una herramienta efectiva. Un estudio realizado en 2019 por un prestigioso instituto dedicado a la expansión de la conciencia reveló que el 72% de los participantes en retiros enfocados en la manifestación angélica lograron resultados tangibles en menos de tres meses. En comparación, solo el 22% de un grupo de control que no empleó estas técnicas experimentó cambios significativos, lo que sugiere una influencia positiva en aquellos que aplicaron prácticas de conexión con los ángeles.

Por otro lado, una investigación llevada a cabo en una reconocida universidad de Arizona analizó el impacto de estas prácticas en 154 pacientes con enfermedades terminales. Los hallazgos mostraron que el 38% de los pacientes que integraron técnicas angélicas en su tratamiento registraron mejorías clínicas inesperadas, en contraste con apenas un 9% de quienes recibieron únicamente atención médica convencional. Estos resultados han despertado interés en la comunidad científica sobre la posible relación entre la sanación espiritual y la salud física.

Además, un informe reciente de un centro especializado en conciencia global identificó una correlación significativa entre la activación de arcángeles y el aumento de sincronicidades favorables en procesos legales y comerciales. Los casos analizados coincidían en ciertos factores clave, como el uso constante de invocaciones específicas, la alineación con propósitos de servicio y la integración diaria de principios inspirados en enseñanzas herméticas. Estos estudios sugieren que la manifestación angélica alcanza su máximo potencial cuando se combina con acciones concretas en el plano físico, confirmando que la clave del éxito radica en la colaboración entre lo espiritual y lo material.

12. Ángeles y chakras: Alineación energética para la comunicación celestial

Los chakras son centros energéticos que actúan como nexos entre el cuerpo físico y las dimensiones espirituales. En las tradiciones orientales, como el hinduismo y el budismo, se los describe como ruedas de luz que regulan el flujo del prana, la energía vital. Desde la perspectiva de la angelología, estos centros funcionan como antenas naturales capaces de sintonizar con las frecuencias celestiales que emanan de planos superiores, donde residen las entidades de luz. Cada chakra vibra en una frecuencia particular y está vinculado a aspectos específicos del ser, formando una escalera vibratoria que une el plano terrenal con los reinos angélicos.

Para fortalecer esta conexión, puedes realizar el siguiente ejercicio de visualización y respiración:

1. Adopta una postura cómoda con la columna recta y los pies bien apoyados en el suelo.

2. Inhala profundamente e imagina una luz blanca y radiante que ingresa por la coronilla y desciende hasta la base de tu columna vertebral.

3. Al exhalar, visualiza esa luz expandiéndose, llenando cada uno de tus chakras desde la raíz hasta la corona.

4. Con cada inhalación, siente cómo la energía angélica fluye a través de estos centros, limpiándolos y equilibrándolos.

5. Al exhalar, deja ir cualquier bloqueo o densidad acumulada, permitiendo que la luz los disuelva por completo.

6. Mantén esta respiración consciente durante varios minutos, percibiendo cómo tus chakras se armonizan con las frecuencias celestiales.

Estos vórtices energéticos actúan como llaves dimensionales: cuando están en equilibrio, facilitan la recepción y comprensión de los mensajes angélicos con mayor claridad. Por ejemplo, el chakra raíz, ubicado en la base de la columna, proporciona la estabilidad necesaria para anclar la protección celestial, canalizando la energía que forma escudos de luz contra influencias negativas.

Para desbloquear y fortalecer tu chakra raíz, prueba este ejercicio de enraizamiento:

1. De pie, visualiza cómo desde la planta de tus pies brotan raíces que se hunden profundamente en la tierra.

2. Con cada inhalación, siente cómo la energía de la tierra asciende por esas raíces y llena tu chakra raíz con un resplandor rojo brillante.

3. Al exhalar, libera cualquier miedo o inseguridad, dejando que la tierra los transforme en fuerza y estabilidad.

4. Repite este ciclo de respiración sintiendo cómo te vuelves más firme y enraizado con cada inhalación.

5. Imagina al Arcángel Uriel junto a ti, envolviéndote con su energía de solidez y seguridad.

En el extremo opuesto del cuerpo, el chakra coronario, situado en la parte superior de la cabeza, actúa como un portal que facilita la recepción de inspiración y mensajes divinos. Es el receptor por excelencia de la sabiduría de dimensiones superiores. Cuando todos los chakras están armonizados, se forma un canal puro a través del cual las energías angélicas pueden fluir libremente, permitiendo una comunicación más clara con los seres de luz.

Para activar y sintonizar tu chakra coronario, realiza esta meditación guiada:

1. Siéntate en una postura cómoda, con los ojos cerrados y las manos reposando suavemente sobre tus piernas.

2. Imagina una luz dorada y resplandeciente descendiendo desde lo alto y entrando a través de tu chakra coronario.

3. Percibe cómo esta luz llena tu cabeza, disipando cualquier pensamiento denso o preocupación.

4. Inhala atrayendo más de esta luz y exhala permitiendo que se extienda por todo tu cuerpo.

5. Visualiza al Arcángel Metatrón a tu lado, ajustando la vibración de tu chakra coronario para alinearlo con la frecuencia de la sabiduría celestial.

6. Permanece en este estado meditativo el tiempo que lo desees, abierto a recibir inspiración y guía.

Cada orden angélica resuena con un chakra específico siguiendo un principio de correspondencia vibratoria. Es decir, tanto los ángeles como los centros energéticos del ser humano comparten frecuencias y cualidades afines. Por ejemplo, los Serafines, guardianes del fuego divino, están ligados al chakra coronario debido a su capacidad para transmitir verdades trascendentales y expandir la conciencia. Los Querubines, protectores del conocimiento oculto, se asocian con el tercer ojo, favoreciendo la percepción intuitiva y las visiones proféticas.

Activación del Tercer Ojo con los Querubines

Los Querubines, guardianes del conocimiento sagrado, están estrechamente vinculados al tercer ojo, el centro de la visión interior y la intuición profunda. A través de este chakra, la percepción se expande más allá de lo evidente, permitiendo captar mensajes sutiles y verdades ocultas.

Para fortalecer esta conexión, prueba la siguiente práctica de visión interna:

1. Siéntate en un lugar tranquilo y cierra los ojos.

2. Dirige tu atención al espacio entre tus cejas, donde reside tu tercer ojo.

3. Inhala, imaginando un resplandor índigo encendiéndose en este centro energético, y al exhalar, permite que cualquier tensión se disipe.

4. Mientras respiras, visualiza la presencia de un Querubín frente a ti, irradiando una luz de sabiduría y claridad.

5. Pídele que fortalezca tu percepción psíquica y te ayude a interpretar con precisión las señales que recibes.

6. Permanece receptivo a cualquier imagen, símbolo o sensación que surja, confiando en que es una guía angélica manifestándose en tu conciencia.

Armonización del Chakra Laríngeo con los Tronos

Los Tronos, encargados de sostener la estructura divina del universo, resuenan con el chakra laríngeo, el centro de la comunicación y la expresión auténtica. Su influencia fortalece la capacidad de transmitir verdades esenciales a través del lenguaje, la música o cualquier forma de creación artística. Para equilibrar este centro y conectar con la vibración de los Tronos, realiza el siguiente ejercicio de canto de luz:

1. Adopta una postura cómoda, sentado o de pie, y lleva tu atención a la garganta.

2. Inhala, visualizando una luz azul celeste expandiéndose en tu chakra laríngeo, y al exhalar, permite que se disuelvan bloqueos o temores relacionados con la expresión.

3. Comienza a entonar un sonido primordial, como "OM" o "AH", sintiendo cómo la vibración resuena en tu garganta y se expande en todo tu ser.

4. Mientras cantas, visualiza a un Trono Angélico junto a ti, armonizando tu energía con las frecuencias de la verdad y la comunicación sincera.

5. Permite que tu voz fluya con confianza, sin restricciones, sintiendo cómo tu chakra se alinea con la vibración celestial.

6. Cuando sientas que es suficiente, detén el canto y permanece en silencio por unos instantes, sintiendo la activación energética en tu garganta.

Apertura del Chakra del Corazón con las Dominaciones

El chakra del corazón es el portal a la energía del amor incondicional y la compasión. Su equilibrio es esencial para establecer relaciones armónicas y experimentar la vida desde una perspectiva más elevada. Las Dominaciones, encargadas de irradiar vibraciones de amor puro, pueden ayudarte a liberar bloqueos emocionales y sanar heridas profundas a través de esta meditación de respiración consciente:

1. Coloca ambas manos sobre tu corazón y cierra los ojos.

2. Inhala profundamente, imaginando una luz rosa o verde esmeralda llenando tu chakra del corazón, y al exhalar, permite que cualquier dolor o resentimiento se disuelva.

3. Con cada inhalación, siente cómo tu corazón se expande y se llena de amor incondicional.

4. Al exhalar, proyecta esta energía hacia ti mismo, hacia tus seres queridos y, finalmente, hacia el mundo entero.

5. Visualiza la presencia de un ángel de la Dominación envolviendo tu pecho con su vibración sanadora, liberando cualquier atadura emocional.

6. Permanece en este flujo de amor, sintiendo su energía restauradora, hasta que tu corazón se sienta ligero y radiante.

Purificación de los Chakras con la Luz Diamantina

Los ángeles purifican los chakras a través de corrientes de luz diamantina, una energía de alta frecuencia que disuelve cualquier bloqueo con suavidad y precisión. Este proceso de limpieza se desarrolla en tres fases fundamentales:

1. Fase de transmutación: Ángeles vinculados al fuego, como Verchiel, actúan como catalizadores, consumiendo las densidades energéticas acumuladas en los chakras y restaurando su flujo natural.

2. Fase de reestructuración: Los Tronos reorganizan los patrones energéticos en el cuerpo sutil, restableciendo la armonía interna para que la energía circule sin interferencias.

3. Fase de estabilización: Los Querubines intervienen consolidando la nueva configuración mediante la implementación de geometrías sagradas, que fijan las frecuencias restauradas en el campo áurico.

A diferencia de los métodos de sanación convencionales, que se centran en síntomas visibles, la limpieza angélica opera simultáneamente en todas las dimensiones del ser, abordando bloqueos kármicos, ancestrales y emocionales de raíz. Su influencia es integral, equilibrando no solo los chakras, sino también los cuerpos sutiles que conectan la materia con el espíritu.

Limpieza Angélica de los Chakras

Los arcángeles pueden asistir en una limpieza profunda de los chakras, liberando bloqueos energéticos y restaurando la armonía interna. Para experimentar este proceso, realiza la siguiente visualización:

1. Acuéstate en un lugar tranquilo y cierra los ojos.

2. Visualiza al Arcángel Miguel de pie a tus pies, sosteniendo una espada de luz azul brillante.

3. Imagina cómo Miguel desliza suavemente su espada sobre tu cuerpo, desde los pies hasta la cabeza.

4. A medida que la espada atraviesa cada chakra, siente cómo corta y disuelve cualquier bloqueo, cuerda o energía estancada.

5. Ahora, observa al Arcángel Rafael a tu lado, derramando una cascada de luz esmeralda sobre tus chakras.

6. Siente cómo esta luz llena y equilibra cada centro energético, brindándote frescura y vitalidad.

7. Finalmente, el Arcángel Uriel aparece frente a ti, proyectando geometrías sagradas de luz dorada sobre tus chakras.

8. Permite que estas formas anclen y estabilicen la nueva energía, creando un flujo armonioso en tu ser.

9. Cuando sientas que el proceso ha concluido, agradece a los arcángeles y regresa lentamente a tu estado de consciencia habitual.

Activación del Chakra Coronario con el Loto de Luz

El chakra coronario es la puerta de acceso a la guía celestial. Cuando está activado, actúa como un vórtice que recibe mensajes en forma de imágenes, intuiciones o certezas profundas. Sin embargo, su apertura requiere estabilidad en los chakras inferiores para evitar que la energía celestial abrume el sistema nervioso. Para despertar este centro y conectar con los ángeles, practica la siguiente meditación:

1. Siéntate en postura meditativa y cierra los ojos.

2. Visualiza un loto de mil pétalos blancos y dorados flotando sobre tu cabeza.

3. Con cada inhalación, imagina que el loto se abre lentamente, irradiando una luz pura desde su centro.

4. Al exhalar, siente cómo esta luz desciende por tu chakra coronario, llenándote de claridad y paz.

5. Percibe la presencia del Arcángel Metatrón a tu lado, facilitando la apertura de tu conciencia a los reinos angélicos.

6. Mantente receptivo a cualquier mensaje, visión o sensación que surja, sabiendo que proviene de la guía celestial.

7. Cuando sientas que es momento de concluir, visualiza el loto cerrándose suavemente, manteniendo activa tu conexión espiritual.

Apertura del Chakra del Corazón con la Gratitud

El chakra del corazón es el puente entre la conciencia humana y las frecuencias angélicas. Cuando se expande, genera un campo vibratorio que atrae a los ángeles guardianes, quienes operan en la cuarta dimensión, donde el lenguaje primordial es el amor. Para fortalecer esta conexión, prueba esta práctica de gratitud:

1. Coloca una mano sobre tu corazón y cierra los ojos.

2. Trae a tu mente una persona, situación o recuerdo por el que sientas profunda gratitud.

3. Inhala, permitiendo que esta sensación de aprecio expanda tu chakra del corazón, y exhala, enviando esa energía al universo.

4. Continúa respirando gratitud durante unos minutos, sintiendo cómo tu vibración se eleva.

5. Invita mentalmente a tu ángel guardián a unirse a ti en este estado de amor y armonía.

6. Permanece atento a cualquier señal sutil de su presencia: una emoción repentina, una sensación de calidez o un mensaje intuitivo.

7. Cuando sientas que es momento de finalizar, abre los ojos y lleva contigo esta conexión amorosa a lo largo de tu día.

Equilibrio del Plexo Solar para Manifestar Guía Angélica

El plexo solar es el centro de la voluntad y la materialización. Aquí, las inspiraciones celestiales toman forma y se traducen en acciones concretas. Cuando este chakra está equilibrado, permite recibir visiones angélicas sin que se conviertan en ilusiones desconectadas de la realidad. Para potenciar su energía, realiza este ejercicio de poder personal:

1. De pie, coloca ambas manos sobre tu plexo solar, justo encima del ombligo.

2. Inhala, visualizando una luz dorada encendiendo este centro, y exhala, disolviendo cualquier duda o sensación de impotencia.

3. Con cada respiración, siente cómo tu confianza y claridad interna se fortalecen.

4. Trae a tu mente un proyecto o deseo que anheles manifestar y visualízalo con detalle.

5. Repite mentalmente o en voz alta: "Soy un co-creador con lo Divino. Todo lo que imagino se manifiesta en armonía perfecta."

6. Imagina al Arcángel Jofiel a tu lado, iluminando tu plexo solar con su energía dorada de creatividad y expansión.

7. Siente cómo esta fuerza radiante se arraiga en tu ser, fortaleciendo tu conexión con tu propósito superior.

Meditación de Armonización de Chakras con la Vibración Angélica

Cuando los chakras están alineados, el cuerpo energético sintoniza con ritmos cósmicos que trascienden la lógica humana. Los ángeles utilizan frecuencias sonoras y geometrías sagradas para reajustar estos centros, devolviéndolos a su estado natural de equilibrio. Durante esta meditación, entidades como Hathor emiten tonos armónicos que resuenan con los patrones energéticos del cuerpo sutil. Para experimentar esta alineación vibratoria:

1. Siéntate o recuéstate en un espacio tranquilo.

2. Inhala profundamente y permite que tu cuerpo se relaje completamente.

3. Visualiza una esfera de luz dorada envolviendo todo tu ser, estabilizando tu campo energético.

4. Siente cómo cada chakra comienza a vibrar en su tono único, como si fuera una nota en una sinfonía celestial.

5. Percibe la presencia de ángeles emitiendo frecuencias de sanación, afinando cada centro con su sonido vibratorio.

6. Permite que estas vibraciones recorran tu ser, ajustando y elevando tu energía.

7. Cuando sientas que la armonización está completa, respira profundamente, sintiendo la plenitud de tu cuerpo y espíritu en equilibrio.

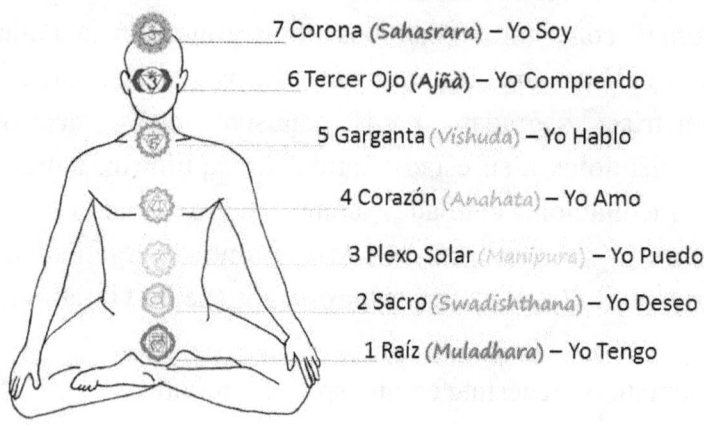

Chrakras

13. Angelología y astrología: Conexiones cósmicas e influencias planetarias

Ángeles regentes de los signos zodiacales

Cada signo del zodiaco resuena con entidades angélicas que modulan sus atributos esenciales, amplificando sus virtudes y equilibrando sus desafíos. A continuación, se presentan los vínculos de cada signo con su ángel regente y una breve descripción de su influencia.

Aries – Arcángel Samael

Fuerza y transformación

Samael, cuyo nombre se traduce como "severidad de Dios", encarna el ímpetu, la valentía y la energía de acción pura. Su influencia en Aries potencia la determinación y el liderazgo, pero también enseña el autocontrol y la canalización consciente del poder personal para evitar la impulsividad excesiva.

Tauro – Ángel Anael

Armonía y amor terrenal

Anael, ángel del amor y la belleza, ayuda a Tauro a equilibrar su conexión con los placeres de la vida material, fomentando la gratitud y el disfrute consciente. Su guía suaviza la rigidez y refuerza la estabilidad emocional, recordando que la seguridad también reside en la confianza espiritual.

Géminis – Arcángel Rafael

Comunicación y claridad mental

Rafael, cuyo nombre significa "Dios sana", facilita la expresión fluida de pensamientos y emociones. Para Géminis, su presencia estimula la curiosidad, la inteligencia y la conexión con la verdad interior, ayudando a evitar la dispersión y el exceso de superficialidad en sus interacciones.

Cáncer – Arcángel Gabriel

Protección y sensibilidad intuitiva

Gabriel, mensajero divino y guardián de las emociones, guía a Cáncer en su viaje hacia la comprensión de sus propios sentimientos y los de quienes le rodean. Su influencia fortalece la intuición y la conexión con la familia, brindando seguridad en los momentos de cambio.

Leo – Arcángel Miguel

Liderazgo y propósito

Miguel, el gran protector celestial, refuerza el coraje y la autenticidad de Leo, ayudándole a manifestar su luz con integridad. Su energía propicia la expansión del liderazgo con nobleza y propósito, evitando caer en el orgullo o la necesidad de validación externa.

Virgo – Ángel Metatrón

Orden y perfección espiritual

Metatrón, conocido como el escriba celestial, canaliza su energía en la estructuración y el análisis. Para Virgo, su presencia inspira la organización y la precisión, ayudando a transformar la meticulosidad en un servicio significativo, sin caer en la autocrítica excesiva.

Libra – Ángel Jofiel

Belleza y sabiduría divina

Jofiel, el iluminador de la armonía, impulsa a Libra a buscar equilibrio y justicia en sus relaciones. Su energía inspira la apreciación de la belleza en todas sus formas, promoviendo el arte, la diplomacia y el amor consciente basado en el respeto y la comprensión.

Escorpio – Ángel Azrael

Transformación y renacimiento

Azrael, guardián de los ciclos de vida y muerte, acompaña a Escorpio en sus procesos de transformación interna. Su energía le ayuda a soltar lo que ya no sirve, abrazar la regeneración y comprender que todo final es el umbral de un nuevo comienzo.

Sagitario – Ángel Zadkiel

Expansión y libertad espiritual

Zadkiel, ángel de la misericordia y el conocimiento, guía a Sagitario en su búsqueda de la verdad. Su energía promueve la sabiduría, el aprendizaje y la apertura a nuevas perspectivas, ayudando a integrar la espiritualidad con la vida cotidiana.

Capricornio – Ángel Cassiel

Disciplina y evolución kármica

Cassiel, ángel de la paciencia y la estructura, ayuda a Capricornio a transitar el camino de la madurez y la responsabilidad. Su influencia fortalece la perseverancia, enseñando que el verdadero éxito surge de la constancia y el crecimiento interior.

Acuario – Ángel Uriel

Innovación y visión trascendental

Uriel, portador del fuego divino del conocimiento, inspira a Acuario a desafiar los paradigmas establecidos y a trabajar por el bienestar colectivo. Su energía impulsa la creatividad, la conciencia social y la búsqueda de ideas que transforman la humanidad.

Piscis – Ángel Sandalphon

Intuición y conexión espiritual

Sandalphon, ángel de la música y la oración, guía a Piscis en su sensibilidad mística y su conexión con el universo. Su energía fortalece la percepción sutil, facilitando la inspiración artística, la sanación emocional y la compasión universal.

Influencias planetarias y sus ángeles asociados

En la astrología clásica, cada planeta refleja un aspecto de la psique y la realidad. Los arcángeles tutelan estas influencias, ayudando a armonizar sus energías.

Sol – Arcángel Miguel

Fortalece el liderazgo, la confianza y el propósito vital.

Luna – Arcángel Gabriel

Modula las emociones y la intuición, facilitando la conexión con los ciclos internos.

Mercurio – Arcángel Rafael

Estimula la inteligencia, la comunicación y la claridad mental.

Venus – Ángel Anael

Armoniza el amor, la belleza y la sensibilidad artística.

Marte – Arcángel Samael

Canaliza la acción y el coraje en una dirección positiva.

Júpiter – Ángel Sachiel

Expande la abundancia, la sabiduría y el optimismo.

Saturno – Ángel Cassiel

Favorece la disciplina, el aprendizaje kármico y la madurez.

Para los planetas transpersonales:

Urano – Ángel Uriel

Impulsa la evolución, la innovación y la ruptura de estructuras obsoletas.

Neptuno – Ángel Asariel

Fomenta la conexión con lo divino, la intuición y el arte visionario.

Plutón – Ángel Azrael

Facilita la transformación profunda y el renacimiento espiritual.

Trabajo angélico durante retrogradaciones planetarias

Los períodos retrógrados representan momentos de revisión y reajuste energético. La intervención angélica ayuda a navegar estas fases con mayor consciencia:

- Mercurio retrógrado: Rafael ayuda a clarificar la comunicación y evitar malentendidos.
- Venus retrógrado: Anael guía en la revisión de relaciones y valores emocionales.
- Marte retrógrado: Samael enseña a redirigir la energía de manera constructiva.
- Júpiter retrógrado: Sachiel favorece la introspección y el crecimiento interno.
- Saturno retrógrado: Cassiel asiste en la integración de lecciones kármicas.

Ángeles de las casas astrológicas

Las casas astrológicas representan áreas específicas de la vida, cada una con un ángel guardián que facilita su desarrollo:

- 1ª Casa (Identidad): Metatrón – Ayuda a manifestar la esencia auténtica.
- 2ª Casa (Recursos): Mammon – Enseña el manejo ético de la abundancia.
- 3ª Casa (Comunicación): Rafael – Favorece la expresión y el aprendizaje.

- 4ª Casa (Raíces): Gabriel – Conecta con la memoria ancestral y el hogar.
- 5ª Casa (Creatividad): Jofiel – Inspira la expresión artística y la alegría.
- 6ª Casa (Salud y servicio): Miguel – Organiza y fortalece la disciplina personal.
- 7ª Casa (Relaciones): Chamuel – Armoniza vínculos afectivos y acuerdos.
- 8ª Casa (Transformación): Azrael – Guía en los procesos de cambio profundo.
- 9ª Casa (Filosofía y expansión): Zadkiel – Promueve la exploración y el conocimiento.
- 10ª Casa (Vocación): Cassiel – Brinda estructura y propósito en la carrera.
- 11ª Casa (Colectivo): Uriel – Estimula la visión social y la innovación.
- 12ª Casa (Inconsciente): Sandalphon – Facilita la conexión con lo divino y la introspección.

Rituales angélicos para potenciar tránsitos astrológicos favorables

La energía angélica puede potenciarse cuando se sincroniza con los ciclos astrológicos, ya que estos abren momentos clave para trabajar distintos aspectos de la vida. Por ejemplo, cuando Júpiter forma ángulos armónicos con el Sol natal, se crean oportunidades ideales para conectar con Sachiel y enfocar la energía en la expansión, la materialización de proyectos y la apertura de nuevos caminos. Del mismo modo, las fases lunares—

especialmente la Luna nueva y la Luna llena—activan portales energéticos en los que Gabriel guía la siembra de intenciones al inicio de un ciclo y facilita la concreción de logros cuando la Luna alcanza su plenitud.

Los eclipses solares, considerados en muchas tradiciones como momentos de transformación profunda, pueden aprovecharse para una renovación interior con la asistencia de Metatrón, quien ayuda a reorganizar estructuras internas y reajustar el rumbo de vida. En el caso de las fases lunares más intensas, Sandalphon actúa como un canal de sanación emocional, facilitando la purificación de recuerdos o emociones estancadas. Además, el ingreso del Sol en cada signo zodiacal marca un nuevo ciclo energético que puede ser acompañado por el ángel regente del signo en cuestión, permitiendo iniciar la etapa con claridad y propósito.

Cuando en el cielo se presentan aspectos desafiantes, como la cuadratura entre Saturno y Urano—símbolo del choque entre lo establecido y lo innovador—es recomendable la intervención de Cassiel y Uriel para encontrar el equilibrio entre la responsabilidad y el cambio necesario. Por otro lado, las conjunciones planetarias, al unir energías de dos o más cuerpos celestes, pueden potenciar la acción combinada de ángeles afines. Un ejemplo de esto es la conjunción de Venus y Neptuno, cuya fusión con la energía de Anael y Asariel favorece la inspiración artística, la sensibilidad espiritual y la manifestación de proyectos visionarios.

Sanación kármica con ángeles según el tema natal

La carta natal es una herramienta que permite comprender patrones kármicos heredados y cómo estos influyen en la vida actual. Mediante la guía angélica, es posible transformar bloqueos o lecciones pendientes. Uno de los puntos más significativos en este análisis son los nodos lunares: el Nodo Sur representa aprendizajes previos que pueden estar limitando el presente y su liberación puede facilitarse con la intervención de Zadkiel, quien ayuda a disolver lazos emocionales repetitivos. En contraste, el Nodo Norte señala el propósito de vida y la dirección a seguir, un camino en el que Metatrón actúa como guía para alinear la voluntad personal con la evolución espiritual.

Cuando Saturno se encuentra en la casa doce o forma aspectos tensos en la carta, puede indicar deudas kármicas inconscientes que requieren resolución. En estos casos, Cassiel es el aliado adecuado para asumir con madurez estas lecciones y transformar la carga en sabiduría. Si Plutón genera tensiones con la Luna, la energía de Azrael puede facilitar la liberación de emociones arraigadas y favorecer la transformación a través de la sanación profunda. Por otro lado, cuando varios planetas se agrupan en un mismo sector de la carta formando un stellium, se produce un énfasis energético que puede necesitar la asistencia de distintos ángeles para equilibrar sus efectos.

Un caso particular es la cuadratura de Quirón con el Sol, la cual representa heridas en la identidad y la forma en que la persona se percibe a sí misma. En este contexto, Rafael puede ayudar a transformar el dolor en aprendizaje, fortaleciendo el autoconcepto y guiando hacia la sanación interior. Asimismo, las configuraciones de Gran Cruz, que implican tensiones en cuatro direcciones de la carta, indican desafíos kármicos que requieren la colaboración de varios ángeles para restaurar el equilibrio y facilitar el crecimiento personal.

Ángeles y nodos lunares: propósito de vida y lecciones kármicas

El eje nodal lunar, compuesto por el Nodo Sur y el Nodo Norte, es un mapa de la evolución espiritual de cada persona. Su posición en la carta natal indica los aprendizajes acumulados en vidas anteriores y las áreas en las que es necesario avanzar para lograr mayor armonía. Por ejemplo, si el Nodo Sur está en Aries, puede haber una tendencia a la independencia extrema o a la impulsividad, aspectos que pueden trabajarse con la guía de Samael para equilibrar estos impulsos. En este caso, el Nodo Norte en Libra invita a desarrollar relaciones armoniosas y a fomentar la cooperación, con la asistencia de Jofiel para cultivar el equilibrio y la empatía.

Cuando el Nodo Sur se encuentra en Capricornio, suele reflejar un apego excesivo a la estructura, el control o el materialismo. Cassiel ayuda a liberar estas restricciones, mientras que el Nodo Norte en Cáncer, guiado por Gabriel, promueve la conexión emocional y el desarrollo de la sensibilidad. En el caso de los nodos situados en el eje de la tercera y la novena casa, la enseñanza se centra en integrar el conocimiento racional con la intuición, proceso en el que Rafael y Zadkiel pueden asistir para lograr un aprendizaje equilibrado que combine lógica y sabiduría espiritual.

Las posiciones de los nodos en casas angulares—relacionadas con la identidad, las relaciones y el servicio—suelen indicar misiones de impacto público, donde la presencia de Miguel y Chamuel es clave para alinear los objetivos personales con la responsabilidad colectiva. En cambio, cuando los nodos están en signos fijos, es posible que se presenten dificultades para aceptar el cambio, por lo que la intervención de Azrael es fundamental para romper estructuras rígidas y facilitar la evolución.

Cada una de estas interacciones entre la angelología y la astrología muestra cómo los movimientos celestes y las energías angélicas pueden trabajar en conjunto para ofrecer guía, sanación y oportunidades de transformación. Integrar conscientemente estos conocimientos permite no solo interpretar los tránsitos astrológicos, sino también conectar con la vibración sutil de los ángeles, creando un puente entre el cielo y la vida cotidiana. De esta manera, cada experiencia puede convertirse en un camino de crecimiento espiritual y realización personal.

14. Ángeles en los sueños: Interpretación y trabajo onírico angélico

Tipos de sueños angélicos: mensajes, visitas, enseñanzas

Los encuentros oníricos con ángeles pueden clasificarse según su propósito y la profundidad simbólica que encierran. Los sueños-mensaje funcionan como advertencias o guías precisas, expresándose a través de símbolos recurrentes como plumas blancas, esferas de luz o secuencias numéricas. Estos elementos no son simples imágenes aleatorias, sino portadores de una vibración específica que ha sido interpretada por distintas tradiciones místicas como señales de comunicación espiritual. Las visitas oníricas, en cambio, implican una interacción directa con el ángel, quien se manifiesta con atributos reconocibles. Es común que se presenten con signos característicos, como la espada flamígera de Miguel, símbolo de protección y fortaleza espiritual; la trompeta de Gabriel, asociada a anuncios y revelaciones trascendentales; o el bastón sanador de Rafael, emblema de curación tanto física como emocional en distintas corrientes esotéricas y textos sagrados.

Los sueños de enseñanza, por su parte, despliegan escenarios complejos cargados de simbolismo, como recorridos por laberintos celestiales o lecciones sobre geometría sagrada. Este último concepto se vincula con patrones universales presentes en la naturaleza y en estructuras místicas, considerados reflejos del orden divino. Quienes experimentan este tipo de sueños suelen despertar con una sensación de expansión mental, como si hubieran recibido fragmentos de conocimiento que requieren ser integrados con el tiempo. La intensidad lumínica, la nitidez de los detalles y la claridad sensorial son aspectos que los distinguen de los sueños comunes, revelando accesos a planos elevados de conciencia.

Técnicas para inducir sueños angélicos

La preparación para recibir sueños angélicos se basa en sintonizar la mente y el cuerpo con una frecuencia vibratoria adecuada, especialmente durante la fase REM del sueño, en la que la actividad cerebral se intensifica y el acceso a planos sutiles de percepción se vuelve más accesible. Investigaciones en parapsicología han señalado que el estado hipnagógico[45] —esa transición entre la vigilia y el sueño profundo—actúa como una puerta natural hacia experiencias espirituales, ya que en ese momento la barrera

---

[45] El estado hipnagógico es estudiado en neurociencia por su capacidad para generar imágenes vívidas debido a la actividad del lóbulo parietal.

entre el consciente y el inconsciente se debilita, permitiendo la manifestación de imágenes, sonidos y sensaciones inusuales.

Una de las herramientas más efectivas para inducir estos encuentros es la programación del sueño mediante afirmaciones previas al descanso. Repetir una intención específica antes de dormir facilita la apertura de la mente a estos mensajes. Sin embargo, la efectividad de esta práctica está estrechamente relacionada con la activación de la glándula pineal, considerada en muchas tradiciones esotéricas como el "tercer ojo", capaz de captar frecuencias energéticas sutiles. La alimentación también juega un papel fundamental en la calidad de los sueños. Por ejemplo, un exceso de tiramina—presente en alimentos como quesos curados o embutidos—puede interferir en la memoria onírica, mientras que el magnesio favorece la actividad neural y, por ende, la retención de los sueños. Incluso la postura al dormir influye en la receptividad: algunas corrientes sufíes sugieren que descansar sobre el lado derecho facilita la conexión con los ángeles mensajeros, pues este lado del cuerpo está relacionado con la energía activa y comunicativa.

Interpretación de símbolos angélicos en sueños

Descifrar los mensajes de los sueños angélicos requiere diferenciar entre símbolos universales y significados personales. Los arquetipos, tal como los definió Carl Jung, son imágenes presentes en el inconsciente colectivo de la humanidad y tienden a mantener un mismo significado en distintas culturas. Por ejemplo, un reloj de arena en un sueño puede representar la presencia del ángel del tiempo, identificado en algunas tradiciones como Cassiel, quien guía procesos de urgencia espiritual. No obstante, para alguien con preocupaciones sobre la fugacidad de la vida, el mismo símbolo puede reflejar una inquietud personal más que un mensaje celestial. Otro ejemplo es la imagen de escaleras ascendentes, que suele indicar un proceso de crecimiento y elevación espiritual, vinculado en la mística con la figura de Metatrón, el escriba divino y mediador entre los mundos; mientras que la presencia de un pozo profundo puede señalar procesos de sanación kármica en los que intercede el ángel Azrael, asociado con las transiciones energéticas y el desprendimiento de cargas emocionales.

El color también es un elemento clave en la interpretación de los sueños angélicos. Tonalidades doradas suelen estar relacionadas con la energía protectora de Miguel; el azul zafiro es indicativo de la influencia de Gabriel y su papel como guía en la comunicación y la revelación; mientras que el violeta profundo se asocia con Zadkiel y su función en la transmutación energética y el perdón. Los sonidos percibidos en los sueños también pueden ser pistas sobre la presencia angélica. El repicar de campanas, coros armónicos o notas musicales de alta vibración suelen corresponder a frecuencias espirituales elevadas y pueden ser interpretadas como signos de contacto con lo divino. En estados de sueño lúcido, algunos practicantes han logrado identificar la vibración específica de estos sonidos, lo que permite afinar la percepción de la entidad angélica presente en la experiencia.

Viajes astrales y encuentros angélicos durante el sueño

El plano astral es un territorio donde la conciencia se expande más allá de los límites físicos, permitiendo el contacto con dimensiones superiores. Dentro de esta esfera sutil, los ángeles se presentan como guías luminosos que orientan al viajero en su exploración de realidades más elevadas. Desde la perspectiva esotérica, este plano no es un espacio físico, sino una frecuencia energética en la que los pensamientos y emociones adquieren forma perceptible. Los encuentros angélicos en este nivel suelen ocurrir durante la cuarta fase del sueño REM, cuando el cuerpo etérico—el campo energético que coexiste con el cuerpo físico—se desprende parcialmente, permitiendo a la conciencia desplazarse con mayor libertad. Relatos de místicos medievales mencionan la existencia de bibliotecas akáshicas, depósitos de conocimiento universal que, según diversas tradiciones, pueden ser accesibles a través de viajes astrales guiados por ángeles como Uriel, el guardián de la sabiduría y la iluminación.

Durante estas experiencias, la sensación de flotar o volar con control, junto con la percepción de cuerpos energéticos de colores vibrantes, es un indicio común de que la conciencia ha trascendido los límites físicos. Para quienes exploran este tipo de vivencias, se recomienda la invocación del arcángel Miguel como protector, una práctica registrada en textos teosóficos del siglo XIX, donde se enfatiza la importancia de contar con una fuerza luminosa que resguarde la integridad del viajero en el plano astral. Su presencia disipa energías discordantes y mantiene el equilibrio durante la travesía, evitando desorientación o encuentros con entidades de baja vibración.

Diario de sueños angélicos: métodos de registro y análisis

Capturar las impresiones oníricas al despertar es esencial para comprender la profundidad de los sueños angélicos. No se trata solo de anotar imágenes o símbolos, sino de registrar también sonidos, sensaciones táctiles y emociones que puedan haber surgido en la experiencia. Este proceso facilita una interpretación más precisa y permite detectar patrones a lo largo del tiempo. Algunas tradiciones espirituales sugieren vincular estos sueños con las fases lunares y los movimientos planetarios, ya que ciertos alineamientos celestes pueden intensificar la conexión con lo divino. Por ejemplo, durante las retrogradaciones de Mercurio se ha reportado un aumento en sueños donde los ángeles se comunican a través de símbolos complejos, mientras que en fases de luna llena los mensajes suelen adquirir mayor claridad y fuerza.

Comparar estos registros con la carta astral personal puede revelar correspondencias significativas entre los tránsitos planetarios y los encuentros angélicos. La presencia de Neptuno en contacto con la Luna, por ejemplo, puede intensificar sueños de índole mística donde interviene Sandalphon, el ángel de la música y la armonía celestial. En cambio, una influencia fuerte de Plutón puede favorecer la aparición de Azrael, el ángel que asiste en procesos de transformación profunda y liberación kármica. Además, el uso de la codificación por colores permite identificar con mayor facilidad la presencia de ciertos arcángeles: tonos dorados suelen indicar la guía de Miguel, el azul profundo señala la intervención de Gabriel, y el violeta intenso se asocia con Zadkiel y su energía de transmutación y perdón. Al observar estas repeticiones, el soñador puede reconocer patrones que le ayudarán a interpretar los mensajes recibidos con mayor claridad.

Sanación onírica guiada por ángeles

Durante el sueño, los procesos de restauración no se limitan únicamente al descanso físico, sino que abarcan distintos niveles del ser. En la tradición esotérica, se reconocen cuatro cuerpos principales en los que la sanación ocurre de manera simultánea: el cuerpo físico, regido por Rafael; el emocional, guiado por Gabriel; el mental, alineado con Uriel; y el espiritual, bajo la custodia de Metatrón. En cada uno de estos planos, los ángeles pueden intervenir para restaurar el equilibrio, empleando narrativas simbólicas dentro de los sueños. Por ejemplo, la sanación de memorias kármicas puede manifestarse a través de sueños recurrentes en los que se presentan desafíos similares, pero que evolucionan progresivamente, reflejando el proceso de liberación y reestructuración energética.

En algunos casos documentados, se ha descrito la experiencia de "cirugías energéticas" realizadas en sueños, donde el soñador percibe la presencia de ángeles—especialmente Rafael—que trabajan sobre su campo energético, desactivando bloqueos emocionales o físicos que han afectado su bienestar. Estas intervenciones suelen ser acompañadas por sensaciones de calor, destellos de luz o vibraciones en distintas partes del cuerpo. Investigaciones en medicina psicosomática han encontrado correlaciones entre estados oníricos profundos y aumentos en la producción de melatonina y DMT, sustancias que no solo regulan el sueño, sino que también están vinculadas con experiencias místicas y regeneración celular acelerada. Esto sugiere que la sanación onírica no es solo un fenómeno simbólico, sino que puede tener efectos medibles en el bienestar del individuo.

Resolución de problemas a través de consultas angélicas en sueños

Ejercicio: Formulando una Pregunta Antes de Dormir

Este ejercicio te ayudará a conectar con la guía angélica a través de tus sueños para recibir orientación sobre un problema o dilema en tu vida.

Instrucciones:
1. **Reflexión previa:** Antes de dormir, dedica unos minutos a meditar sobre una situación en la que necesites claridad. Puede estar relacionada con tu trabajo, relaciones, salud o cualquier área donde sientas incertidumbre o bloqueo.

2. **Formulación de la pregunta:** Define con precisión lo que deseas saber. Asegúrate de que tu pregunta sea abierta y permita respuestas reveladoras. En lugar de preguntar *"¿Debo aceptar este nuevo empleo?"*, plantea *"¿Qué necesito comprender para tomar la mejor decisión respecto a esta oferta laboral?"*.

3. **Registro en un diario:** Escribe la pregunta en un cuaderno que mantendrás junto a tu cama. Este acto materializa tu intención y facilita la comunicación con el reino angélico.

4. **Invocación antes de dormir:** Siéntate en tu cama, respira profundamente y recita tu pregunta en voz alta, dirigiéndola a los ángeles. Puedes decir: *"Amados ángeles, en esta noche les pido claridad. Permitan que, a través de mis sueños, reciba la*

guía que necesito. Ayúdenme a recordar el mensaje al despertar. Gracias."

5. **Visualización protectora:** Al acostarte, imagina una luz blanca o dorada rodeándote, envolviéndote en la presencia amorosa de los ángeles. Mientras te relajas, repite mentalmente tu pregunta hasta quedarte dormido.

6. **Registro matutino:** Al despertar, antes de moverte o distraerte con la rutina diaria, toma tu diario y anota cualquier fragmento de sueño, sensación o imagen que recuerdes. No importa si el mensaje no parece claro al principio; los símbolos angélicos suelen manifestarse de forma metafórica.

7. **Atención a señales diurnas:** Durante el día, observa cualquier sincronicidad, intuición repentina o mensaje simbólico en el entorno. Los ángeles pueden continuar respondiendo de maneras sutiles a lo largo del día.

8. **Expresión de gratitud:** Antes de dormir nuevamente, dedica un momento a agradecer por la guía recibida, incluso si el mensaje aún no es completamente comprensible. La gratitud fortalece tu conexión con el plano angélico y abre la puerta a nuevas revelaciones.

La influencia de los ciclos lunares y los símbolos angélicos en la resolución de problemas

La práctica de formular preguntas antes de dormir se potencia cuando se realiza en sincronía con la fase creciente de la luna, un periodo asociado en la simbología esotérica con la expansión, la apertura y la manifestación de respuestas. Durante esta etapa, la conexión con los ángeles se intensifica, favoreciendo sueños más lúcidos y reveladores.

Los mensajes angélicos en sueños suelen expresarse a través de símbolos personalizados. Por ejemplo, un conflicto laboral puede aparecer representado por nudos energéticos; si en el sueño estos se desatan, esto sugiere la intervención de Jofiel, el ángel vinculado a la claridad mental y la belleza transformadora. Del mismo modo, bloqueos creativos pueden representarse con la visión de puertas que se abren repentinamente, indicando la presencia de Uriel, quien guía hacia la iluminación y el acceso a nuevos conocimientos.

La eficacia de esta práctica aumenta cuando se realiza en concordancia con el ángel regente del día, una enseñanza derivada de la tradición cabalística que asigna distintos días de la semana a la influencia de ciertos arcángeles. Por ejemplo, Rafael rige los miércoles, facilitando la sanación y el equilibrio, mientras que los domingos están bajo la tutela de Miguel, favoreciendo la protección y la determinación en la toma de decisiones.

Los sueños que contienen soluciones suelen estar impregnados de símbolos específicos, como el agua fluyendo, que representa la purificación emocional, o herramientas doradas, que sugieren la necesidad de tomar acción para materializar las respuestas recibidas. Reconocer estos signos y reflexionar sobre ellos en la vigilia permite aplicar la guía celestial en la vida cotidiana, transformando desafíos en oportunidades de crecimiento espiritual y personal.

Prácticas de Lucidez Onírica para Interacciones Angélicas Conscientes

El desarrollo de la lucidez onírica—la capacidad de reconocer que se está soñando y tomar control consciente del sueño—abre un canal directo para la interacción con los ángeles. En estos estados, es posible establecer un diálogo consciente con las entidades celestiales y verificar su identidad a través de pruebas vibracionales. Una de las más efectivas consiste en solicitarles que manifiesten su sello sagrado. Este sello, descrito en diversas tradiciones como un complejo patrón geométrico de precisión inalcanzable para la mente soñadora, se presenta como una firma energética que confirma la presencia de una inteligencia superior.

Los encuentros angélicos en sueños lúcidos suelen desarrollarse en escenarios donde las leyes de la física y la lógica ordinaria se disuelven. Es común la aparición de estructuras imposibles, como escaleras celestiales similares a las de Penrose, un concepto matemático que representa una paradoja visual de ascenso continuo. Estas estructuras oníricas actúan como aulas de aprendizaje, donde el soñador puede recibir enseñanzas espirituales en un entorno donde el tiempo y el espacio se perciben de manera no lineal. La capacidad de recordar estas lecciones y aplicarlas en la vida despierta se vincula con el desarrollo del cuerpo causal, una dimensión de la conciencia que, según la enseñanza esotérica, trasciende la existencia física y almacena el conocimiento adquirido a través de múltiples encarnaciones.

Así, cada experiencia de lucidez onírica con presencia angélica se convierte en un proceso de autoconocimiento y sanación. Los símbolos del sueño, más que simples manifestaciones del subconsciente, se configuran como un puente entre lo terrenal y lo divino, permitiendo al soñador acceder a un nivel de percepción donde cuerpo, mente y espíritu se alinean en una misma frecuencia de evolución consciente.

Ejercicio: Induciendo Sueños Lúcidos para Encuentros Angélicos

Este ejercicio está diseñado para desarrollar la capacidad de experimentar sueños lúcidos con la intención de interactuar conscientemente con los ángeles.

Instrucciones:
1. **Lleva un diario de sueños.** Al despertar, escribe inmediatamente cualquier sueño que recuerdes, incluyendo imágenes, símbolos, emociones y fragmentos de diálogos. Esta práctica fortalece la memoria onírica y facilita el reconocimiento de patrones recurrentes, los cuales pueden ser indicadores de la presencia angélica.

2. **Realiza verificaciones de realidad durante el día.** Estas pruebas ayudan a entrenar la mente para cuestionar su estado de vigilia y reconocer cuándo se encuentra en un sueño. Algunos métodos efectivos incluyen:

    o   Intentar pasar un dedo a través la palma de la otra mano.

    o   Pellizcar la nariz y tratar de respirar.

    o   Leer un texto, apartar la vista y volver a leerlo para ver si ha cambiado.

    o   Mirarse en un espejo y observar si la imagen refleja cambios inusuales.

- o Repite estas pruebas varias veces al día mientras te preguntas: *"¿Estoy soñando?"*

3. **Antes de dormir, establece tu intención.** Siéntate en tu cama, respira profundamente y enfoca tu mente en la meta de tener un sueño lúcido con la presencia de ángeles. Puedes afirmar en voz alta o mentalmente: *"Esta noche, seré consciente de que estoy soñando y me encontraré con mis guías angélicos."*

4. **Visualiza la experiencia con detalle.** Imagina que ya te encuentras dentro del sueño y que te das cuenta de que estás soñando. Visualiza el momento en el que llamas a tus ángeles y cómo aparecen ante ti, irradiando luz y transmitiendo su guía. Esta técnica refuerza la conexión subconsciente con la intención de contacto.

5. **Repite tu intención mientras te duermes.** Mientras te sumerges en el sueño, continúa repitiendo mentalmente afirmaciones como: *"Cuando esté soñando, me daré cuenta de que es un sueño y convocaré a mis ángeles."* Combina esta práctica con una verificación de realidad para fortalecer la asociación mental entre ambas.

6. **Registra tus despertares nocturnos.** Si te despiertas en medio de la noche, toma un momento para escribir cualquier fragmento de sueño que recuerdes. Luego, reafirma tu intención y vuelve a dormir manteniendo la concentración en el propósito del encuentro angélico.

7. **Una vez lúcido, verifica tu entorno.** Cuando alcances la lucidez en el sueño, realiza una prueba de realidad para confirmar que estás soñando. Luego, llama a los ángeles diciendo en voz alta o mentalmente: *"Guías angélicos, preséntense ahora."* Mantén una actitud receptiva y paciente.

8. **Interactúa con los ángeles conscientemente.** Puedes hacerles preguntas, solicitar orientación sobre una situación particular o simplemente experimentar su presencia. Recuerda que en el estado onírico tú tienes el control, por lo que si algo no se siente armónico, puedes modificar el entorno o decidir despertar.

9. **Al despertar, registra tu experiencia.** Inmediatamente después de abrir los ojos, escribe todos los detalles de tu encuentro, incluso si parecen fragmentados o simbólicos. Reflexiona sobre los mensajes recibidos y considera cómo puedes aplicarlos en tu vida cotidiana.

15. Sanación angélica: Técnicas y protocolos para diferentes dolencias

Fundamentos de la sanación energética angélica

La sanación energética angélica se fundamenta en la idea de que los ángeles actúan como canales de la energía divina, facilitando el equilibrio y la armonización del campo bioenergético humano. Desde tiempos antiguos, diversas tradiciones esotéricas sostienen que la luz celestial puede ser dirigida a través de estos seres para restaurar el bienestar físico, emocional y espiritual.

Textos herméticos—vinculados a las enseñanzas atribuidas a Hermes Trismegisto, símbolo de la sabiduría que une lo divino y lo humano—y escritos cabalísticos—que exploran los misterios del universo a través de la interpretación esotérica de la Torá—coinciden en que los ángeles pueden modular frecuencias vibracionales, ajustando patrones energéticos desarmonizados para devolver la armonía al ser.

Se cree que muchas dolencias surgen debido a bloqueos en el flujo de la fuerza vital, conocida en distintas tradiciones como prana (en el hinduismo) o chi (en la medicina tradicional china). Esta energía sutil, que circula por el cuerpo, es esencial para la salud y el bienestar. Cuando su flujo se interrumpe, se manifiestan malestares que pueden ir desde el agotamiento hasta enfermedades físicas. La sanación angélica busca disolver estos bloqueos y restaurar la libre circulación de la energía.

Estudios en el campo de la medicina psicosomática, que explora la conexión entre mente y cuerpo, han encontrado vínculos entre la sanación angélica y la coherencia cardíaca, un estado en el que el ritmo del corazón se sincroniza armoniosamente, favoreciendo el equilibrio del sistema nervioso autónomo, responsable de funciones vitales como la respiración y la digestión. Esto sugiere que estas prácticas no solo tienen un impacto a nivel energético, sino que pueden influir en procesos fisiológicos medibles.

Desde una perspectiva espiritual, cada enfermedad se asocia con un patrón energético-arquetípico, es decir, con una carga simbólica y emocional que se refleja en el cuerpo. En este contexto, los ángeles trabajan no solo sobre el síntoma físico, sino también sobre la raíz metafísica del desequilibrio. Por ejemplo, se dice que migrañas persistentes pueden estar relacionadas con bloqueos en el chakra del tercer ojo, el centro energético vinculado a la intuición y la percepción espiritual. En este caso, el arcángel Gabriel—conocido como el gran mensajero divino—es quien se encarga de despejar y armonizar esta energía, trayendo claridad y comprensión a la mente.

A través de la práctica de la sanación angélica, el individuo no solo experimenta alivio, sino que también desarrolla una mayor conexión con su propia esencia, permitiendo que la luz y la armonía fluyan libremente en su vida.

Ejercicio: Armonización de los Chakras con los Siete Arcángeles

Este ejercicio te guiará a través de un proceso de alineación energética en el que cada uno de tus siete chakras principales será equilibrado con la presencia y la vibración de un arcángel específico. Al hacerlo, permitirás que la energía fluya con mayor libertad, promoviendo un estado de sanación y bienestar profundo.

Instrucciones:

1. **Encuentra un espacio tranquilo** donde puedas recostarte o sentarte cómodamente, asegurándote de no ser interrumpido.

2. **Cierra los ojos y respira profundamente**, permitiendo que cada exhalación relaje tu cuerpo y despeje tu mente.

3. **Visualiza una esfera de luz** en cada uno de tus chakras y trabaja con la energía correspondiente a cada arcángel siguiendo los pasos a continuación:

- **Primer Chakra – Raíz (Muladhara)**

Ubicado en la base de la columna, este chakra se asocia con la estabilidad y la seguridad.

- **Visualiza una luz roja brillante girando suavemente.**

- Invoca al **Arcángel Uriel**, pidiéndole que refuerce tu conexión con la tierra y fortalezca tu confianza en la vida.

- Respira profundamente en esta luz roja, sintiendo cómo te enraízas con firmeza y equilibrio.

- **Segundo Chakra – Sacro (Swadhisthana)**

   Ubicado debajo del ombligo, este chakra está ligado a la creatividad y las emociones.

   - **Visualiza una luz naranja vibrante girando en armonía.**

   - Invoca al **Arcángel Gabriel**, permitiendo que su energía fluya y desbloquee cualquier estancamiento emocional.

   - Respira en esta luz naranja, sintiendo la apertura de tu expresión creativa y emocional.

- **Tercer Chakra – Plexo Solar (Manipura)**

Ubicado en el abdomen, este chakra representa el poder personal y la confianza.

- **Visualiza una luz amarilla radiante expandiéndose en tu plexo solar.**

- Invoca al **Arcángel Rafael**, quien traerá equilibrio y fortaleza a tu voluntad.

- Respira en esta luz amarilla, permitiendo que se refuerce tu autoestima y determinación.

- **Cuarto Chakra – Corazón (Anahata)**

Ubicado en el centro del pecho, este chakra es el portal del amor y la compasión.

- **Visualiza una luz verde suave y sanadora girando en este punto.**

- Invoca al **Arcángel Chamuel**, sintiendo cómo su energía llena tu corazón de amor incondicional.

- Respira en esta luz verde, permitiendo que fluya la armonía en tus relaciones y emociones.

- **Quinto Chakra – Garganta (Vishuddha)**

Ubicado en la garganta, este chakra se asocia con la comunicación y la verdad.

- **Visualiza una luz azul celeste girando con fluidez.**

- Invoca al **Arcángel Miguel**, pidiéndole claridad y valentía para expresarte con autenticidad.

- Respira en esta luz azul, sintiendo cómo se desbloquea tu voz interior y externa.

- Sexto Chakra – Tercer Ojo (Ajna)

Ubicado en el centro de la frente, este chakra es el centro de la intuición y la percepción.

- **Visualiza una luz índigo profunda pulsando en tu entrecejo.**

- Invoca al **Arcángel Raziel**, permitiéndole expandir tu visión interior y comprensión espiritual.

- Respira en esta luz índigo, abriéndote a la sabiduría y la intuición.

- **Séptimo Chakra – Corona (Sahasrara)**

Ubicado en la parte superior de la cabeza, este chakra conecta con la divinidad y la consciencia superior.

- **Visualiza una luz violeta o blanca resplandeciente iluminando este punto.**

- Invoca al **Arcángel Metatrón**, pidiéndole que fortalezca tu conexión con el universo y la fuente divina.

- Respira en esta luz, permitiendo que la energía fluya en expansión.

4. **Integra la energía:**

Visualiza todos tus chakras brillando en perfecta armonía, irradiando una luz pura y equilibrada. Siente cómo la energía fluye libremente, sanando cada aspecto de tu ser.

5. **Regreso al cuerpo físico:**

- Comienza a mover lentamente tus manos y pies, trayendo tu conciencia de vuelta al presente.

- Respira profundo y, cuando estés listo, abre los ojos lentamente.

Sanación con el Arcángel Rafael

El Arcángel Rafael, cuyo nombre en hebreo significa *"Medicina de Dios"*, es reconocido en diversas tradiciones espirituales como el gran sanador celestial. Se le asocia con la vibración del rayo verde esmeralda, una energía regeneradora que, según la tradición esotérica, posee propiedades restauradoras tanto para el cuerpo como para la mente y el espíritu. Su influencia se extiende a la reparación celular, la regeneración de tejidos y el fortalecimiento de órganos vitales como el hígado, los riñones y el sistema circulatorio.

Las prácticas terapéuticas vinculadas a Rafael incluyen técnicas enfocadas en el cuerpo etérico, una capa sutil de energía que envuelve y sostiene al cuerpo físico. Una de las más utilizadas es la visualización de una luz esmeralda descendiendo sobre el área afectada, envolviéndola con su vibración sanadora. Esta práctica es particularmente útil en la recuperación de enfermedades crónicas o después de una cirugía, pues se cree que acelera el proceso de regeneración.

Curiosamente, registros de sanación copta del siglo III mencionan la aparición de seres de luz en los sueños de los enfermos, guiándolos hacia la curación. Este antecedente se relaciona con lo que hoy se conoce como sanación onírica, un método que aprovecha el estado de sueño para acceder a niveles profundos de conciencia y permitir la intervención angélica.

Pero la labor de Rafael no se limita solo al plano físico. En el ámbito emocional, su energía trabaja sobre el chakra del corazón, ayudando a liberar resentimientos y emociones atrapadas. Investigaciones en terapia energética han revelado que la visualización de la luz verde de Rafael puede reducir significativamente los niveles de cortisol, la hormona del estrés, promoviendo una sensación de calma y bienestar.

Ejercicio: Baño de Luz Esmeralda con Rafael

Este ejercicio te ayudará a invocar la energía sanadora del Arcángel Rafael para limpiar, equilibrar y revitalizar tu campo energético.

Instrucciones:
1. **Encuentra un espacio tranquilo** donde no te interrumpan durante al menos 15-20 minutos. Si lo deseas, enciende una vela verde y coloca música suave para crear un ambiente de armonía.

2. **Siéntate o recuéstate cómodamente** y cierra los ojos. Comienza a respirar lenta y profundamente, permitiendo que cada exhalación libere tensiones y preocupaciones. Siente cómo tu cuerpo se relaja con cada respiración.

3. **Visualiza al Arcángel Rafael** frente a ti, envuelto en una luz esmeralda brillante. Percibe su presencia

amorosa y pídele mentalmente que te asista en este proceso de sanación.

4. **Imagina que desde sus manos fluye un líquido esmeralda** que desciende sobre tu cuerpo. Este néctar de luz baña tu cabeza, tu cuello, tus hombros... y continúa descendiendo, envolviéndote por completo en su vibración sanadora.

5. **Dirige esta luz especialmente hacia las áreas donde sientas malestar.** Si hay dolor, incomodidad o tensión en alguna parte de tu cuerpo, visualiza la luz verde concentrándose en esa zona, disolviendo bloqueos y restaurando la armonía.

6. **Siente cómo todo tu ser vibra en un estado de sanación profunda.** Visualiza cualquier energía densa siendo arrastrada por este flujo esmeralda y disipándose en la tierra.

7. **Agradece al Arcángel Rafael por su asistencia** y afirma mentalmente: *"Estoy en equilibrio, sano y en armonía. La luz de Rafael me envuelve y me restaura."*

8. **Regresa lentamente a tu conciencia habitual.** Mueve suavemente tus manos y pies, respira profundamente y, cuando te sientas listo, abre los ojos.

Este ejercicio es ideal para momentos de agotamiento energético, estrés emocional o recuperación física. Puede repetirse tantas veces como sea necesario, confiando en la constante presencia de Rafael en el proceso de sanación.

Técnicas de Imposición de Manos con Asistencia Angélica

La imposición de manos en la sanación angélica difiere de otras prácticas energéticas, como el Reiki, en que no solo canaliza la energía vital, sino que también invoca directamente la asistencia de seres angélicos. Se cree que cada arcángel emite una firma vibratoria única, capaz de interactuar con los campos sutiles del cuerpo y promover la reorganización de su equilibrio interno.

Uno de los aspectos más fascinantes de este proceso es la capacidad de la energía angélica para modificar la estructura molecular del agua presente en el organismo. Investigaciones en resonancia magnética han sugerido que los patrones energéticos pueden influir en la coherencia molecular, lo que explicaría cómo la intervención angélica impacta en la sanación a nivel celular.

En la práctica, el terapeuta actúa como un canal, permitiendo que la energía fluya a través de sus manos hacia las áreas del cuerpo que requieren sanación. En manuscritos medievales, esta técnica era descrita como la *"transferencia de lumen gratiae"* (luz de la gracia), refiriéndose a la idea de que una luz celestial reordena las estructuras energéticas alteradas.

En casos de dolor neuropático—un tipo de dolor crónico derivado de lesiones en el sistema nervioso—se ha observado que la imposición de manos se potencia significativamente al combinarla con la invocación del Arcángel Miguel. Su energía, de naturaleza protectora, crea un escudo que aísla las influencias externas, permitiendo que la sanación de Rafael actúe con mayor eficacia.

Sanación de los Siete Chakras con Imposición de Manos Angélica

Este ejercicio combina la técnica de imposición de manos con la asistencia de los arcángeles para armonizar y restaurar el flujo energético en cada uno de los siete chakras principales. Al integrar la energía angélica con la sanación vibracional, se genera un campo de equilibrio profundo que revitaliza cuerpo, mente y espíritu.

Instrucciones:

1. Prepara tu espacio sagrado: Busca un lugar tranquilo donde puedas estar sin interrupciones durante al menos 15-20 minutos. Puedes encender una vela blanca o utilizar inciensos para elevar la vibración del ambiente. Si lo deseas, pon música relajante de alta frecuencia.

2. Alinea tu respiración: Cierra los ojos y comienza a respirar de manera profunda y consciente. Con cada exhalación, siente cómo liberas cualquier tensión acumulada en tu cuerpo. Permite que tu mente se aquiete y tu energía se expanda en un estado de receptividad.

3. Activación del chakra raíz: Coloca tus manos sobre la base de la columna, donde se encuentra el primer chakra. Invoca al arcángel Uriel y pídele que infunda estabilidad, fortaleza y enraizamiento en este centro. Visualiza una intensa luz roja irradiando desde tus manos, equilibrando este punto energético.

4. Sanación del chakra sacro: Desplaza tus manos hacia la parte baja del abdomen, justo debajo del ombligo. Invoca al arcángel Gabriel y permítele llenar este centro con energía de creatividad y fluidez emocional. Imagina un cálido resplandor naranja expandiéndose desde tus manos.

5. Equilibrio del plexo solar: Coloca tus manos sobre la zona del estómago. Llama al arcángel Rafael para que refuerce tu confianza y poder personal. Siente una brillante luz dorada emanando desde tus manos, purificando este chakra y disipando bloqueos energéticos.

6. Apertura del chakra del corazón: Posiciona las manos en el centro del pecho. Invoca al arcángel Chamuel y permite que una hermosa luz verde de amor incondicional fluya en tu ser. Siente cómo este centro energético se expande, permitiéndote recibir y dar amor sin restricciones.

7. Claridad en el chakra de la garganta: Mueve tus manos hacia la zona de la garganta. Invoca al arcángel Miguel para fortalecer tu comunicación y verdad interior. Imagina un resplandor azul puro, despejando cualquier obstrucción en este chakra.

8. Expansión del tercer ojo: Coloca las manos en el centro de tu frente. Llama al arcángel Raziel para despertar tu intuición y percepción espiritual. Visualiza una intensa luz índigo activando este centro, llevándote a un estado de comprensión más profunda.

9. Conexión con la divinidad en el chakra corona: Finalmente, posiciona las manos sobre la coronilla. Invoca al arcángel Metatrón para que ilumine tu conexión con la conciencia superior. Percibe una luz violeta o blanca descendiendo desde lo alto, envolviendo todo tu ser en una vibración sagrada.

10. Integración y cierre: Permanece unos momentos sintiendo la energía circulando en cada chakra. Agradece a los arcángeles por su asistencia. Luego, mueve lentamente tus dedos y pies para regresar a tu conciencia física. Cuando te sientas listo, abre los ojos con la certeza de estar en un estado de equilibrio y armonía.

Este ejercicio puede realizarse siempre que sientas la necesidad de restaurar tu energía o fortalecer tu alineación espiritual. Con la práctica, notarás una mayor estabilidad emocional, claridad mental y expansión de tu campo energético.

Sanación a Distancia mediante Invocación Angélica

La capacidad de sanar a distancia ha sido explorada tanto en la tradición espiritual como en algunos postulados de la física cuántica moderna. Un fenómeno clave en esta área es el entrelazamiento cuántico, el cual sugiere que dos partículas pueden permanecer interconectadas independientemente de la distancia. Este principio se utiliza para explicar cómo la energía angélica puede transmitirse más allá del espacio físico, generando efectos tangibles en el receptor.

Desde un enfoque esotérico, se considera que los campos sutiles de energía pueden ser dirigidos mediante la intención enfocada y la asistencia de seres de luz. Dentro de este proceso, el arcángel Sandalphon es reconocido como el puente entre lo terrenal y lo divino, facilitando la canalización de energías sanadoras a través de planos dimensionales.

En diversas tradiciones místicas, se habla de la existencia de cordones etéricos, hilos de luz que conectan a los seres más allá de la percepción física. Se ha observado que, cuando varios sanadores enfocan su energía en un mismo receptor, los efectos pueden amplificarse, desencadenando sanaciones espontáneas e incluso transformaciones profundas a nivel celular y emocional.

Ejercicio: Envío de Energía Sanadora Angélica a Distancia

1. Crea un espacio de alta vibración: Busca un lugar tranquilo donde puedas sentarte sin interrupciones. Si lo deseas, enciende una vela blanca o coloca cristales como cuarzo transparente o amatista para potenciar la conexión.

2. Aquieta tu energía: Cierra los ojos y respira profundamente. Con cada exhalación, siente cómo te liberas de cualquier distracción o tensión. Entra en un estado de serenidad total.

3. Enfoca tu intención: Trae a tu mente la persona, situación o lugar al que deseas enviar sanación. Visualiza esta imagen con claridad en tu mente. Si es una persona, imagina que se encuentra frente a ti; si es una situación, concibe una representación simbólica de ella.

4. Invoca la asistencia angélica: Llama mentalmente a los arcángeles Rafaely Uriel. Imagina su presencia a tu lado, irradiando una energía de sanación y protección. Pídeles que canalicen su luz a través de ti para dirigirla hacia el destino deseado.

5. Activa la energía sanadora: Visualiza una intensa luz blanca brotando de tu corazón, expandiéndose y envolviendo tu ser. Con cada inhalación, esta luz se vuelve más brillante. Con cada exhalación, envías esta energía directamente a la persona o situación elegida.

6. Fortalece el flujo energético: Imagina que esta luz blanca fluye por tus brazos y manos, proyectándose en un rayo de energía sanadora. Siente cómo cubre completamente a la persona o entorno, purificando y armonizando todo su campo energético.

7. Refuerza la intención: Repite mentalmente una afirmación, como:

"A través de mí, fluye la energía divina de sanación. Que esta luz envuelva a (nombre de la persona o situación), restaurando su equilibrio y bienestar en perfecta armonía con el amor universal."

8. Finaliza con gratitud: Cuando sientas que la sanación ha sido entregada, visualiza la luz volviendo suavemente a tu corazón. Imagina a la persona o situación irradiando paz y bienestar. Agradece a los arcángeles por su asistencia y confía en que la sanación continuará obrando en el tiempo perfecto.

9. Regresa a tu estado físico: Mueve lentamente tus manos y pies, toma unas respiraciones profundas y, cuando estés listo, abre los ojos con gratitud y certeza de que la energía ha sido enviada con éxito.

Este ejercicio es una herramienta poderosa para extender la sanación más allá de las limitaciones físicas. Puede aplicarse tanto en situaciones personales como en eventos colectivos, contribuyendo a la armonización de seres queridos, lugares o incluso el planeta entero.

Ejercicio: Activación de los Símbolos Maestros Angélicos

Este ejercicio te ayudará a trabajar con dos símbolos maestros angélicos: el **Sello Cósmico de Metatrón** y la **Cruz de Triada de Miguel**. Su propósito es facilitar la sanación personal y elevar la conciencia.

Necesitarás:
- Imágenes de los tres símbolos (te los muestro a continuación).
- Un espacio tranquilo para meditar.

Instrucciones:
1. **Observación inicial:**

   Siéntate cómodamente con las imágenes de los símbolos frente a ti. Dedica unos minutos a contemplarlas, permitiendo que cualquier sensación, pensamiento o emoción surja de manera espontánea.

2. **Respiración y relajación:**

   Cierra los ojos y comienza a respirar lenta y profundamente. Con cada exhalación, libera cualquier tensión acumulada en el cuerpo. Mantén este ritmo respiratorio durante unos minutos hasta sentirte completamente relajado.

3. **Activación del Sello Cósmico de Metatrón:**

   Visualiza el símbolo de Metatrón apareciendo frente a ti, irradiando una luz dorada vibrante. Con cada inhalación, imagina que esta luz fluye hacia tu cuerpo, llenando cada célula con energía de iluminación y transformación. Con cada exhalación, suelta cualquier bloqueo o densidad que ya no te sirva.

4. **Activación de la Cruz de Triada de Miguel:**

   Permite que la imagen de Metatrón se disuelva y enfoca tu atención en la Cruz de Triada de Miguel. Visualiza su resplandor azul envolviéndote, creando un escudo protector a tu alrededor. Siente su energía fortaleciendo tu seguridad y afirmando tu derecho a la paz y la protección divina.

5. **Integración final:**

   Imagina los dos símbolos manifestándose simultáneamente a tu alrededor, formando un campo de sanación y expansión de conciencia. Permanece en este espacio sagrado tanto como lo sientas necesario, permitiendo que las energías trabajen en tu interior.

6. **Cierre y agradecimiento:**

   Cuando sientas que el ejercicio está completo, agradece la presencia y asistencia de los arcángeles Metatrón y Miguel. Afirma mentalmente que continúas encarnando sus cualidades de iluminación, protección y transformación en tu vida diaria. Suavemente, regresa tu atención a tu cuerpo físico y al espacio a tu alrededor. Abre los ojos cuando estés listo.

Sello cósmico de Metatrón

Cruz Triada de San Miguel

Este ejercicio puede realizarse en cualquier momento en que necesites una limpieza energética profunda, protección espiritual o apoyo en un proceso de transformación. Puedes enfocarte en un símbolo a la vez o trabajar con los tres simultáneamente, según lo que necesites en cada ocasión.

Liberación de traumas emocionales con ayuda angélica

En el cerebro humano, estructuras como el hipocampo y la amígdala están estrechamente relacionadas con la memoria emocional y la respuesta al estrés. Se cree que los ángeles pueden intervenir en estos centros neuronales para facilitar la liberación de traumas emocionales. Un mecanismo clave en este proceso es la inducción de frecuencias theta, que oscilan entre 4 y 8 Hz y están asociadas con estados de meditación profunda y regeneración subconsciente. Estas frecuencias favorecen la reconsolidación de recuerdos traumáticos sin reactivar la carga emocional original, permitiendo que el trauma se procese de manera armoniosa. Investigaciones de instituciones como Harvard han explorado cómo estas frecuencias influyen en la plasticidad neuronal y la sanación emocional.

Dentro de los protocolos angélicos, las prácticas relacionadas con el arcángel Zadkiel se centran en la activación y purificación de la glándula pineal, considerada en múltiples tradiciones como el vínculo con la intuición y la conexión espiritual. Esta activación ayuda a disociar eventos pasados de su carga traumática, promoviendo una visión más equilibrada del pasado. Estudios de neuroimagen mediante resonancia magnética funcional (fMRI) han mostrado que durante estos procesos disminuye la actividad en la corteza cingulada anterior, una región cerebral clave en la regulación del dolor emocional.

En casos de trauma profundo, como el derivado del abuso infantil, la energía del arcángel Cassiel se emplea para restaurar la línea temporal etérica del individuo, eliminando improntas energéticas que perpetúan la sensación de victimización. Reportes clínicos han registrado reducciones significativas en la intensidad y frecuencia de los episodios de reexperimentación traumática—en algunos casos, hasta un 78%—cuando se aplican estos métodos en combinación con prácticas de sanación energética.

Ejercicio: Liberación de Traumas Emocionales con la Ayuda de los Ángeles

Este ejercicio te ayudará a soltar cargas emocionales que aún pesan en tu interior, permitiéndote sanar con la asistencia amorosa de los ángeles.

Materiales Necesarios:
- Un espacio tranquilo donde no seas interrumpido (mínimo 30 minutos).
- Un cuaderno y un bolígrafo.
- Una vela (opcional, pero útil para crear una atmósfera sagrada).

Instrucciones:
1. **Encuentra tu espacio sagrado:**

    Siéntate en un lugar cómodo, cierra los ojos y respira profundamente varias veces. Siente cómo tu cuerpo y mente comienzan a relajarse con cada exhalación.

2. **Invoca la presencia de los ángeles:**

    Conéctate con los seres de luz diciendo en voz alta o mentalmente:

"Amados ángeles y guías, los invito a estar conmigo en este momento. Acompáñenme en este proceso de liberación y sanación, envolviéndome en amor y seguridad."

3. **Trae a la conciencia la herida emocional:**

   Identifica un trauma emocional que estés listo para soltar. Puede ser una experiencia dolorosa del pasado que aún te afecta: un recuerdo de la infancia, una relación difícil, una pérdida o cualquier otro evento que haya dejado una huella en tu corazón.

4. **Permite que las emociones se expresen:**

   Sin juzgarte ni tratar de reprimir lo que sientes, deja que las emociones emerjan. Si surgen lágrimas, enojo o tristeza, permite que fluyan de manera natural. Estás en un espacio seguro.

5. **Visualiza a los ángeles rodeándote:**

   Imagina a seres de luz acercándose a ti. Puedes percibirlos como figuras radiantes o como la energía amorosa de un arcángel en particular, como Miguel, Rafael o Chamuel.

6. **Entrega el trauma a los ángeles:**

   Visualiza que el dolor que has cargado se transforma en una esfera de energía oscura en tus manos. Luego, imagina que extiendes esa esfera hacia los ángeles. Diles con convicción:

"Amados ángeles, entrego este trauma a ustedes. Les pido que lo transmuten en luz y amor. Que su sanación llene los espacios vacíos que deja en mi corazón."

7. **Siente la transformación:**

   Observa en tu mente cómo los ángeles reciben esa energía y la disuelven en una luz brillante. Siente un alivio profundo, como si una pesada carga se desvaneciera.

8. **Reflexiona y escribe:**

   Cuando estés listo, abre los ojos y toma tu cuaderno. Anota lo que experimentaste: ¿qué emociones surgieron?, ¿cómo te sientes ahora?, ¿qué entendimiento has obtenido de esta liberación?

9. **Cierra con gratitud:**

   Finaliza este ejercicio agradeciendo a los ángeles por su asistencia:

   "Gracias, amados ángeles, por sostenerme en este proceso y ayudarme a sanar. Sé que su amor me acompaña siempre."

Puedes repetir este ejercicio cuantas veces sea necesario hasta sentirte más ligero y en paz.

Sanación de Relaciones con la Ayuda de los Ángeles

El amor y la armonía en nuestras relaciones pueden fortalecerse con la intervención angélica. Se dice que los ángeles trabajan sobre los campos energéticos que conectan a las personas, facilitando la sanación de vínculos dañados. En este proceso, el arcángel Chamuel, cuya energía rosa representa el amor incondicional, puede ayudarnos a liberar resentimientos y restaurar la paz en nuestras relaciones.

Ejercicio: Meditación Guiada de Perdón con los Ángeles

Esta meditación te ayudará a liberar cargas emocionales y sanar relaciones difíciles con la asistencia del arcángel Chamuel.

Instrucciones:
1. **Prepara tu espacio:**

    Busca un lugar tranquilo donde puedas estar sin interrupciones durante al menos 20 minutos. Siéntate o recuéstate en una posición cómoda.

2. **Respira profundamente:**

Cierra los ojos y concéntrate en tu respiración. Inhala lenta y profundamente, permitiendo que la paz y la calma llenen tu ser. Exhala cualquier tensión o preocupación.

3. **Invoca al arcángel Chamuel:**

   Di en voz alta o mentalmente:

   "Arcángel Chamuel, te invito a mi espacio en este momento. Envuélveme en tu amor incondicional y ayúdame a sanar esta relación con compasión y perdón."

4. **Trae a la mente la relación que deseas sanar:**

   Visualiza a la persona con la que has tenido conflictos o heridas emocionales. Puede ser un familiar, una pareja, un amigo o incluso tú mismo.

5. **Reconoce y permite tus emociones:**

   Reflexiona sobre el dolor o la discordia que ha marcado esta relación. Nota qué emociones emergen: enojo, tristeza, culpa o resentimiento. No te resistas a ellas, simplemente obsérvalas.

6. **Visualiza la presencia del arcángel Chamuel:**

   Imagina una luz rosada descendiendo sobre ti y sobre la otra persona, llenando el espacio entre ambos con amor y comprensión.

7. **Expresa lo que sientes:**

   Dirígete a la otra persona en tu mente o en voz alta. Comparte desde el corazón lo que has sentido sin juicios ni reproches. Exprésale lo que necesitas decir para soltar la carga emocional.

8. **Mira la situación desde la otra perspectiva:**

   Trata de comprender qué pudo haber sentido o vivido la otra persona. Tal vez sus acciones fueron impulsadas por miedo, heridas o inseguridades. Cultiva compasión por su experiencia.

9. **Ofrece el perdón:**

   Cuando te sientas listo, di en voz alta o mentalmente:

   "(Nombre), te perdono. Te libero de cualquier resentimiento que haya albergado en mi corazón. Que la luz del amor transforme esta relación en armonía y paz."

10. **Perdónate a ti mismo:**

    Reconoce que hiciste lo mejor que pudiste con el conocimiento y las herramientas que tenías en ese momento. Di:

    "Me perdono por cualquier acción, pensamiento o sentimiento que haya contribuido a esta discordia. Me libero de la culpa y me abrazo con compasión."

11. **Sella la sanación con amor:**

    Visualiza la luz rosada del arcángel Chamuel intensificándose hasta envolver completamente a ambos. Siente cómo el resentimiento se disuelve y el espacio se llena de una energía renovada.

12. **Cierra con gratitud:**

    "Gracias, arcángel Chamuel, por tu amor y guía. Confío en que esta relación ha sido sanada en el nivel más profundo."

13. **Regresa lentamente a tu estado de vigilia:**

    Toma algunas respiraciones profundas. Siente la ligereza en tu ser y, cuando te sientas listo, abre los ojos.

Este ejercicio no requiere que la otra persona esté presente físicamente, ya que la sanación se lleva a cabo en el nivel energético. Practícalo cuantas veces lo necesites hasta que sientas que la relación ha alcanzado un estado de mayor equilibrio y paz.

Integración de la sanación angélica con otras modalidades terapéuticas

La sanación angélica no actúa de manera aislada, sino que puede combinarse con diversas prácticas terapéuticas para amplificar sus beneficios. Esta integración permite potenciar tanto el bienestar físico como el equilibrio emocional y espiritual, armonizando enfoques tradicionales con la energía sutil de los ángeles.

Uno de los ejemplos más destacados es su vinculación con la acupuntura, una disciplina ancestral de la medicina china que busca equilibrar el flujo de chi a través de la inserción de agujas en puntos clave del cuerpo. Al combinar esta técnica con la sanación angélica, la energía celestial fluye a lo largo de los meridianos—los mismos canales energéticos identificados por la acupuntura—para intensificar el proceso curativo. Investigaciones realizadas en la Universidad de Beijing han evidenciado que la estimulación del punto VC17—ubicado en el centro del pecho y asociado con el sistema cardiovascular y emocional—al ser trabajada en conexión con la presencia simbólica del arcángel Gabriel, ha mostrado efectos positivos en el tratamiento de la depresión posparto, sugiriendo una sinergia entre la energía angélica y la restauración del equilibrio emocional.

En el ámbito de la psicoterapia transpersonal, que explora las dimensiones espirituales del ser humano, la intervención angélica facilita el acceso a los niveles profundos del inconsciente colectivo. A través de técnicas como la imaginación activa, utilizadas en el enfoque junguiano, es posible conectar con patrones arquetípicos y figuras simbólicas que representan la sanación y la transformación. Carl Jung, en sus escritos personales, mencionó encuentros con "entidades luminosas" durante sus procesos introspectivos, lo que sugiere que estas energías pueden funcionar como guías en la integración de aspectos reprimidos del alma. En este contexto, la presencia angélica se convierte en un puente que permite la reconciliación con experiencias del pasado, facilitando la sanación psicológica y espiritual.

Incluso en tratamientos médicos convencionales, la sanación angélica ha encontrado su espacio. En el ámbito de la oncología integrativa, algunos protocolos han incorporado la energía angélica como complemento a la radioterapia. En estos casos, se invoca al arcángel Rafael durante las sesiones con la intención de minimizar los efectos secundarios de la radiación y acelerar el proceso de regeneración celular. Estudios preliminares realizados en instituciones como el Memorial Sloan Kettering Cancer Center han reportado que, al incorporar visualizaciones angélicas durante el tratamiento, los pacientes experimentan una disminución del estrés y una mejor respuesta inmunológica. Además, algunos investigadores han explorado la posibilidad de programar la emisión de partículas radiológicas con intención curativa, registrando los cambios energéticos a través de tecnologías como la cámara Kirlian, que permite visualizar las emanaciones bioenergéticas de los organismos vivos. Los resultados iniciales sugieren que esta combinación podría reducir la toxicidad del tratamiento y mejorar la recuperación hasta en un 40% en comparación con los enfoques tradicionales.

Cada uno de estos métodos se basa en la premisa de que la energía, cuando es dirigida con conciencia y armonía, tiene el poder de influir en la materia y generar procesos de sanación profunda. La sanación angélica, lejos de ser un sistema aislado, representa una disciplina integradora que une conocimientos ancestrales, intuiciones místicas y descubrimientos científicos modernos. Su aplicación dentro de distintos campos terapéuticos ofrece una alternativa holística para quienes buscan restaurar su bienestar desde una perspectiva que abarca tanto el cuerpo como la mente y el espíritu.

16. Los ángeles y la abundancia: Manifestación de prosperidad y abundancia

La Abundancia desde la Perspectiva Angélica

Desde la visión angélica, la abundancia es mucho más que una simple acumulación de bienes materiales. Se trata de un estado de plenitud integral que abarca lo espiritual, emocional y físico. Los ángeles enseñan que la prosperidad no radica únicamente en la posesión de riquezas, sino en la alineación con el flujo inagotable de energía creativa que emana del universo. Esta corriente, presente en todo momento, facilita la manifestación natural de oportunidades, salud, armonía en las relaciones y estabilidad económica. En este contexto, la escasez no es más que una ilusión, una barrera creada por miedos y creencias limitantes que impiden percibir los recursos que ya existen en los planos material y espiritual.

Un concepto clave dentro de esta visión es el de los registros akáshicos, una especie de biblioteca energética donde se guardan las experiencias y aprendizajes de cada alma a lo largo de sus vidas. Según las enseñanzas angélicas, todos los seres tienen un derecho divino a la abundancia, lo que implica un acceso natural a la prosperidad en todas sus formas. Sin embargo, cuando este flujo se bloquea por patrones kármicos —huellas emocionales y energéticas acumuladas a través de experiencias pasadas—, los ángeles pueden intervenir como facilitadores, ayudando a restaurar el equilibrio y a liberar aquellas cargas que dificultan la recepción de bendiciones.

Este enfoque se sostiene en principios universales como la ley de correspondencia ("como es arriba, es abajo") y la ley de vibración, que establece que todo en el universo oscila en una frecuencia específica. Los ángeles trabajan elevando la vibración del individuo para que sintonice con la frecuencia de la abundancia, lo que genera sincronicidades y eventos favorables. Es importante destacar que la abundancia angélica no promueve el consumo desmedido ni la acumulación sin propósito, sino una relación consciente y armónica con los recursos, donde el bienestar personal se extiende de manera natural al entorno.

Ángeles Vinculados a la Prosperidad y la Abundancia

Dentro de la jerarquía angélica, existen seres cuya energía favorece la manifestación de la abundancia tanto en el plano material como en el espiritual. Entre ellos, destacan:

- **Arcángel Uriel ("Fuego de Dios")**

    Uriel es considerado el guardián de la abundancia terrenal y la iluminación. En la angelología cabalística, se le asocia con la sefirá de Hod, vinculada a la manifestación de ideas y la gestión sabia de los recursos. Su energía, representada en tonos dorados y en el elemento tierra, aporta estabilidad, claridad y estructura para anclar la prosperidad en la vida cotidiana.

- **Arcángel Chamuel ("El que ve a Dios")**

  Especialista en la sanación de conflictos internos, Chamuel disuelve bloqueos emocionales que impiden la libre circulación de la energía del dinero. Ayuda a descubrir oportunidades ocultas y refuerza la perseverancia ante desafíos financieros, promoviendo una visión positiva y equilibrada de la prosperidad.

- **Arcángel Ariel ("León de Dios")**

  Ariel es el ángel de la abundancia natural y la conexión con los recursos de la Tierra. Su energía es ideal para quienes trabajan en áreas relacionadas con la ecología, la agricultura, la minería y cualquier actividad donde la administración responsable de los bienes naturales sea clave. Inspira una relación ética y consciente con la riqueza proveniente del entorno.

En algunas tradiciones esotéricas también se invocan energías como:

- **Mammon**, quien, aunque en ciertos contextos se asocia con la codicia, en la angelología práctica se interpreta como un facilitador del equilibrio financiero y la correcta administración de la riqueza.

- **Anael**, relacionado con la influencia venusina, favorece el flujo armonioso de relaciones comerciales y la atracción de oportunidades económicas alineadas con valores éticos y espirituales.

Cabe enfatizar que estos seres no intervienen en situaciones que contravengan principios de justicia o beneficien prácticas deshonestas, ya que su propósito es promover un uso consciente y elevado de los recursos.

Liberación de Creencias Limitantes sobre el Dinero con Ayuda Angélica

Uno de los mayores impedimentos para la manifestación de la abundancia son las creencias subconscientes que distorsionan la relación con el dinero. Frases como *"el dinero es la raíz de todos los males"* o *"ser rico es sinónimo de avaricia"* son programaciones que pueden haberse transmitido de generación en generación, originadas en experiencias de carencias, abusos de poder o condicionamientos sociales.

La asistencia angélica en este proceso se desarrolla en tres niveles:

1. **Liberación de la memoria celular**

   Se cree que el cuerpo almacena no solo recuerdos de esta vida, sino también huellas energéticas de otras experiencias, conocidas como registros akáshicos. Los ángeles trabajan despejando estos registros para disolver los patrones de pobreza heredados, permitiendo abrirse a nuevas experiencias de prosperidad.

2. **Reprogramación mental**

   En este nivel, la intervención angélica actúa debilitando las conexiones neuronales asociadas a la percepción de escasez e instaurando nuevas estructuras de pensamiento basadas en la confianza y la recepción. Este proceso puede compararse a reescribir un software interno para adoptar creencias que fomenten el crecimiento y la expansión.

3. **Sanación del niño interior**

   Muchas de las creencias restrictivas en torno al dinero se originan en experiencias tempranas, cuando se interiorizaron mensajes que limitaban el merecimiento y la capacidad de generar abundancia. La sanación del niño interior permite reconocer y transformar estos bloqueos, abriendo la puerta a una visión más libre y receptiva de la prosperidad.

Para reforzar este proceso, los ángeles emplean símbolos energéticos en meditaciones y ejercicios espirituales, como la visualización de ríos caudalosos, lluvia dorada o cofres rebosantes de luz, imágenes que activan la memoria subconsciente y facilitan la reprogramación hacia la abundancia. Estos símbolos sirven como recordatorios de la riqueza inagotable del universo y ayudan a armonizar la voluntad del individuo con la intención de recibir sin miedo ni resistencia.

Rituales angélicos para atraer oportunidades financieras

Los rituales dirigidos a invocar la abundancia con ayuda de los ángeles se basan en principios de correspondencia y magnetismo espiritual. En este contexto, ciertos elementos naturales actúan como anclas energéticas para potenciar la prosperidad. Por ejemplo, la canela, vinculada a la energía del arcángel Uriel, ha sido utilizada desde tiempos antiguos no solo por su aroma y propiedades medicinales, sino también como un símbolo de riqueza y buena fortuna en diversas culturas. Del mismo modo, el cuarzo citrino, con su característico tono dorado, es reconocido por su capacidad para canalizar energías prósperas, promoviendo la claridad mental y la expansión financiera.

A nivel práctico, se pueden llevar a cabo distintos rituales para activar la energía de la abundancia. Uno de ellos es la visualización de portales energéticos en el hogar o el lugar de trabajo, mediante el uso de patrones de geometría sagrada como círculos o espirales. Estas figuras, empleadas desde la antigüedad para representar la armonía universal, facilitan la apertura de caminos en el plano energético. Otro ritual útil es la consagración de herramientas de trabajo: dispositivos electrónicos, agendas o cualquier objeto relacionado con la productividad pueden ser bendecidos e impregnados con intenciones específicas para atraer éxito y oportunidades.

Además, invocar la presencia de los devas—energías de la naturaleza reconocidas en diversas tradiciones espirituales—permite equilibrar el entorno y favorecer la atracción de clientes o colaboradores que compartan la misma vibración. Estos rituales, lejos de ser complicados o inaccesibles, se enfocan en la claridad de propósito y en la co-creación: los ángeles proporcionan guía y asistencia sutil, pero es la acción concreta del individuo la que materializa el cambio en la realidad cotidiana.

Uso de afirmaciones y decretos para la abundancia

Las afirmaciones angélicas funcionan como herramientas vibratorias que reconfiguran la energía personal y su interacción con el universo. A diferencia de frases motivacionales convencionales, estas afirmaciones incorporan códigos numéricos sagrados—como el 888, símbolo de prosperidad infinita—y nombres angélicos, lo que potencia su efecto.

Un ejemplo de afirmación poderosa es:

"YO SOY un canal de la prosperidad de Uriel. Acepto 8 veces 8 bendiciones en todas mis finanzas. Así es, hecho está."

Aquí, la repetición del número 8 refuerza la idea de continuidad y regeneración, principios esenciales en la manifestación de la abundancia.

Estas afirmaciones operan en sintonía con la ley del mentalismo, que sostiene que la realidad se origina en el pensamiento. Por esta razón, es fundamental pronunciarlas con plena convicción, ya que esto graba en el subconsciente nuevas realidades financieras. Se recomienda también evitar expresiones negativas, ya que al decir "no quiero deudas", la mente retiene la imagen de la deuda en lugar de la abundancia. En su lugar, frases como "Mi liquidez aumenta cada día" establecen una resonancia positiva que facilita el cambio energético.

Los ángeles, al recibir estas afirmaciones, sellan la intención con lo que se denomina "luz diamante", una vibración pura que disuelve bloqueos internos y refuerza la nueva programación mental, permitiendo que la energía de la abundancia fluya con mayor facilidad.

Gratitud y generosidad como claves para la abundancia angélica

La gratitud es la llave que abre las puertas de la abundancia. Desde la perspectiva angélica, agradecer lo recibido, incluso antes de que se materialice completamente, envía un mensaje de confianza al universo y activa los circuitos de reciprocidad. Cada acto de gratitud, por más pequeño que parezca, se convierte en un canal por el cual fluyen nuevas oportunidades y bendiciones.

De manera complementaria, la generosidad no debe interpretarse como un sacrificio, sino como una expresión de confianza en la capacidad infinita del universo para proveer. Actos como compartir recursos, donar o ayudar a otros generan un movimiento energético que impide el estancamiento financiero. Históricamente, órdenes místicas como la de los franciscanos han practicado la entrega desinteresada como una vía para atraer milagros y bendiciones inesperadas.

Este principio se fundamenta en la ley de circulación: aquello que se da con amor y desprendimiento regresa multiplicado. Al integrar la gratitud y la generosidad en la vida diaria, se activa un flujo ininterrumpido de prosperidad que, lejos de reducir los recursos personales, los expande y fortalece.

Sanación de la relación con el dinero mediante intervención angélica

Desde una perspectiva espiritual, el dinero no es solo un medio de intercambio, sino una entidad energética que responde a las emociones y creencias de cada persona. Si en el pasado se han vivido experiencias negativas relacionadas con él—como deudas, pérdidas económicas o conflictos por herencias—estas pueden dejar huellas energéticas que bloquean la libre circulación de la prosperidad.

Para sanar la relación con el dinero, los ángeles trabajan en tres fases:

1. **Reconocimiento:** Identificar con honestidad las experiencias pasadas que han generado miedo o rechazo hacia el dinero. Esto permite comprender cómo estas memorias afectan la percepción actual de la abundancia.

2. **Transmutación:** Utilizar herramientas energéticas, como la llama violeta del arcángel Zadkiel, para liberar y transformar las emociones negativas asociadas con el dinero. La visualización de esta energía purificadora ayuda a disolver patrones de escasez y resistencia.

3. **Reconciliación:** Llevar a cabo actos simbólicos, como escribir una carta al dinero expresando gratitud y compromiso con una nueva relación basada

en el equilibrio y la confianza. También se pueden realizar meditaciones guiadas para anclar esta transformación a nivel subconsciente.

Al sanar esta relación, el dinero deja de percibirse como un obstáculo o una fuente de conflictos y se convierte en un aliado. Esta transformación interna facilita que la abundancia fluya con naturalidad y sin interferencias emocionales, permitiendo que la persona se sienta en armonía con la prosperidad y abierta a recibir todas sus manifestaciones.

Creación de un plan de abundancia guiado por ángeles

Un plan angélico de prosperidad se construye sobre cuatro pilares fundamentales que trabajan en conjunto de manera orgánica y evolutiva:

- **Visión clara:** Los ángeles ayudan a definir metas y objetivos que sean realistas pero también expansivos. Esto implica evitar tanto la autolimitación como las fantasías desconectadas de la realidad, buscando un equilibrio que refleje el verdadero potencial del individuo.

- **Ruta práctica:** Se trata de reconocer las habilidades a desarrollar, identificar contactos estratégicos y utilizar las herramientas adecuadas para alcanzar la prosperidad. Este proceso suele enriquecerse con revelaciones que pueden manifestarse a través de sueños, intuiciones o meditaciones, integrando así lo espiritual con lo práctico.

- **Protección energética:** La creación de escudos de luz o barreras energéticas permite evitar bloqueos y sabotajes, tanto internos como externos. Estos escudos pueden visualizarse como una armadura luminosa que protege la energía personal y mantiene el enfoque en la dirección correcta.

- **Evaluación continua:** Mantener una conexión activa con los ángeles facilita ajustes estratégicos a medida que las circunstancias cambian. Esta evaluación se realiza de forma intuitiva y en sintonía con el ritmo natural de la vida, asegurando que cada paso esté alineado con el propósito superior del individuo.

A diferencia de los modelos rígidos del coaching financiero tradicional, este plan se adapta a la evolución personal y espiritual de cada ser, garantizando que la prosperidad obtenida contribuya al crecimiento integral y al cumplimiento del propósito de vida.

Ritual de la Vela para Atraer Oportunidades Financieras

Este ritual invoca la energía del arcángel Rafael y la prosperidad, utilizando el fuego como un canal para amplificar la intención de abundancia.

Necesitarás:

- Una vela verde (o una vela convencional en la que dibujarás el símbolo del dinero $ con un objeto puntiagudo o marcador).
- Un porta velas.
- Un billete de la denominación más alta que tengas a mano.
- Aceite esencial de menta o canela (opcional).

Instrucciones:

1. **Purifica el espacio.** Antes de comenzar, limpia energéticamente tu entorno. Puedes visualizar una luz blanca envolviendo la habitación o utilizar un manojo de salvia o palo santo para armonizar la energía.

2. **Prepara la vela.** Si estás usando un aceite esencial, aplica unas gotas en la vela desde la base hasta la punta mientras enfocas tu intención en atraer abundancia. Si no tienes una vela verde, usa una vela convencional y dibuja sobre ella el signo $ como un ancla simbólica de prosperidad.

3. **Coloca el billete bajo el porta velas.** Esto actúa como un imán energético para la prosperidad.

4. **Enciende la vela y recita la invocación:**

   "Arcángel Rafael, te invoco ahora. Por favor, trae a mi vida oportunidades para la prosperidad y el crecimiento financiero. Guía mis acciones para que pueda manifestar abundancia en formas que sean

para mi mayor bien y el mayor bien de todos los involucrados. Gracias."

5. **Visualiza tu vida en abundancia.** Mientras la vela arde, cierra los ojos y concéntrate en cómo se siente la prosperidad. ¿Qué cambios trae a tu vida? ¿Cómo fluye el dinero con facilidad y propósito? Permite que esta imagen se impregne en tu energía.

6. **Permanece receptivo a los mensajes angélicos.** Mientras observas la vela, presta atención a cualquier intuición, pensamiento o idea que surja. Si tienes un diario, anota cualquier sensación o mensaje que recibas.

7. **Deja que la vela se consuma completamente.** Cuando la vela se haya apagado, guarda el billete en tu billetera como un recordatorio constante de tu intención de atraer abundancia.

Repite este ritual cuando sientas que necesitas un refuerzo financiero, estés iniciando un nuevo proyecto o quieras fortalecer tu conexión con la energía de la prosperidad.

Ritual de Sanación de la Relación con el Dinero

Este ritual te guía a través de un proceso para sanar tu relación con el dinero, liberando creencias limitantes y fomentando una mentalidad de abundancia con la ayuda del arcángel Uriel.

Necesitarás:
- Un espacio tranquilo donde puedas sentarte cómodamente.
- Un diario y un bolígrafo.
- Una piedra de citrina, un cristal blanco o una moneda en la que quieras concentrar tu intención (opcional).

Instrucciones:
1. **Encuentra un lugar cómodo para sentarte y relájate.** Cierra los ojos y toma respiraciones profundas, permitiendo que cada exhalación disuelva cualquier tensión en tu cuerpo.

2. **Invoca la presencia del arcángel Uriel:**

    "Arcángel Uriel, te pido que me asistas en este proceso de sanar mi relación con el dinero. Ayúdame a ver y liberar cualquier creencia o patrón que me esté impidiendo vivir en abundancia. Lléname con tu luz de sabiduría y guíame hacia una nueva perspectiva."

3. **Reflexiona sobre tu relación actual con el dinero.** ¿Cómo te sientes cuando piensas en tus finanzas? ¿Sientes miedo, ansiedad, culpa o resentimiento? Permítete reconocer estas emociones sin juzgarlas.

4. **Pide claridad a Uriel.** Solicita que te muestre el origen de estas emociones. Pregunta en tu interior:

- ¿Hay alguna experiencia del pasado que haya moldeado mi relación con el dinero?
- ¿He absorbido creencias limitantes de mi familia o de la sociedad?
- ¿Qué pensamientos recurrentes tengo sobre la prosperidad?
- Permanece atento a cualquier imagen, recuerdo o sensación que surja.

5. **Visualiza estas creencias como cuerdas que te atan.** Ahora, imagina al arcángel Uriel cortándolas con una espada de luz dorada, liberándote de estas ataduras energéticas que te impiden fluir con la abundancia.

6. **Siente la transformación.** A medida que estas cuerdas se disuelven, percibe cómo una nueva energía de confianza, fluidez y prosperidad llena todo tu ser. Imagina que esta luz dorada envuelve tu corazón y se expande en todas las áreas de tu vida.

7. **Crea una nueva afirmación que refleje tu renovada relación con el dinero.** Puede ser algo como:
    - *"Soy un imán para la abundancia."*
    - *"El dinero fluye hacia mí con facilidad y gracia."*
    - *"Mis finanzas crecen de manera estable y armoniosa."*
    - Repite esta afirmación varias veces, sintiéndola con convicción en cada palabra.

8. **Abre lentamente los ojos.** Toma tu diario y escribe sobre tu experiencia. ¿Qué descubriste? ¿Cómo te sientes ahora en comparación con el inicio del ritual? Anota cualquier mensaje o sensación que hayas recibido.

9. **Sella tu intención con un objeto tangible.**

   Si tienes una piedra de citrina, sostenla mientras repites tu afirmación, ya que esta piedra es conocida por su conexión con la abundancia.

   Si no tienes citrina, puedes usar un cristal blanco—símbolo de claridad y renovación—o incluso una moneda. Carga este objeto con tu nueva intención y guárdalo en tu billetera o en un lugar especial como recordatorio de tu transformación financiera.

Este ajuste mantiene la esencia del ritual, ofreciendo más opciones accesibles para quienes no tienen una citrina, sin perder la fuerza del proceso de sanación con la guía del arcángel Uriel.

20 afirmaciones y decretos para la abundancia

1. Con cada respiración, inhalo prosperidad, con cada exhalación, libero la escasez y la ansiedad.

2. Soy un imán para la riqueza y la abundancia, atraigo oportunidades en cada circunstancia.

3. El dinero fluye hacia mí en oleadas de abundancia, siempre tengo más que suficiente en cada instancia.

4. Mi relación con el dinero es sana y próspera, mi mentalidad de abundancia nunca será pospuesta.

5. Cada día, de todas las formas, mi prosperidad crece más y más.

6. Mi cuenta bancaria crece y se expande, mi abundancia financiera nunca se desmanda.

7. Libero todos los bloqueos y limitaciones, abrazo la abundancia en todas sus manifestaciones.

8. Soy merecedor de riqueza y prosperidad, mi valor no está ligado a mi solvencia o propiedad.

9. Mis ingresos aumentan de maneras inesperadas, mi potencial de ganancias nunca es subestimado.

10. Mi vida está llena de oportunidades financieras, mis posibilidades de éxito son infinitas y verdaderas.

11. Cada inversión que hago es sabia y próspera, mi intuición financiera nunca es pospuesta.

12. Estoy abierto a recibir abundancia en todas sus formas, mis finanzas crecen como las olas en tormentas.

13. El universo me provee todo lo que necesito, mi fe en la abundancia nunca es desmerecido.

14. Mi trabajo es valorado y bien remunerado, mis esfuerzos siempre son apreciados y bien pagados.

15. Soy un administrador sabio y responsable de mi riqueza, mis decisiones financieras son acertadas por ley.

16. Uso mi prosperidad para beneficiar a otros, compartir mi abundancia con mis hermanos.

17. Cada desafío financiero es una oportunidad para crecer, mi resiliencia económica nunca deja de florecer.

18. Mi relación con el dinero es equilibrada y sana, mi paz mental no se ve por el dinero perturbada.

19. Celebro la abundancia de otros, sabiendo que hay más que suficiente para todos.

20. Vivo en un universo abundante y próspero, donde todas mis necesidades son siempre cubiertas con esmero.

17. Protección angelical

El universo energético está en constante interacción con nuestro campo áurico, la envoltura sutil que rodea el cuerpo físico y nos conecta con distintas vibraciones. Sin embargo, este equilibrio puede verse afectado por diversas influencias que alteran nuestra armonía interna. Estas amenazas se clasifican en tres categorías principales: las energías residuales, las entidades conscientes y los ataques psicoespirituales.

Las energías residuales son acumulaciones de emociones densas que quedan impregnadas en los espacios físicos tras eventos intensos o traumáticos. Se manifiestan en "zonas frías" dentro de determinados ambientes, generando una sensación de incomodidad o decaimiento. Por otro lado, las entidades conscientes incluyen formas pensamiento autónomas y seres desencarnados que, según la tradición esotérica, permanecen en el plano energético y pueden adherirse al campo áurico, afectando la vitalidad de las personas. Finalmente, los ataques psicoespirituales corresponden a agresiones energéticas dirigidas intencionalmente por otras personas, motivadas por envidias o conflictos emocionales inconscientes.

El reconocimiento de estas influencias se basa en ciertos patrones recurrentes: fatiga persistente sin causa médica aparente, cambios bruscos en el estado de ánimo asociados a lugares específicos o sueños perturbadores con presencias inquietantes. La física cuántica, a través del estudio de los campos morfogenéticos—patrones energéticos organizativos que influyen en la materia y la conciencia— ha comenzado a explorar este tipo de interacciones desde una perspectiva científica.

La Protección del Arcángel Miguel y su Poder Vibracional

A lo largo de la historia, la invocación del arcángel Miguel ha sido una práctica esencial para la protección energética. Miguel, cuyo nombre significa "¿Quién como Dios?", es reconocido en diversas tradiciones espirituales como el guardián contra fuerzas oscuras y energías discordantes. Su icónica imagen portando una espada flamígera simboliza la capacidad de cortar ataduras energéticas y disolver patrones negativos que limitan la evolución espiritual.

En la teología mística, la presencia de Miguel está relacionada con la activación del cuerpo diamante, una capa superior del campo áurico que refuerza los límites energéticos y protege contra influencias no deseadas. Estudios de religión comparada han identificado paralelismos entre Miguel y otras figuras protectoras, como India en la tradición védica, conocido por su dominio sobre las fuerzas del caos, y Horus en la mitología egipcia, cuyo ojo simboliza la vigilancia y la protección divina.

Desde la metafísica, se asocia la energía de Miguel con el chakra del plexo solar, el centro de la voluntad y el poder personal. En textos apócrifos como el Libro de Enoc, se detalla su papel en la lucha contra los ángeles caídos, mientras que la cábala lo vincula con la sefirá de Hod, que representa la organización y el esplendor. Su influencia, por tanto, no solo brinda protección, sino que también ayuda a estructurar la energía personal para fortalecer la seguridad interna.

Creación y Mantenimiento de Escudos Energéticos Angélicos

Los escudos energéticos angélicos funcionan como filtros protectores que regulan el flujo de energía en nuestro entorno. La efectividad de estos escudos depende de tres factores fundamentales:

1. Claridad de intención: Se fundamenta en la teoría del observador en la física cuántica, que señala cómo la conciencia influye en los resultados energéticos.

2. Alineación vibratoria: Implica sintonizarse con frecuencias elevadas que favorezcan la estabilidad y protección.

3. Consistencia en la práctica: Relacionada con la neuroplasticidad, la capacidad del cerebro para adaptarse y sostener patrones energéticos a través de la repetición.

La geometría sagrada se ha empleado para establecer bases estructurales en estos campos protectores. Figuras como el tetraedro y el dodecaedro son utilizadas para construir matrices de luz que filtran y reorganizan las vibraciones circundantes. Investigaciones en biología cuántica sugieren que estos escudos interactúan con el campo electromagnético humano, lo que ha sido registrado con dispositivos como el GDV (Gas Discharge Visualization), capaz de capturar la extensión y comportamiento del aura.

Los escudos energéticos pueden clasificarse en distintas categorías según su función:

- Escudos reflectantes: Rebotan energías discordantes y evitan su influencia.

- Escudos absorbentes: Capturan y disuelven vibraciones negativas.

- Escudos transmutadores: Transforman las frecuencias densas en energía armoniosa.

Limpieza y Consagración de Espacios con la Presencia Angélica

El entorno físico también almacena energía, lo que hace necesaria su limpieza periódica para evitar la acumulación de vibraciones densas. La física de ambientes ha explorado este fenómeno a través del efecto Hutchison, que sugiere que los campos electromagnéticos pueden alterar las propiedades materiales de un espacio. La limpieza angélica busca restaurar la pureza vibracional del entorno y eliminar residuos energéticos.

Uno de los métodos más efectivos es el uso de frecuencias sonoras, como la 528 Hz, ampliamente estudiada por su impacto en la estructura del ADN y la regeneración celular. Esta frecuencia, combinada con invocaciones angélicas, potencia la limpieza y armonización de espacios.

La consagración de un lugar implica establecer una firma vibracional única alineada con energías superiores. Esta práctica ha sido aplicada en diversas culturas, desde los druidas celtas, que empleaban elementos naturales en sus rituales, hasta los arquitectos góticos, que diseñaban templos basados en alineaciones astronómicas para canalizar energías elevadas.

Dentro de la angelología contemporánea, se utiliza el concepto de anclaje dimensional, donde los cuatro arcángeles cardinales—Miguel, Gabriel, Rafael y Uriel—actúan como pilares de estabilidad energética en un espacio, consolidando su protección y armonía.

Símbolos y Sellos Angélicos como Métodos de Protección

La semiología esotérica ha explorado el poder de los sellos angélicos, símbolos que operan como antenas vibracionales para canalizar energías protectoras. Existen dos tipos principales:

- Símbolos pasivos: Actúan como receptores de protección, como el Ojo de Horus, asociado a la percepción y la seguridad espiritual.

- Símbolos activos: Diseñados para proyectar energía, como los sigilos angélicos, que pueden activarse a través de meditaciones o cantos sagrados.

Uno de los sellos más utilizados es el sello de Miguel, representado por un hexagrama circunscrito—dos triángulos entrelazados que simbolizan la unión de opuestos. Se cree que este sello genera un campo de torsión, una estructura energética que organiza la vibración del espacio.

Protección Energética en Viajes y Situaciones de Peligro

El desplazamiento físico puede generar inestabilidad en el campo áurico, lo que ha llevado a desarrollar rituales de protección específicos para viajeros. Desde los amuletos romanos hasta los bastones chamánicos, diversas tradiciones han utilizado objetos consagrados para resguardar a quienes se aventuran fuera de su entorno habitual.

La angelología moderna introduce el concepto del cordón de plata dinámico, una conexión energética flexible que vincula al viajero con su origen vibracional, utilizando la forma toroidal—estructura geométrica que representa el flujo continuo de energía.

En situaciones de peligro extremo, el sistema límbico del cerebro genera reacciones intensas que pueden debilitar el campo energético. En estos momentos, muchos han reportado la presencia de seres angélicos asistiendo en experiencias cercanas a la muerte. Este fenómeno ha sido analizado por el Instituto Monroe, donde se han identificado patrones comunes en testimonios de protección espiritual en momentos críticos.

Ejercicio de Protección con Símbolos Sagrados

Este ejercicio te guiará en el uso de símbolos sagrados para crear un escudo energético que te proteja de influencias negativas. Los símbolos tienen un profundo poder arquetípico y pueden ser herramientas poderosas en tu práctica de protección espiritual.

Símbolos Protectores:

El Pentagrama: Un pentagrama rodeado por un círculo, representando la armonía y el dominio sobre los elementos. Es un símbolo ampliamente reconocido para la protección espiritual.

Pentagrama

El Ojo de Horus: Originario de Egipto, este símbolo representa la percepción, la protección y la salud. Es eficaz para protegerse contra energías negativas.

Ojo de Horus

La Estrella de David: Formada por dos triángulos equiláteros superpuestos, este hexagrama simboliza la unión del cielo y la tierra y es un poderoso símbolo de protección.

Estrella de David

El Árbol de la Vida: Un símbolo que representa la conexión, la fortaleza y el crecimiento espiritual. Es universalmente reconocido como un símbolo protector.

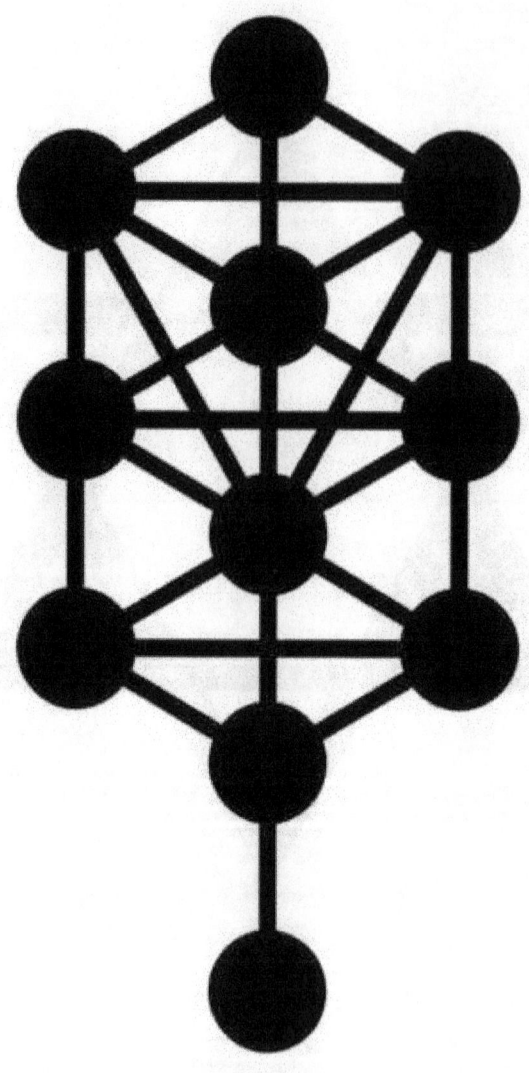

Gráfico simplificado de El Árbol de la Vida

El Nudo Celta: También conocido como el Nudo de Brujas, este diseño celta entrelazado simboliza la protección contra el mal y las energías negativas.

Nudo Celta

Instrucciones:

Necesitarás:

Papel y lápiz o bolígrafo

Un lugar tranquilo donde puedas concentrarte sin interrupciones

Encuentra un espacio tranquilo donde puedas estar solo y sin distracciones.

Siéntate cómodamente y cierra los ojos. Toma tres respiraciones profundas, enfocándote en liberar cualquier tensión con cada exhalación.

Selección y Dibujo del Símbolo:

Elige uno de los símbolos protectores mencionados anteriormente, el que más te resuene o te atraiga en este momento.

En una hoja de papel, dibuja el símbolo que has elegido. No te preocupes por la perfección; lo importante es la intención que pones en el proceso.

Mientras dibujas, visualiza el símbolo emanando una luz brillante y protectora.

Activación del Escudo Energético:

Una vez que hayas terminado de dibujar el símbolo, coloca tus manos sobre él.

Cierra los ojos y visualiza el símbolo proyectando una esfera de luz que te rodea completamente, envolviéndote en un campo de energía protectora.

Repite mentalmente o en voz alta la siguiente afirmación (o crea una propia): *"A través de este símbolo sagrado, activo mi escudo de protección contra toda energía negativa o influencia discordante."*

Fortalecimiento del Escudo:

Con los ojos cerrados, visualiza la esfera de luz volviéndose cada vez más fuerte y brillante con cada respiración que tomas.

Imagina que cualquier energía negativa que entre en contacto con este escudo es instantáneamente transmutada o disuelta en la luz.

Mantén esta visualización por al menos cinco minutos, o hasta que sientas una sensación de seguridad y protección envolviéndote.

Cierre del Ejercicio:

Toma un momento para agradecer a la energía del símbolo y a cualquier guía o ángel que sientas que te ha asistido en este proceso.

Abre los ojos suavemente, volviendo tu atención al espacio físico a tu alrededor.

Guarda tu dibujo en un lugar especial, o llévalo contigo como un recordatorio de tu escudo de protección.

18. Ángeles en la naturaleza

Diferencia entre ángeles, devas y espíritus de la naturaleza

Los ángeles son manifestaciones directas de la conciencia divina que operan bajo principios cósmicos universales. Su papel trasciende culturas y creencias, siendo reconocidos como mensajeros de lo divino y guardianes de la luz espiritual. Su presencia se documenta desde la tradición judeocristiana hasta las interpretaciones místicas contemporáneas.

Los devas, en cambio, son considerados los arquitectos invisibles de la naturaleza. Actúan como fuerzas sutiles que organizan y sustentan los ecosistemas, impregnándolos con el orden divino. Su existencia se manifiesta en la vitalidad de la flora y la fauna, así como en la interconexión de los ciclos naturales. Su origen se vincula tanto con las enseñanzas orientales, donde el término *deva* se refiere a seres celestiales benevolentes, como con corrientes esotéricas occidentales que los identifican con guardianes de la vida planetaria.

Por otro lado, los elementales representan las energías primarias de la naturaleza en su estado más puro. Son las entidades que dan vida a los procesos terrestres y han sido descritos en el imaginario popular como gnomos (tierra), sílfides (aire), ondinas (agua) y salamandras (fuego). Cada uno de ellos encarna la esencia de su elemento y actúa dentro del plano etérico, sirviendo de intermediarios entre lo físico y lo sutil.

Estas tres categorías de seres operan en distintos niveles de existencia. Los ángeles residen en planos celestiales de alta vibración, irradiando luz y sabiduría divina. Los devas trabajan desde el mundo arquetípico, donde fluyen las energías primordiales que modelan la vida. Los elementales, en cambio, se encuentran en el entramado etérico que une la materia con el espíritu, actuando como agentes activos en la manifestación de la naturaleza. Desde la perspectiva rosacruz, los devas son descritos como *ángeles de la naturaleza*, custodios de los ciclos planetarios y de la sabiduría ancestral que rige los ecosistemas. Mientras tanto, los elementales son vistos como las manos invisibles que sostienen la armonía del mundo natural, interviniendo en cada hoja que brota, en cada corriente de agua y en cada chispa de fuego.

Comunicación con los ángeles de los cuatro elementos

Cada uno de los elementos de la naturaleza está asociado a una jerarquía angélica que encarna sus principios y transmite enseñanzas específicas:

- **Ángeles de la Tierra:** Representan la estabilidad, la firmeza y la abundancia. Su energía se refleja en la solidez de las montañas, en la fertilidad del suelo y en la persistencia de los árboles que arraigan profundamente en la tierra.

- **Ángeles del Agua:** Simbolizan la fluidez y la sabiduría emocional. Su enseñanza se manifiesta en el fluir de los ríos, la suavidad de la lluvia y la pureza de los manantiales, recordándonos la importancia de adaptarnos y permitirnos sentir.

- **Ángeles del Fuego:** Encarnan la transformación y la voluntad. Son la chispa de la inspiración, la fuerza que purifica y renueva, igual que el fuego que consume lo viejo para dar paso a lo nuevo.

- **Ángeles del Aire:** Representan la claridad mental, la comunicación y la elevación espiritual. Su energía es la del viento que transporta ideas, de la brisa que refresca y de los cielos abiertos que invitan a expandir la conciencia.

Estas fuerzas están asociadas a los cuatro arcángeles cardinales de la tradición esotérica: Uriel, vinculado a la Tierra y al conocimiento práctico; Gabriel, conectado con el Agua y el mundo emocional; Miguel, representante del Fuego y la fuerza protectora; y Rafael, ligado al Aire y la sanación. Cada uno de ellos es una manifestación del equilibrio entre lo divino y los elementos de la creación.

Para conectar con estos ángeles elementales, se recomienda observar los patrones de la naturaleza y aprender de ellos.

La paciencia de las montañas puede enseñarnos sobre la resistencia y la estabilidad, el fluir de un arroyo nos habla de la necesidad de adaptarnos, la danza de las llamas nos recuerda la transformación y el viento que susurra entre los árboles nos invita a despejar la mente. Cada uno de estos elementos guarda una lección para equilibrar nuestra vida con el ritmo del cosmos.

Trabajo con devas para la sanación del planeta

Los devas son guardianes de los ecosistemas, encargados de preservar la armonía entre todas las formas de vida. Su labor es fundamental en la regeneración de la naturaleza cuando esta sufre daños, pues se dedican a restablecer los patrones energéticos originales que sostienen la biodiversidad.

Colaborar con ellos implica desarrollar una conciencia ecológica profunda, entendiendo que cada acción humana repercute en la red de la vida. Al adoptar actitudes de respeto hacia el entorno y sintonizar con la energía natural, podemos contribuir a la restauración de los espacios dañados y fomentar la regeneración planetaria.

Rituales de conexión con ángeles en entornos naturales

Los espacios naturales sagrados—bosques antiguos, manantiales cristalinos o cumbres montañosas—actúan como portales donde la barrera entre los planos de existencia se vuelve tenue. Celebrar rituales en estos lugares potencia la conexión con los ángeles, ya que la energía del entorno se intensifica en momentos clave, como el amanecer o bajo la luz suave de la luna. Una práctica sencilla consiste en expresar gratitud a los guardianes del lugar mientras se visualiza un puente de luz uniendo el corazón humano con el núcleo cristalino de la Tierra, considerado en muchas tradiciones como el alma del planeta.

Las ofrendas simbólicas, como cantos, movimientos rítmicos o la disposición armoniosa de piedras en patrones geométricos inspirados en mandalas, sirven como llaves vibracionales que abren canales de comunicación con los ángeles. Más allá de los objetos físicos, la clave radica en la intención pura y la actitud reverente, permitiendo que la energía del entorno oriente y guíe el intercambio. Culturas ancestrales han transmitido formas de interpretar los mensajes angélicos a través de la naturaleza, como la observación del vuelo de las aves o los efímeros dibujos en las nubes, revelando así la presencia de estos seres sutiles.

Jardinería angélica: co-creación con devas de las plantas

Cada planta posee una conciencia sutil que resguarda la esencia de su especie, y al interactuar con ellas de manera consciente, es posible establecer un vínculo con sus guardianes invisibles. Los jardines angélicos no son meros espacios de cultivo, sino manifestaciones vivas de energía ordenada, donde la disposición geométrica—como la espiral áurea o los círculos sagrados—favorece el flujo armónico de vibraciones. Estas formas no son casuales, sino reflejos del equilibrio que subyace en toda la creación.

La conexión con los devas vegetales requiere una sensibilidad especial para captar su lenguaje silencioso: atender a sus ciclos, reconocer sus necesidades y percibir la sabiduría curativa que emanan. Quienes cultivan en profunda comunión con la naturaleza suelen recibir "descargas intuitivas", impresiones sutiles que revelan combinaciones de plantas capaces de potenciarse entre sí. Estas revelaciones se consideran mensajes directos de los guardianes del reino vegetal, quienes actúan como aliados en la labor de sembrar vida y restaurar el equilibrio del ecosistema.

Sanación de ecosistemas mediante invocaciones angélicas

Cuando un ecosistema es dañado—ya sea por la deforestación, la contaminación o la alteración humana— las invocaciones angélicas pueden activar fuerzas regenerativas en planos sutiles. Estas prácticas combinan visualización, decretos verbales y entonaciones diseñadas para armonizar la energía del entorno, basándose en la premisa de que el universo responde a la intención concentrada. En comunidades indígenas, existen rituales en los que se "canta" a la selva herida, usando melodías ancestrales para invocar la presencia de ángeles sanadores que restablezcan el flujo vital del bosque.

El proceso ritual inicia con el reconocimiento de la conciencia viva del lugar, seguido de una petición de permiso a sus guardianes y la proyección de redes de luz que reconstruyan los lazos rotos de la vida. Muchos sanadores de la Tierra han reportado la percepción de "entidades luminosas" trabajando en zonas degradadas, especialmente durante ceremonias grupales donde la intención unificada actúa como un catalizador de regeneración. Más que un acto simbólico, esta práctica busca restablecer la armonía natural, recordando la interdependencia entre todos los seres.

Comunicación con animales a través de la mediación angélica

Los ángeles que custodian el reino animal—conocidos en algunas tradiciones como ángeles zoológicos—facilitan el entendimiento entre especies, estableciendo un puente de conciencia que trasciende el lenguaje verbal. Para conectar con ellos, es esencial cultivar la quietud mental y adoptar una observación respetuosa, en la que el juicio se disuelve y el corazón se abre a la comunicación intuitiva. A lo largo de la historia, existen relatos de místicos y santos que afirmaban hablar con los animales, testimoniando una conexión más allá de lo ordinario.

En estados meditativos profundos, algunas personas describen haber recibido mensajes de los animales, no en palabras, sino en impresiones claras sobre sus necesidades, advertencias o expresiones de afecto. Guardaparques y naturalistas han reportado experiencias en las que comportamientos inusuales de ciertos animales parecían guiarlos en momentos críticos, interpretándolos como manifestaciones angélicas en defensa del equilibrio natural. Esta comunicación silenciosa responde a la ley cósmica de interconexión, donde cada criatura, sin importar su tamaño o especie, contribuye al tejido energético del planeta.

Prácticas de eco-espiritualidad guiadas por presencias angélicas

La eco-espiritualidad angélica nos invita a percibir la Tierra no solo como un entorno físico, sino como una entidad consciente que se comunica a través de sus elementos y paisajes. Al interactuar con la naturaleza desde una perspectiva sagrada, es posible sintonizar con la red de energía vital que la recorre, despertando en nosotros una sensibilidad que trasciende lo material.

Prácticas simples, como caminar descalzo con plena consciencia sobre el pasto, abrazar árboles sintiendo su energía o meditar junto a un cuerpo de agua, permiten ajustar nuestra frecuencia vibratoria a la del planeta. Este alineamiento facilita la percepción de presencias sutiles que resguardan la armonía natural.

Las peregrinaciones a lugares de poder—montañas sagradas, manantiales curativos, bosques milenarios—activan códigos de memoria celular, registros energéticos que contienen la sabiduría ancestral de la Tierra. Muchas personas que han participado en estas experiencias relatan haber percibido manifestaciones angélicas en forma de luces etéreas, sonidos armónicos que parecen emanar de dimensiones ocultas o inspiraciones espontáneas que les revelan formas de contribuir al cuidado del planeta. Estas vivencias no solo profundizan la conexión con la Tierra, sino que también nos recuerdan que cada acto consciente en su honor es una ofrenda de amor y gratitud hacia la vida en su estado más puro y sagrado.

Ejercicio: "Diálogo con los Elementos"

Este ejercicio te invita a establecer una comunicación con los ángeles a través de los elementos naturales, convirtiéndolos en un tablero de mensajes divinos.

Antes de comenzar, reflexiona sobre tres preguntas específicas que deseas formular a los ángeles. Pueden estar relacionadas con cualquier aspecto de tu vida en el que necesites guía o claridad.

El ejercicio:

1. **Elige un espacio natural** donde puedas encontrar diversidad de elementos: árboles, flores, piedras, aves, insectos, agua si es posible. Puede ser un parque, jardín o bosque.

2. **Establece tu código de señales.** Antes de iniciar, define cómo interpretarás los mensajes que recibirás. Por ejemplo:

    o Un pájaro volando hacia la derecha : afirmación, sigue adelante.

    o Hojas moviéndose con el viento : paciencia, aún no es el momento.

    o El sonido del agua corriendo : fluye con confianza.

- Un insecto cruzando tu camino : presta atención a los detalles.

- Encontrar una pluma en el suelo : confirmación angélica.

- Descubrir una flor en el camino : algo nuevo está floreciendo en tu vida.

- Piedras obstaculizando el sendero : desafíos que debes superar.

3. **Formula tu primera pregunta mentalmente** y comienza a caminar con atención plena. Durante siete minutos exactos (puedes usar un temporizador), observa qué elementos aparecen en tu recorrido y en qué orden.

4. **Descifra el mensaje.** La secuencia en que se presenten los elementos será la respuesta angélica. Por ejemplo, si primero ves una mariposa, luego una pluma y finalmente escuchas agua, podrías interpretarlo así: *"Confía en las señales sutiles, estás en el camino correcto, sigue avanzando con fe".*

5. **Repite el proceso para las otras dos preguntas,** eligiendo cada vez un sendero diferente y nuevos elementos para interpretar.

Variaciones del ejercicio:

- Realízalo al **amanecer** si buscas orientación sobre comienzos y oportunidades.

- Hazlo al **atardecer** para respuestas sobre cierres de ciclos o reflexiones profundas.

- Durante la **luna llena**, enfócate en mensajes sobre plenitud y manifestación.

- En **luna nueva**, explora preguntas relacionadas con proyectos o caminos por iniciar.

Una conversación viva con la naturaleza y los ángeles

A diferencia de la meditación tradicional, este ejercicio es dinámico y participativo. Te permite interactuar con el mundo natural de una forma intuitiva, creando un lenguaje simbólico propio para dialogar con los ángeles. Así, cada recorrido se convierte en una experiencia única de conexión y revelación.

19. Angelología en la vida cotidiana

Incorporación de la presencia angélica en la rutina diaria

La presencia de los ángeles no es un fenómeno reservado para momentos extraordinarios; se encuentra en lo simple, en lo cotidiano, en los detalles que a menudo pasamos por alto. Lo divino no se experimenta solo en rituales solemnes, sino también al despertar con gratitud, al compartir una palabra amable o al contemplar la belleza de lo común. Los ángeles, como manifestaciones de energía luminosa, se filtran en la realidad de formas sutiles, encontrando espacios en el ritmo de la vida diaria para hacerse presentes.

Cada acción, por insignificante que parezca, puede convertirse en un acto sagrado cuando se realiza con plena conciencia. Encender una vela en la mañana, preparar los alimentos con intención, caminar en silencio percibiendo el entorno, todo ello puede ser un canal para la presencia angélica. Al permitirnos estar más atentos a los pequeños signos que nos rodean, nos volvemos receptivos a la comunicación sutil que estos seres ofrecen: una sensación de certeza en el corazón, una sincronía inesperada, una brisa repentina en un momento significativo.

Esta forma de conexión no requiere un esfuerzo sobrehumano, sino un cambio en la mirada. Cuando dejamos de esperar señales grandiosas y aprendemos a percibir lo divino en lo cotidiano, descubrimos que la presencia de los ángeles nunca ha estado ausente, solo aguardaba nuestra disposición para reconocerla.

Creación de un altar o espacio sagrado en el hogar

El hogar es un reflejo del mundo interior, y dentro de ese espacio, es posible establecer un punto de encuentro con la dimensión angélica. Un altar no es un simple adorno, sino una invitación a la presencia espiritual. No importa su tamaño ni su complejidad; lo esencial es la intención con la que se construye.

Colocar una vela que represente la luz, un recipiente con agua como símbolo de fluidez, una piedra que ancle la energía de la tierra y un incienso o pluma que evoque el aire, es suficiente para generar un centro de armonización. Pero más allá de los elementos, lo que transforma este espacio en un puente con lo celestial es la dedicación. La repetición de gestos, la renovación de ofrendas y la contemplación serena refuerzan la vibración del altar, convirtiéndolo en un faro energético.

No es necesario seguir reglas estrictas; cada persona intuye qué objetos y símbolos resuenan con su propia conexión espiritual. Un altar no solo facilita el diálogo con los ángeles, sino que actúa como un recordatorio tangible de que lo sagrado siempre está accesible. Un refugio de calma en medio del movimiento del día a día, un punto de encuentro entre lo visible y lo invisible.

Invocaciones matutinas y nocturnas para protección y guía

El inicio y el final del día son momentos propicios para establecer contacto con los ángeles. La transición entre la vigilia y el descanso permite una conexión más clara, ya que la mente no está tan ocupada con las demandas externas. En la mañana, una invocación sencilla puede ser suficiente para abrir el camino a la claridad y la protección: un pensamiento de gratitud, una afirmación de luz, una petición sincera de guía.

Durante la noche, las preocupaciones acumuladas pueden pesar en la mente, por lo que entregar esas cargas antes de dormir ayuda a descansar en paz. Invocar a los ángeles en ese instante permite soltar lo que ya no se necesita y recibir inspiración en el sueño. No se trata de recitar fórmulas rígidas, sino de hablar con honestidad, como si se conversara con un amigo que siempre escucha.

Las palabras pronunciadas con intención crean un puente energético que fortalece la percepción de la presencia angélica. A veces, la respuesta llega en la forma de un sueño claro, una sensación de tranquilidad o la certeza de estar acompañado. Y aunque parezca que no sucede nada, el simple acto de llamar a los ángeles ya es, en sí mismo, una apertura a su influencia.

Uso de la intuición angélica en la toma de decisiones

El lenguaje de los ángeles rara vez se expresa en palabras directas; en su lugar, se manifiesta en corazonadas, en impulsos que parecen surgir de la nada, en una sensación interna de saber sin necesidad de razones. La intuición es una de las formas más claras en las que se experimenta su guía.

Cuando surge una duda y la mente se enreda en pensamientos confusos, el cuerpo suele dar respuestas más sinceras. Una sensación de expansión o de tensión, un ligero cosquilleo en el estómago o un alivio repentino pueden ser indicios de qué camino seguir. Los ángeles no imponen decisiones, pero facilitan señales para que el discernimiento se haga más nítido.

Observar patrones repetitivos, prestar atención a símbolos recurrentes o simplemente escuchar ese impulso interno que sugiere una dirección inesperada son maneras de recibir su influencia. A veces, la intuición angélica no tiene lógica aparente, pero con el tiempo, se descubre que guio hacia el lugar exacto donde era necesario estar.

Ángeles en el trabajo: mejorando el ambiente laboral

El espacio de trabajo no siempre es percibido como un lugar propicio para la energía espiritual, pero en realidad, es uno de los escenarios donde más puede sentirse la intervención angélica. La presión, los conflictos y las responsabilidades constantes generan tensiones que pueden aliviarse con la presencia de lo divino.

Visualizar el área de trabajo envuelta en luz, colocar un objeto simbólico que recuerde la protección angélica o simplemente empezar la jornada con una intención clara pueden marcar la diferencia en la calidad del ambiente. La energía de los ángeles se refleja en la armonía entre compañeros, en la creatividad fluida, en la resolución de dificultades sin fricción innecesaria.

No es raro que, al invocar su presencia, surjan soluciones inesperadas o que ciertas reuniones o conversaciones fluyan con mayor facilidad. A veces, la intervención angélica no se percibe como un evento grandioso, sino como un ajuste sutil en la dinámica diaria que facilita el bienestar y la colaboración.

Los ángeles también actúan a través de los demás. Una palabra de aliento en el momento justo, un gesto amable en medio del estrés, una oportunidad que aparece cuando más se necesita. A medida que se fortalece la conexión con ellos, es más fácil notar cómo sus influencias se filtran en lo cotidiano, incluso en espacios donde no se esperaría encontrarlos.

Sin límite entre lo sagrado y lo mundano

No existe un momento específico para conectar con la presencia angélica, ni un lugar exclusivo donde su energía pueda manifestarse. Los ángeles están en cada pausa silenciosa, en cada elección tomada con el corazón, en cada instante en que se abre un espacio para percibirlos. No es necesario hacer algo extraordinario para recibir su guía; basta con estar presente, con mantener la disposición de reconocer su influencia en lo cotidiano.

Al final, la vida misma es un escenario donde lo sagrado y lo mundano se entrelazan. Todo depende de cómo se elija mirar, de cuán abiertos estemos a sentir la compañía de esos seres que, aunque invisibles, nunca dejan de estar cerca.

Conducción consciente con protección angélica

El acto de conducir puede transformarse en una práctica de conexión espiritual cuando se realiza con plena atención y una intención consciente de protección. Al estar al volante, el estado de alerta no solo se traduce en reflejos rápidos y decisiones acertadas, sino también en una apertura intuitiva que permite percibir advertencias sutiles. La conducción consciente no se trata únicamente de aplicar normas de seguridad, sino de asumir el trayecto como una experiencia en la que el cuerpo, la mente y la energía se alinean para crear un flujo armónico en el camino.

Los ángeles de protección y guía se manifiestan de muchas maneras mientras se conduce. A veces, una sensación repentina de detenerse unos segundos más en un semáforo puede evitar un percance, o una inspiración repentina puede llevar a cambiar de ruta sin razón aparente, solo para descubrir más adelante que se evitó un embotellamiento o un accidente. Estas intervenciones no son coincidencias, sino respuestas sutiles de fuerzas que velan por la seguridad y el bienestar.

Para reforzar esta protección, se pueden emplear visualizaciones antes de iniciar un viaje. Imaginar un campo de luz envolviendo el vehículo o visualizar un escudo energético que actúe como barrera contra cualquier influencia negativa ayuda a fortalecer la sensación de resguardo. Algunos conductores acostumbran a invocar a los arcángeles Miguel o Rafael, pidiendo claridad mental, protección ante cualquier eventualidad y un trayecto seguro. Convertir la conducción en un acto consciente, en el que se perciba el entorno con serenidad y respeto, genera una experiencia más armónica, alineada con la energía angélica que vela por quienes transitan con intención elevada.

Cocina angélica: preparación de alimentos con energía celestial

La cocina es mucho más que una tarea doméstica; es un proceso de transformación donde los ingredientes adquieren vida a través de la intención. Desde tiempos antiguos, muchas culturas han visto la preparación de los alimentos como un acto sagrado, un puente entre lo material y lo divino. No es casualidad que en monasterios, templos y comunidades espirituales de diversas tradiciones se practique la cocina como un ritual de gratitud y elevación.

La influencia de la energía en los alimentos puede percibirse en la forma en que estos se preparan. Un plato cocinado con amor y dedicación nutre no solo el cuerpo, sino también el espíritu. Oraciones, mantras o simples palabras de gratitud mientras se lavan las verduras, se amasa el pan o se sirve la comida pueden impregnar los alimentos con una vibración más alta, armonizando su composición con energías benéficas. La presencia angélica en la cocina se siente cuando el proceso de preparación se realiza con conciencia plena, cuando cada ingrediente es valorado como una bendición y cuando el acto de compartir los alimentos se convierte en una manifestación de amor y cuidado.

En la tradición esotérica, el arcángel Metatrón es visto como un mediador de la energía divina en la materia, ayudando a refinar las vibraciones de todo aquello que nutre el cuerpo. Invocarlo antes de cocinar o visualizar su luz transformando los alimentos en portadores de bienestar y equilibrio puede ser una práctica poderosa. Más allá de cualquier creencia, lo cierto es que la manera en que se prepara y se consume la comida influye en la vitalidad y el estado emocional. Comer con gratitud, cocinar con presencia y ofrecer cada plato con generosidad abre un espacio donde lo cotidiano se vuelve sagrado y donde la energía celestial se entrelaza con la vida diaria.

Crianza consciente: involucrar a los niños en la conciencia angélica

Los niños poseen una conexión natural con el mundo sutil. Su imaginación libre y su capacidad de asombro les permiten percibir realidades más allá de lo visible, algo que muchas veces los adultos han olvidado con el paso del tiempo. Para ellos, el contacto con lo angélico es una experiencia espontánea, que no requiere explicaciones ni pruebas, sino solo la apertura a lo maravilloso.

Muchos niños hablan de "amigos invisibles", describen luces o presencias en sus habitaciones, o sienten consuelo en momentos difíciles sin saber explicar por qué. En diversas tradiciones, se ha entendido esto como una señal de su cercanía con los ángeles, quienes los acompañan especialmente en los primeros años de vida. No es necesario corregir esta percepción ni tratar de racionalizarla; más bien, es una oportunidad para fortalecer su confianza en lo sagrado y ayudarles a cultivar una relación natural con estas presencias de luz.

Fomentar esta conexión no significa imponer creencias, sino acompañar su sensibilidad espiritual con respeto y apertura. Se les puede invitar a encender una vela con intención antes de dormir, a expresar gratitud por el día transcurrido o a reconocer las pequeñas señales de ayuda y guía que aparecen en su entorno. La música, el juego y los cuentos son herramientas poderosas para transmitirles la idea de que no están solos, sino rodeados de seres que los cuidan y los guían.

En la tradición angelológica, el arcángel Sandalphon es visto como un protector especial de los niños, ayudando a preservar su conexión con la Tierra y con lo divino. Su energía sutil y armonizadora se asocia con la música, los sonidos naturales y la creatividad, aspectos que pueden incorporarse en la crianza como formas de fortalecer el vínculo de los pequeños con su propia esencia espiritual.

Las culturas ancestrales han comprendido la importancia de criar a los niños con un sentido de lo sagrado, no como un dogma, sino como una forma de recordarles que la vida es un misterio lleno de belleza y protección. Permitirles crecer con esta percepción les da una base sólida para enfrentar el mundo con confianza y armonía, sintiendo siempre la presencia de esos guardianes invisibles que los acompañan en su camino.

El Mapa Angélico del Hogar: Transformando los espacios cotidianos

Cada espacio de tu hogar es un microcosmos energético, un reflejo del propósito que cumple en tu vida. Al conectar cada habitación con la presencia angélica adecuada, no solo armonizas el ambiente, sino que también conviertes tu casa en un refugio de luz y protección. Este ejercicio te guiará para crear un hogar vibrante, donde cada rincón tenga su guardián celestial y cada acción cotidiana se transforme en un acto consciente.

Materiales necesarios:
- Un plano sencillo de tu casa (puedes dibujarlo a mano)
- Notas adhesivas de colores o pequeños trozos de papel
- Un marcador o bolígrafo
- Un momento de calma para realizar el ejercicio con intención

Paso a paso:

1. Trazar el mapa energético de tu hogar

Dibuja un esquema simple de tu casa, marcando cada habitación, pasillos y áreas comunes. No hace falta precisión arquitectónica; lo importante es plasmar cada espacio donde se desenvuelve tu vida.

2. Asignar un ángel protector a cada espacio

Cada habitación tiene un propósito energético, y los ángeles pueden potenciar su función:

- **Cocina:** Ángel de la abundancia y la nutrición – bendice los alimentos y llena el hogar de provisión.

- **Dormitorio:** Ángel del descanso y la renovación – cuida el sueño y regenera el cuerpo y el alma.

- **Sala:** Ángel de la armonía familiar – fortalece la comunicación y la unión.

- **Baño:** Ángel de la purificación – limpia y renueva energías.

- **Estudio u oficina:** Ángel de la sabiduría – guía el aprendizaje y el trabajo con claridad.

- **Entrada:** Ángel protector – resguarda el hogar y sus habitantes.

- **Pasillos y rincones:** Ángeles de la fluidez – permiten que la energía circule sin estancarse.

Escribe el nombre del ángel correspondiente en una nota adhesiva y colócala discretamente en cada habitación (detrás de una puerta, bajo un mueble, en una repisa). Esto no solo refuerza la intención, sino que actúa como un anclaje energético.

3. Activar la presencia angélica en cada espacio

No basta con asignar un ángel a cada habitación, es necesario darle la bienvenida a su función en la casa. Para ello, establece un **gesto simbólico** que te ayude a recordarlo cada vez que ingreses a ese lugar. Algunas ideas incluyen:

- **Cocina:** Antes de cocinar, coloca la palma de la mano sobre la mesa y di en voz baja: "Gracias por la abundancia".
- **Dormitorio:** Al acostarte, visualiza una luz suave envolviendo la cama y repite mentalmente: "Que este descanso me renueve".
- **Sala:** Al encender una lámpara o vela, siente que la luz activa la energía de armonía.
- **Baño:** Al abrir el agua de la ducha o el grifo, imagina un brillo azul purificando todo tu ser.
- **Estudio u oficina:** Antes de comenzar a trabajar o estudiar, toca suavemente la superficie del escritorio y repite: "Que la sabiduría guíe mi mente".
- **Entrada:** Cada vez que cruces la puerta, toca el marco y visualiza un escudo protector envolviendo el hogar.

4. Interactuar con los ángeles a través de las acciones diarias

Durante una semana, realiza cada actividad con la conciencia de que no estás solo en el espacio, sino en colaboración con los ángeles que lo custodian. Cada tarea cotidiana se convierte en un acto sagrado:

- Al preparar los alimentos, siente cómo el ángel de la nutrición impregna la comida con vitalidad.

- Al limpiar, percibe la presencia del ángel de la purificación ayudando a despejar energías densas.

- Al conversar en familia, invoca la energía del ángel de la armonía para fortalecer el entendimiento.

- Al trabajar, siente cómo el ángel de la sabiduría inspira ideas y decisiones acertadas.

5. Observar los cambios en el ambiente

Con el paso de los días, notarás cómo la energía de tu hogar se torna más ligera, los espacios se sienten más acogedores y las tareas cotidianas dejan de ser automáticas para convertirse en rituales de conexión. Los ángeles no necesitan grandes ceremonias para manifestarse; basta con abrirles un espacio en la vida diaria y reconocer su presencia en cada rincón.

Al final de la semana, puedes revisar el mapa de tu hogar y hacer ajustes si lo sientes necesario. Tal vez descubras que ciertos espacios requieren más atención o que otro ángel se siente más adecuado para una habitación en particular. Permite que la energía fluya y adapta el ejercicio a tu propia intuición.

Con el tiempo, este mapa angélico se convertirá en una guía viva, recordándote que cada acción en el hogar puede estar impregnada de luz, presencia y protección.

20. Registros akáshicos y ángeles: Accediendo a la sabiduría universal

Los Registros Akáshicos y su Relación con los Ángeles

Los registros akáshicos pueden imaginarse como una inmensa biblioteca etérica donde se conserva cada experiencia, pensamiento y aprendizaje del alma a lo largo de sus múltiples encarnaciones. Más que un simple archivo del pasado, esta memoria cósmica abarca también los potenciales futuros, caminos no tomados y lecciones aún pendientes. En este plano de información sutil, el tiempo no es lineal, sino un entramado de posibilidades entrelazadas, accesibles según el grado de conciencia y evolución del consultante.

Los ángeles desempeñan un papel fundamental en la custodia de este conocimiento sagrado, asegurando que solo se acceda a la información adecuada en el momento preciso. No se trata de una restricción arbitraria, sino de una protección amorosa que evita el acceso a datos que puedan ser malinterpretados o utilizados sin la preparación adecuada. Entre estos guardianes destaca el arcángel Metatrón, conocido en diversas tradiciones esotéricas como el escriba celestial. Según textos apócrifos como el *Libro de Enoc*, Metatrón habría sido en vida el patriarca Enoch, quien, debido a su sabiduría y conexión con lo divino, fue transformado en un ángel de alta jerarquía. Este relato, aunque no forma parte del canon bíblico en muchas tradiciones, ofrece claves sobre la transmisión del conocimiento divino y la función angélica en su resguardo.

La interacción entre los ángeles y los registros akáshicos no se limita a la custodia del conocimiento. Su labor va más allá, pues actúan como mediadores que filtran e interpretan la información para que cada alma reciba exactamente lo que necesita en su proceso de crecimiento. Mientras los registros almacenan la información de manera objetiva, los ángeles la transmiten con una sabiduría amorosa que toma en cuenta el nivel evolutivo y la capacidad de comprensión de cada persona.

Ángeles Guardianes de los Registros Akáshicos

Si bien Metatrón es el guardián más conocido de estos archivos cósmicos, no está solo en esta tarea. En diversas tradiciones místicas se mencionan otros custodios, como los Kumaras o Señores de los Registros, descritos como seres de luz de elevada conciencia que operan en un plano de existencia pura. Se dice que estos guardianes mantienen la integridad de los registros y previenen accesos indebidos o distorsiones egoístas. Su presencia se percibe como esferas de luz cristalina, símbolos de la pureza y la transparencia de la información que protegen.

Otro grupo de ángeles involucrado en este resguardo son los llamados *ángeles de la memoria*, vinculados al coro de los Tronos dentro de la jerarquía celeste. Su función es facilitar el acceso a recuerdos akáshicos relevantes para el proceso de aprendizaje del alma. Su intervención se manifiesta a menudo a través de sincronicidades, esos eventos aparentemente fortuitos que en realidad actúan como señales: la repetición de ciertos números, encuentros inesperados o sueños simbólicos que despiertan intuiciones profundas. Cada decisión y experiencia humana queda registrada en lo que podría llamarse un mapa kármico, y estos ángeles lo utilizan como referencia para orientar al individuo en su evolución.

Técnicas para Acceder a los Registros con Guía Angélica

Sintonizar con los registros akáshicos requiere un ajuste vibratorio que permita conectar con su frecuencia sutil. Para lograrlo, es fundamental abrir el canal de percepción espiritual, activando centros energéticos clave como el chakra del tercer ojo—considerado el portal de la intuición—y lo que en tradiciones místicas se denomina *alma diamantina*, símbolo de pureza y fortaleza espiritual.

Existen varias técnicas para facilitar esta conexión, muchas de las cuales han sido utilizadas desde tiempos antiguos. Una de ellas es la recitación de mantras angélicos, entre los cuales destaca el *Yod-He-Vav-He*, conocido en la cábala como el Tetragrámaton, un poderoso nombre sagrado que actúa como una llave vibratoria para acceder a estados elevados de conciencia. También se emplea la geometría sagrada, en particular el *cubo de Metatrón*, una figura compuesta por intersecciones geométricas que encapsulan patrones universales de la creación y sirven como puerta de acceso a dimensiones superiores.

Otro recurso fundamental es la invocación del arcángel Gabriel, reconocido en diversas tradiciones como el mensajero divino. La Biblia lo describe como el ángel que anunció eventos trascendentales, como el nacimiento de Jesús, lo que lo asocia con la transmisión de conocimiento revelado. Su energía facilita la recepción de información en formas simbólicas, a través de colores, imágenes arquetípicas o sensaciones internas. Desde una perspectiva contemporánea, algunos investigadores han comparado este proceso con la teoría de los *campos cuánticos de información*, en la que los ángeles actuarían como intermediarios que decodifican y transmiten datos almacenados en una matriz energética universal.

Lectura e interpretación de la información akáshica

Acceder a los registros akáshicos es solo el primer paso; comprender la información que se revela es un arte que se desarrolla en distintos niveles. Existen tres planos fundamentales en la interpretación de estos registros:

- **El nivel histórico**, que se enfoca en eventos y experiencias pasadas, permitiendo comprender cómo decisiones previas han dado forma a la realidad actual.

- **El nivel simbólico**, donde emergen patrones kármicos y ciclos de aprendizaje que se repiten a lo largo de distintas encarnaciones.

- **El nivel álmico**, el más profundo de todos, que revela el propósito esencial del alma y su evolución dentro del plan divino.

Los ángeles cumplen un papel crucial en este proceso, sirviendo de guías e intérpretes de la información. A través de facultades psíquicas como la **clarisensiencia** (sensibilidad para percibir energías sutiles), la **clariaudiencia** (capacidad de recibir mensajes en forma de sonidos o palabras que no provienen del entorno físico) y la **clarividencia** (visión de símbolos e imágenes de origen espiritual), ayudan al consultante a traducir los datos akáshicos en conocimientos aplicables a su vida.

Un fenómeno notable en este ámbito es la **"lectura espejo"**, en la que al interpretar los registros de otra persona, el lector recibe simultáneamente revelaciones sobre su propio camino y desafíos. Esto sugiere que los registros akáshicos no son archivos individuales aislados, sino que forman parte de una vasta red de experiencias compartidas donde cada alma puede verse reflejada en la historia de otra, encontrando así nuevas perspectivas y aprendizajes.

Es importante señalar que el tiempo en los registros akáshicos no sigue una secuencia lineal. En lugar de presentar un pasado, presente y futuro fijos, los ángeles muestran la información en forma de **constelaciones de posibilidades**, permitiendo que el consultante visualice distintos futuros potenciales. Investigaciones en el campo de la **psicología transpersonal** han documentado casos en los que individuos acceden a memorias que parecen corresponder a vidas paralelas, experiencias que, aunque puedan parecer metafóricas, los ángeles ayudan a contextualizar para facilitar el crecimiento personal y la resolución de bloqueos en la vida actual.

Sanación de vidas pasadas mediante los registros y la guía angélica

Los registros akáshicos no solo almacenan la historia individual del alma, sino también las memorias de traumas transgeneracionales y pactos kármicos que pueden manifestarse en la vida presente como bloqueos energéticos o patrones recurrentes. Estos nudos en el campo energético pueden afectar tanto el bienestar emocional como físico, impidiendo la evolución natural del ser.

En estos procesos de sanación, intervienen los **ángeles sanadores**, con el arcángel **Rafael** como figura principal. Su energía, reconocida en diversas tradiciones por su capacidad curativa, actúa en conjunto con fuerzas como el

fuego violeta, un principio transmutador capaz de disolver cargas negativas y reconfigurar la vibración del alma. Existen testimonios de personas que han logrado superar fobias inexplicables o bloqueos emocionales al identificar y sanar recuerdos de experiencias traumáticas en otras vidas registradas en el akáshico.

Este proceso de sanación se desarrolla en tres fases clave:

1. **Revelación**: el consultante accede a la causa original del trauma o bloqueo, que puede manifestarse en imágenes, sensaciones o emociones intensas.

2. **Comprensión**: los ángeles ofrecen una perspectiva elevada de la situación, ayudando a integrar la experiencia desde un enfoque de aprendizaje y evolución.

3. **Liberación**: se cortan los lazos energéticos que mantienen el dolor y la limitación, permitiendo una transformación profunda.

Desde una perspectiva científica, estudios en neurociencia han señalado que experiencias de sanación profunda pueden influir en la **amígdala cerebral**, la región del cerebro que regula las respuestas al miedo y al estrés. Esto explicaría por qué quienes atraviesan procesos de liberación en los registros akáshicos pueden experimentar una disminución de la ansiedad y una sensación de mayor armonía interior.

Descubrimiento del propósito de vida a través de los registros

Antes de encarnar, cada alma establece lo que se conoce como un **"contrato divino"**, un acuerdo sagrado en el que se definen las experiencias fundamentales, talentos a desarrollar y relaciones clave que marcarán su camino evolutivo. Este registro es custodiado por los **ángeles guardianes**, quienes asisten al individuo en su búsqueda de sentido y misión en la Tierra.

Uno de los ángeles más relevantes en esta área es el **arcángel Chamuel**, conocido por su energía amorosa y su capacidad de iluminar la esencia del propósito personal. En momentos en los que las circunstancias terrenales han oscurecido la visión del camino, Chamuel ayuda a restaurar la conexión con la intención original del alma, guiando al consultante hacia su verdadera vocación.

En este proceso de descubrimiento también se pueden encontrar **claves numéricas y simbólicas**. Fechas de nacimiento, nombres y eventos importantes pueden contener patrones que revelan información sobre el propósito de vida. La **numerología angélica** sugiere que secuencias numéricas como **11: 11** o **333** aparecen en momentos de alineación con el destino del alma, funcionando como señales de confirmación cuando una persona se encuentra en el camino correcto.

Este enfoque tiene antecedentes en culturas ancestrales que utilizaban sistemas numéricos para interpretar designios divinos y comprender el orden cósmico. Al igual que en las antiguas civilizaciones, los ángeles emplean estos códigos para ayudar al consultante a reconocer su misión y avanzar con mayor claridad.

Ética y responsabilidad en el acceso a los registros akáshicos

El conocimiento que emana de los registros akáshicos no es un derecho absoluto, sino una herramienta sagrada que debe ser utilizada con profundo respeto y responsabilidad. La **ley del libre albedrío** es la norma suprema en este campo, y los ángeles, aunque estén dispuestos a asistir, solo revelarán información con el consentimiento consciente y voluntario del consultante.

Entre las **normas éticas fundamentales** se encuentran:

- **No acceder a los registros de otra persona sin su permiso**. Hacerlo sin consentimiento viola el derecho a la privacidad espiritual.

- **Evitar predicciones inamovibles**. Los registros no deben ser utilizados para imponer un futuro fijo, sino para ofrecer claridad y guía.

- **Mantener la confidencialidad absoluta** sobre la información obtenida.

La historia ha demostrado las consecuencias de interpretar erróneamente revelaciones proféticas. Un ejemplo claro es el caso de **Nostradamus**, cuyas visiones han sido objeto de múltiples malentendidos a lo largo de los siglos, generando confusión y temor innecesario. Esto subraya la necesidad de manejar con cautela cualquier información recibida en el acceso a los registros.

Desde la tradición esotérica, se enseña que los **Kumaras**, guardianes de la sabiduría sagrada, establecen tres filtros esenciales para acceder a la información akáshica:

1. **Intención pura y desinteresada**, libre de motivaciones egoístas.

2. **Preparación vibratoria adecuada**, lograda mediante meditación, purificación y prácticas espirituales.

3. **Discernimiento elevado**, evitando interpretaciones basadas en suposiciones o deseos personales.

Curiosamente, este principio encuentra un paralelo en la **física cuántica**, a través del **principio del observador**, que sugiere que el estado de conciencia de quien observa puede influir en el resultado de lo observado. De manera similar, los ángeles bloquean el acceso a los registros cuando detectan que la consulta está motivada por el ego o intereses personales que no contribuyen al crecimiento del alma.

Integración de la sabiduría akáshica en la vida cotidiana

Aplicar la sabiduría akáshica en la vida diaria implica el desarrollo de una **memoria álmica**, una capacidad intuitiva para acceder a información relevante en el momento preciso. A través de esta conexión, los ángeles actúan como mediadores, proporcionando guía mediante señales sutiles y sincronicidades que pueden pasar desapercibidas si no se les presta la debida atención.

Estas señales se manifiestan de diversas maneras: la aparición inesperada de una pluma en momentos de incertidumbre, una melodía que resuena en el instante exacto, recuerdos espontáneos que brindan claridad en situaciones complejas. Su función es reforzar la presencia de los ángeles y su apoyo en la vida diaria, recordando que la sabiduría del akáshico no es un conocimiento distante, sino una corriente de información accesible en cada instante.

Para fortalecer esta conexión y permitir que la información akáshica fluya de manera natural, se recomienda adoptar **prácticas diarias que anclen la conciencia en este conocimiento sutil**. Algunas de estas incluyen:

- **Registrar coincidencias y percepciones en un diario sincrónico**, lo que ayuda a reconocer patrones y comprender mejor el lenguaje de los ángeles.

- **Crear un altar personal**, con elementos simbólicos como plumas, cuarzos blancos o figuras angélicas que actúen como puntos de anclaje para la conexión espiritual.

- **Practicar la meditación con intención**, enfocándose en recibir orientación y claridad en asuntos específicos.

Más allá de las prácticas formales, la verdadera integración de esta sabiduría ocurre cuando el consultante reconoce que cada pensamiento, emoción y acción está registrándose en el akáshico y que su evolución depende de las decisiones conscientes que toma. Es decir, la aplicación de este conocimiento no es pasiva, sino un proceso continuo de transformación en el que cada elección moldea el futuro y contribuye a la expansión del alma.

Ejercicio: "Entrega de Traumas Emocionales a los Ángeles"

Este ejercicio facilita la liberación de cargas emocionales con la asistencia de los ángeles, permitiendo transformar el dolor en paz interior.

Materiales necesarios:
- Un espacio tranquilo sin interrupciones durante al menos 30 minutos.
- Un diario y un bolígrafo para registrar la experiencia.

- Una vela (opcional, para crear un ambiente sagrado y elevar la vibración del espacio).

Instrucciones:

1. **Encuentra un lugar cómodo y cierra los ojos.** Respira profundamente varias veces, permitiendo que tu cuerpo y mente se relajen.

2. **Invoca la presencia de los ángeles y guías espirituales**, ya sea en silencio o en voz alta, con palabras como:

3. *"Amados ángeles, los invito a estar conmigo en este proceso de sanación. Ayúdenme a sentirme protegido y sostenido mientras libero esta carga emocional."*

4. **Trae a tu conciencia un trauma emocional que estés listo para liberar.** Puede tratarse de una experiencia de la infancia, un conflicto no resuelto o cualquier evento que aún genere malestar en tu interior.

5. **Permite que las emociones surjan sin reprimirlas.** Si sientes tristeza, ira o miedo, obsérvalas sin juzgar, dejando que fluyan sin resistencia.

6. **Visualiza la presencia de los ángeles rodeándote con luz sanadora.** Puedes imaginar seres de luz, o bien conectar con arcángeles específicos como **Miguel** para protección, **Rafael** para sanación o **Chamuel** para el amor compasivo.

7. **Entrega el trauma a los ángeles.** Imagina que el dolor se convierte en una esfera de energía oscura en tus manos y que los ángeles la toman con amor. Puedes decir mentalmente:

   "Amados ángeles, les entrego este dolor. Ayúdenme a liberarlo y transformarlo en luz."

8. **Observa cómo los ángeles disuelven esta energía en luz pura.** Siente la ligereza que deja en ti esta liberación.

9. **Tómate un momento para registrar la experiencia en tu diario.** Anota cualquier sensación, mensaje o intuición que hayas recibido.

10. **Cierra el ejercicio con una oración de gratitud**, como:

    "Gracias, amados ángeles, por su amor, su guía y su sanación. Sé que continúan conmigo en mi camino."

21. Ángeles y karma: Liberación de patrones y sanación ancestral

El karma desde la perspectiva angélica

Desde la visión angélica, el karma no es un destino ineludible ni un castigo impuesto, sino un sistema de aprendizaje y evolución del alma basado en la ley cósmica de causa y efecto. Cada pensamiento, emoción y acción genera una vibración que regresa en forma de experiencias, con el propósito de brindar oportunidades de crecimiento y sanación. Los ángeles nos enseñan que las situaciones que enfrentamos, ya sean armoniosas o desafiantes, forman parte de un proceso consciente de evolución espiritual en el que podemos participar activamente.

En este sentido, las deudas kármicas no son cargas impuestas, sino lecciones pendientes de integrar. Cada alma, antes de encarnar, establece ciertos acuerdos o pactos kármicos que definirán los desafíos y aprendizajes clave en su camino. Estos acuerdos quedan registrados en los llamados registros akáshicos, una memoria vibratoria universal donde se archivan las experiencias pasadas, presentes y futuras del alma. Arcángeles como Metatrón, el escriba celestial, y Raziel, guardián de los misterios divinos, ayudan a interpretar y acceder a estos registros, brindando claridad sobre el propósito detrás de cada experiencia y cómo podemos alinearnos con nuestra evolución más elevada.

A diferencia de la percepción lineal del tiempo que tenemos en el plano físico, los ángeles operan desde una visión atemporal en la que el pasado, el presente y el futuro están entrelazados. Arcángeles como Sachiel, asociado con la transformación de la energía vital y la abundancia, y Zadkiel, maestro de la transmutación y el perdón, facilitan la sanación simultánea de eventos que podrían parecer desconectados entre sí. De esta manera, los bloqueos o patrones que se repiten en diferentes momentos de la vida pueden ser liberados con una intervención consciente, ya que el karma no es estático, sino flexible y maleable según la toma de consciencia de cada ser.

Identificación de patrones kármicos con ayuda de los ángeles

Los patrones kármicos suelen manifestarse como situaciones recurrentes en diferentes áreas de la vida, como relaciones conflictivas que parecen seguir el mismo esquema, dificultades económicas persistentes o enfermedades que vuelven una y otra vez sin una causa aparente. Los ángeles nos ayudan a reconocer estas señales para que podamos transformarlas en oportunidades de evolución y sanación.

Uno de los métodos que emplean es el uso de sincronicidades numéricas, donde secuencias repetidas como 1212o 711funcionan como códigos vibracionales que indican un aprendizaje kármico en curso. También pueden comunicarse a través de sensaciones corporales, como presión en el plexo solar—centro energético relacionado con la voluntad y la autoestima—o una sensación de calor en las manos, indicando una activación energética en el proceso de sanación. Otro canal habitual son los sueños recurrentes, donde se revelan símbolos, emociones o escenarios que reflejan lecciones kármicas pendientes de integrar.

Cada arcángel tiene una especialidad en la identificación y liberación de estos patrones:

- Chamuel, arcángel del amor incondicional, ayuda a descubrir bloqueos en las relaciones afectivas, mostrando dinámicas de dependencia, abandono o falta de autoestima que pueden venir de vidas pasadas o experiencias tempranas.
- Rafael, sanador celestial, guía en la comprensión de enfermedades cuyo origen puede estar ligado a memorias kármicas, permitiendo la restauración del equilibrio físico y emocional.
- Jofiel, guardián de la iluminación, revela creencias limitantes que impiden el crecimiento personal, facilitando la expansión de la conciencia a niveles superiores.

Los patrones kármicos emiten una frecuencia energética que los ángeles pueden detectar con precisión. Entidades celestiales especializadas en los registros akáshicos, como Akashiel, actúan como guardianes de esta información, revelando detalles clave como el momento en que se originó el patrón, su propósito inicial y cómo ha evolucionado a lo largo del tiempo. Al desarrollar lo que en la tradición hermética se conoce como visión causal—la capacidad de percibir las raíces espirituales detrás de lo que sucede en el plano físico—es posible tomar decisiones más alineadas con la misión del alma y acelerar el proceso de transformación interior.

Trabajar con la guía angélica en la identificación y sanación del karma nos permite salir de ciclos repetitivos y avanzar hacia una vida más libre, consciente y armoniosa, en la que dejamos de reaccionar ante las circunstancias y comenzamos a co-crear nuestra realidad desde la sabiduría y el amor divino.

Sanación de líneas ancestrales con ángeles guardianes familiares

En la angelología, se reconoce que las cargas kármicas de un linaje pueden dividirse en tres grandes categorías: el karma genético, que se transmite a través del ADN e influye en predisposiciones físicas y talentos naturales; el karma psíquico, que abarca patrones emocionales y creencias heredadas; y el karma espiritual, que se relaciona con compromisos álmicos asumidos colectivamente por una familia a lo largo de diversas encarnaciones.

Cada familia cuenta con un consejo de ángeles ancestrales, guardianes que resguardan la memoria kármica del linaje y facilitan su transformación. A menudo, este consejo es dirigido por un arcángel específico, cuya misión es asistir en la sanación de los conflictos recurrentes dentro de la historia familiar. Por ejemplo, si una familia ha experimentado generaciones de abandono o desapego afectivo, la presencia del arcángel Ariel puede ser clave, ya que su energía fomenta la restauración del equilibrio emocional y la conexión con la naturaleza como fuente de estabilidad y arraigo.

La sanación de estas memorias ancestrales es guiada por el Ángel de la Genealogía, identificado en algunas tradiciones como Barachiel, quien ayuda a revelar patrones transgeneracionales ocultos. Estos pueden manifestarse en los descendientes de diversas formas, desde desafíos recurrentes hasta dones espirituales heredados que esperan ser despertados. La clave de esta transformación reside en acceder a los códigos de luz originales del linaje, es decir, a la pureza y el propósito con los que cada familia fue concebida en los planos sutiles, antes de que la experiencia humana distorsionara su flujo energético.

Existen almas que, antes de encarnar, eligen nacer en familias con cargas específicas para actuar como sanadores ancestrales. Estas personas suelen sentir una conexión natural con arcángeles relacionados con la transformación, como Zadkiel, cuya energía ayuda a liberar karmas, o Metatrón, quien facilita la reestructuración del ADN energético del linaje. Con la asistencia angélica, es posible realizar ceremonias simbólicas donde el consultante actúa como representante de su familia ante el Tribunal Celestial, un espacio de justicia divina donde se pide perdón, se restaura el equilibrio y se liberan patrones heredados a través de la compasión y el amor incondicional.

Resolución de contratos kármicos a través de decretos angélicos

Los contratos kármicos son acuerdos realizados entre almas antes de encarnar con el propósito de propiciar aprendizajes y crecimiento mutuo. Sin embargo, en el transcurso de la vida física, estos acuerdos pueden volverse restrictivos, generando dependencias emocionales, bloqueos o ciclos repetitivos que dificultan la evolución espiritual. Cuando esto sucede, es posible solicitar la intervención de los arcángeles Juriel (vinculado a la justicia divina) y Eremiel (guardián de los pactos sagrados), quienes asisten en la revisión y actualización de estos contratos mediante el uso de decretos angélicos.

Los decretos angélicos son afirmaciones verbales que, pronunciadas con intención consciente y asistencia celestial, permiten reescribir los códigos vibracionales impresos en los registros akáshicos. Cada palabra actúa sobre las estructuras de luz que sostienen los acuerdos kármicos, liberando ataduras innecesarias y transformando cargas en oportunidades de aprendizaje. Es importante comprender que estos decretos no eliminan las consecuencias de las decisiones pasadas, sino que modifican la manera en que estas experiencias se manifiestan, pasando de ciclos de sufrimiento repetitivo a procesos de crecimiento y evolución consciente.

La efectividad de este método encuentra respaldo en estudios sobre cimática, una disciplina que demuestra cómo ciertas frecuencias sonoras generan patrones geométricos en la materia. Investigaciones han demostrado que ciertas combinaciones de vocales y consonantes, especialmente las presentes en los nombres angélicos, generan armonías que pueden reorganizar campos energéticos. Esto sugiere que los decretos angélicos, cuando se entonan con precisión y alineación espiritual, pueden modificar la estructura vibratoria de los contratos kármicos, permitiendo su reconfiguración en sintonía con la evolución del alma.

Dado que este trabajo implica la manipulación de energías profundas, es fundamental contar con la protección del arcángel Miguel, cuya vibración fortalece el campo energético del practicante y disipa influencias discordantes. Con su asistencia, es posible asegurarse de que solo se transformen aquellos aspectos necesarios para el avance espiritual, respetando siempre el libre albedrío y el equilibrio divino.

Transformación de karma negativo en lecciones de crecimiento

Desde la perspectiva angélica, el karma negativo no es un castigo, sino la acumulación de experiencias y elecciones desconectadas del amor universal y la sabiduría espiritual. Cada situación kármica, por difícil que parezca, alberga una semilla de aprendizaje que puede ser descubierta y transformada a través de la alquimia angélica, un proceso de transmutación que convierte las memorias dolorosas en luz consciente.

Un ejemplo común es el karma de la traición. A primera vista, este puede parecer una experiencia injusta y dolorosa, pero en su núcleo puede contener lecciones sobre autoconfianza y discernimiento. Los ángeles ayudan a reinterpretar estas vivencias desde una perspectiva más elevada, considerando la conexión alma-a-alma de los involucrados, para revelar el propósito oculto detrás de cada evento. En este proceso, el arcángel Gabriel, con su don de comunicación y revelación, facilita regresiones akáshicas guiadas para comprender el origen espiritual de cada situación, mientras que Uriel, el portador de la luz divina, aporta claridad y comprensión para integrar las enseñanzas de cada experiencia.

Este enfoque encuentra un paralelo en la psicología transpersonal, cuyos estudios han demostrado que la resignificación de experiencias traumáticas puede reducir el estrés y aumentar la resiliencia espiritual. Carl Jung denominó este proceso "individuación", refiriéndose a la integración consciente de aspectos fragmentados de la psique en una totalidad armoniosa. A través de esta perspectiva, los ángeles enseñan que el propósito del karma no es perpetuar el sufrimiento, sino facilitar la evolución del alma, permitiendo que cada individuo se convierta en cocreador consciente de su realidad.

Creación de karma positivo con acciones inspiradas angélicamente

El karma positivo se genera a través de actos conscientes que expanden el flujo de amor y armonía en el mundo. Desde la enseñanza angélica, se enfatiza que la intención detrás de cada acción es clave: el mismo acto puede generar efectos distintos según la energía con la que se realice. Por ello, los arcángeles Haniel (guardián de la gracia y la belleza) y Raguel (mediador de la armonía y la justicia en las relaciones) asisten en la alineación de las motivaciones personales con el bien mayor, asegurando que cada acción resuene con la esencia divina.

Las acciones inspiradas angélicamente poseen tres características esenciales:

1. Ocurren en momentos de sincronicidad, cuando la energía está alineada con el propósito divino.

2. Fluyen de manera natural y espontánea, sin forzar circunstancias.

3. Benefician a múltiples niveles, contribuyendo al bienestar del ejecutante, de los receptores y del entorno.

Desde la perspectiva cuántica, se ha demostrado que el observador influye en la realidad observada, lo que resuena con la idea de que la conciencia, cuando es guiada por una intención elevada, imprime una huella energética en el campo sutil. Esto explica por qué actos sencillos, como bendecir los alimentos o expresar gratitud, pueden generar efectos expansivos en la vibración colectiva.

Incluso en el ámbito material, los ángeles enseñan que la abundancia sagrada no depende únicamente de la cantidad de bienes acumulados, sino de la calidad de la relación que se tiene con la energía de la provisión. La clave del karma positivo financiero no reside solo en la generosidad, sino en la conciencia con la que se administra, honra y comparte la energía económica, reconociéndola como una expresión de flujo divino en la materia.

Técnica de liberación kármica mediante intervención angélica: "Llama Violeta de Liberación"

1. Cierra los ojos y respira profundamente. Invoca al arcángel Zadkiel y pídele que envuelva todo tu ser

con su llama violeta transmutadora, capaz de disolver las cargas kármicas y liberar tu energía.

2. Trae a tu mente una situación kármica que desees sanar o soltar. No te aferres al dolor o al conflicto, simplemente obsérvala como un testigo.

3. Repite en voz alta, con convicción, tres veces:

4. *"Por el poder de la llama violeta y la gracia angélica, libero esta atadura. Lo que fue, ya no es. Lo que aprendí, me fortalece."*

5. Visualiza cómo la situación comienza a disolverse, transformándose en luz violeta hasta desaparecer por completo. Siente cómo tu corazón se aligera y la energía de la liberación te envuelve.

6. Agradece al arcángel Zadkiel por su asistencia y permite que su luz permanezca en ti, ayudándote a sostener esta nueva libertad.

Sanación de líneas ancestrales: "El Árbol Familiar Luminoso"

1. En una hoja de papel, dibuja un árbol genealógico sencillo, colocando los nombres de tus ancestros conocidos. No te preocupes por la perfección del dibujo, lo importante es la intención.

2. Invoca al arcángel Miguel, pidiéndole que cubra todo el proceso con su protección. Visualiza su luz azul envolviendo el árbol y a toda tu familia.

3. Para cada ancestro que nombres, di en voz alta:

"[Nombre], te honro, te bendigo, te libero."

4. Siente la energía de reconocimiento y amor fluyendo a través del linaje.

5. Imagina una luz dorada descendiendo desde lo alto, envolviendo cada rama del árbol, sanando heridas, liberando cargas y restaurando el equilibrio.

6. Finaliza diciendo:

   "Con amor y gratitud, sano mi linaje."

   Siente la conexión con tus ancestros en armonía y permite que la sanación continúe más allá de este momento.

Resolución de contratos kármicos: "Decreto de Libertad"

1. Cierra los ojos, respira con calma e invoca al arcángel Metatrón para que sea testigo del proceso. Visualiza su energía luminosa a tu lado, sosteniendo un pergamino dorado donde se encuentran los registros de tus contratos álmicos.

2. Con firmeza y desde el corazón, pronuncia el siguiente decreto:

   "Yo, [tu nombre], en plena consciencia y amor, decreto la disolución de todo contrato kármico que ya no sirve a mi evolución. Con gratitud por las

lecciones aprendidas, me libero y libero a todos los involucrados. Que así sea."

3. Visualiza cómo el pergamino se ilumina y su contenido se transforma en partículas de luz que se disuelven en el universo.

4. Siente en tu corazón la paz de esta nueva libertad y agradece al arcángel Metatrón por su guía.

Transformación de karma negativo: "Alquimia Angélica"

1. Identifica una situación difícil que estés atravesando en este momento. En lugar de enfocarte en el sufrimiento, abre tu corazón al aprendizaje que esta experiencia trae consigo.

2. Invoca al arcángel Uriel, maestro de la sabiduría y la iluminación. Imagina su luz dorada descendiendo sobre ti, despejando tu mente y expandiendo tu comprensión.

3. Pregunta en voz alta o en tu interior:

4. *"¿Qué lección puedo aprender de esto?"*

5. Permanece en silencio unos momentos, respirando con atención. No te apresures a buscar respuestas. Confía en que la revelación vendrá a través de una intuición, una imagen, un pensamiento o una sensación.

6. Cuando sientas haber recibido la enseñanza, agradece al arcángel Uriel y deja que su luz te acompañe en el proceso de integración.

Creación de karma positivo: "Siembra Angélica"

1. Al despertar cada mañana, conéctate con tu ángel guardián y pídele que te revele tres oportunidades para generar karma positivo a lo largo del día.

2. Mantén una actitud atenta y receptiva. Puede tratarse de un gesto amable, una palabra de aliento o un acto de servicio inesperado.

3. Actúa sin esperar reconocimiento. Realiza cada acción desde el amor genuino, confiando en que su impacto será profundo, aunque no lo veas de inmediato.

4. Antes de dormir, reflexiona sobre las oportunidades que recibiste y da gracias por ellas. Reconoce la transformación que ocurre dentro de ti cada vez que eliges sembrar luz en el mundo.

Meditación para disolver ataduras: "Corte de Lazos"

1. Encuentra un lugar tranquilo y cierra los ojos. Respira profundamente y llama al arcángel Miguel, pidiéndole que te ayude a cortar los lazos energéticos que ya no te benefician.

2. Visualiza los lazos kármicos como cuerdas de energía que te conectan con ciertas personas o situaciones. Observa cuáles se sienten pesadas, desgastadas o limitantes.

3. Con voz clara y decidida, di:

   "Arcángel Miguel, corta todo lazo que no me sirva."

4. Imagina su espada de luz descendiendo suavemente y cortando cada atadura innecesaria. Siente cómo la liberación ocurre sin dolor, solo con amor y paz.

5. Respira profundamente y permite que la energía de Miguel te envuelva con una nueva sensación de ligereza y libertad. Agradécele su asistencia y permanece en este estado de armonía unos instantes más.

23. Experiencias cercanas a la muerte y encuentros angélicos: Evidencias y testimonios

Panorama de la investigación sobre experiencias cercanas a la muerte (ECM)

Eben Alexander, cuya formación académica y enfoque científico no contemplaban la posibilidad de realidades más allá de lo material. Sin embargo, en su libro *La prueba del cielo* (2012), relató cómo, durante un coma inducido por una meningitis severa, vivió una experiencia de viaje a reinos celestiales en los que interactuó con seres luminosos. Este episodio transformó por completo su perspectiva, desafiando su escepticismo previo y llevándolo a cuestionar los límites de la conciencia humana. Su testimonio desató un intenso debate dentro de la comunidad médica, pues ponía en tela de juicio las explicaciones convencionales sobre la función cerebral y la naturaleza de la mente, sugiriendo que la conciencia podría persistir más allá de la actividad neurológica.

En 2019, el *Proyecto AWARE II*, liderado por el investigador Sam Parnia—uno de los pioneros en el estudio de la conciencia post-mortem—, analizó a 567 pacientes que habían sufrido un paro cardíaco. En el estudio, una paciente describió haber visto una luz dorada y sentido la presencia de un ser amoroso mientras su cerebro no registraba actividad eléctrica detectable durante cinco minutos. Lo más sorprendente de su testimonio es que pudo recordar con precisión detalles de conversaciones médicas que ocurrieron durante su reanimación, lo que desafía la visión tradicional de que la memoria y la percepción requieren de un cerebro activo. Este tipo de relatos ha llevado a algunos investigadores a considerar que las ECM podrían abrir una ventana hacia estados de conciencia que la ciencia aún no comprende del todo.

Si bien algunos estudios han intentado explicar las ECM en términos de hipoxia cerebral—la falta de oxígeno en el cerebro que puede inducir alucinaciones—o la liberación de dimetiltriptamina (DMT), un compuesto endógeno vinculado a estados alterados de conciencia, hay casos que parecen sobrepasar estos marcos explicativos. Un ejemplo notable es el de Anita Moorjani, quien en 2006 aseguró haber sanado de un cáncer terminal tras una ECM en la que recibió información detallada sobre su enfermedad y su sanación. Su caso, considerado extraordinario por los médicos que la trataron, ha inspirado a muchos a cuestionar los límites de la medicina convencional y a explorar la posibilidad de que la conciencia y la sanación vayan más allá del cuerpo físico.

Patrones comunes en encuentros angélicos durante ECM

Uno de los patrones recurrentes en las ECM es la presencia de entidades luminosas que transmiten mensajes de paz, protección y guía. En 1996, el investigador Richard Bonenfant documentó el caso de una mujer que, tras haber sufrido un ahogamiento a los 16 años, vio lo que describió como una "dama de luz". Esta entidad la condujo a través de un túnel luminoso, un fenómeno recurrente en los relatos de ECM que a menudo se asocia con la transición a otro estado de existencia. Quince años después, durante el ataque de un perro a su hija, la misma figura luminosa apareció nuevamente para tranquilizarla y asegurarle que la niña se recuperaría. Este fenómeno, conocido como "ángeles recurrentes", sugiere que ciertos seres de luz pueden manifestarse en momentos críticos a lo largo de la vida de una persona.

Otro caso destacado es el de la cirujana ortopédica Mary C. Neal, quien, tras ahogarse en un río en 1999, relató haber sido recibida por un coro de ángeles que no solo le ofrecieron consuelo, sino que le transmitieron enseñanzas profundas sobre el propósito de la existencia y la interconexión de todas las almas. A partir del análisis de múltiples testimonios, se han identificado tres principales manifestaciones de seres angélicos durante las ECM:

- **Guías protectores**: En 1975, Dannion Brinkley fue alcanzado por un rayo y declarado muerto durante más de 20 minutos. Durante su ECM, describió cómo ángeles se le aparecían para mostrarle fragmentos de su vida futura, ayudándole a comprender el impacto de sus decisiones y orientándolo hacia un camino de mayor conciencia y servicio a los demás.

- **Mensajeros**: En 1985, Betty Eadie narró en su libro *Embraced by the Light* que, tras una cirugía, experimentó una ECM en la que un ser angélico le enseñó el propósito espiritual del dolor. Según su relato, este ángel le explicó que las dificultades no son castigos, sino oportunidades de crecimiento que fortalecen el alma en su camino evolutivo.

- **Familiares transformados**: Algunos testimonios sugieren que seres queridos fallecidos pueden aparecer en las ECM con una presencia luminosa y transformada. Un ejemplo conmovedor es el del padre de Gaylen Cardwell, quien se presentó como un ser de luz durante la eutanasia de la mascota de la familia. Su aparición no solo le brindó consuelo, sino que también cambió su percepción sobre la muerte, mostrándole que la existencia no termina, sino que se transforma en otros planos.

Transformaciones de vida post-ECM y su relación con la angelología

Uno de los aspectos más fascinantes de las ECM es la profunda transformación que muchas personas experimentan tras haber vivido una de estas experiencias. Un caso paradigmático es el de Mellen-Thomas Benedict, quien en 1982 fue declarado con muerte cerebral y, tras su regreso, afirmó haber adquirido la capacidad de percibir lo que llamó "ángeles de la tierra": entidades sutiles que, según su percepción, protegen los ecosistemas y mantienen el equilibrio de la naturaleza. Su testimonio coincide con los hallazgos del Instituto de Investigación de ECM de Seattle, que reportó que el 68% de las personas que han vivido ECM experimentan un aumento significativo en su conexión con la naturaleza y en su percepción de una realidad interconectada.

Otro caso revelador es el del Dr. George Rodonaia, un patólogo soviético que, en 1976, fue declarado muerto durante tres días. Tras despertar, su visión del mundo cambió por completo: abandonó su escepticismo científico y su postura atea para ordenar su vida bajo una perspectiva espiritual. Se convirtió en sacerdote y fundó una organización dedicada a investigar la relación entre ángeles y la conciencia colectiva. Sus estudios revelaron que el 92% de los supervivientes de ECM afirmaban haber mantenido contacto con seres celestiales mucho después del evento inicial, lo que sugiere que la conexión con estos seres puede volverse una constante en la vida de quienes han cruzado el umbral de la muerte y han regresado con una nueva comprensión de la existencia.

La relación entre las ECM y la angelología sigue siendo un campo de estudio que plantea preguntas trascendentales sobre la naturaleza de la conciencia, la continuidad de la vida más allá del cuerpo físico y el papel de los ángeles como mediadores entre planos de existencia. A medida que la ciencia y la espiritualidad continúan su diálogo, estos relatos siguen siendo una fuente de asombro y exploración para aquellos que buscan comprender los misterios de la vida y la muerte.

Anexo 1 – Listado Angelical de Múltiples Tradiciones

I. Arcángeles canónicos y principales

Esta sección agrupa a los ángeles de mayor reconocimiento en la tradición judeocristiana y en textos sagrados. Se consideran líderes y mensajeros divinos, responsables de dirigir ejércitos celestiales y transmitir importantes revelaciones. Su iconografía es ampliamente difundida en la teología y el arte sacro.

Miguel (מִיכָאֵל)

Función: Jefe de los ejércitos celestiales.

Es el protector y líder de las fuerzas divinas, ampliamente venerado en diversas tradiciones.

Gabriel (גַּבְרִיאֵל)

Función: Mensajero divino.

Se destaca por anunciar revelaciones importantes y actuar de intermediario entre lo divino y la humanidad.

Rafael (רְפָאֵל)

Función: Sanador y guía de viajeros.

Su labor se asocia a la curación física y espiritual, y a la protección durante los caminos.

Uriel (אוּרִיאֵל)

Función: Portador de la luz divina.

Vinculado con la iluminación, el conocimiento y la transformación interna.

Metatrón

Función: Escriba celestial.

Su nombre, de origen hebreo (aunque sujeto a variaciones), relaciona su labor con la transcripción y organización de la sabiduría divina.

Raziel (רזיאל)

Función: Guardián de los secretos cósmicos.

Custodia los misterios del universo y revela conocimientos esotéricos.

Samael (סמאל)

Función: Ángel de la justicia divina.

Figura compleja en algunas tradiciones, relacionado tanto con la justicia como con la retribución.

Zadquiel (צדקיאל)

Función: Ángel de la benevolencia.

Asociado con la misericordia, el perdón y la compasión.

Jofiel (יופיאל)

Función: Custodio de la sabiduría.

Se le relaciona con la inspiración, la belleza y el conocimiento sagrado.

Camael (כמאל)

Función: Ángel de la fortaleza.

Representa el valor, la disciplina y la capacidad para enfrentar adversidades.

II. Ángeles de la Cabalá

Esta categoría recoge aquellos ángeles que, según la mística judía y la tradición cabalística, poseen roles específicos en la contemplación, la misericordia y la transformación de la energía. Sus nombres y atributos provienen de interpretaciones esotéricas del Árbol de la Vida y de las sefirot.

Tzaphkiel (צפקיאל)

Función: Inspirador de la contemplación divina.

Estimula la meditación y la conexión profunda con la divinidad.

Tzadkiel (צדקיאל)

Función: Misericordia y libertad.

Asociado con la compasión y la liberación del alma en momentos de dificultad.

Khamael

Función: Energía marcial.

Representa la fuerza y el dinamismo en el ámbito espiritual, impulsando la acción justa.

Haniel (חניאל)

Función: Gracia y armonía.

Vinculado con la belleza, la dulzura y el equilibrio en las relaciones humanas y divinas.

Ratziel

Función: Guardián de misterios secretos.

Custodia conocimientos ocultos y revela conexiones entre lo terrenal y lo trascendental.

Sandalphon (סַנְדַּלְפוֹן)

Función: Transformación terrenal.

Facilita la conversión de energías en el mundo material, apoyando procesos de cambio.

Cassiel (קָסִיאֵל)

Función: Tiempo y destino.

Se asocia con la regulación de los ritmos cósmicos y la aceptación del destino.

III. Ángeles apócrifos

Esta sección reúne ángeles que no figuran en los cánones oficiales de las religiones mayoritarias, pero que aparecen en textos apócrifos y en tradiciones esotéricas. Su presencia se fundamenta en relatos extracanonicos y en estudios teológicos alternativos.

Baradiel

Función: Deidad de la electricidad.

Se relaciona con las energías dinámicas y la fuerza que impulsa el cambio.

Galgaliel

Función: Regente de las esferas.

Su dominio abarca los movimientos y ciclos del cosmos, reflejando la influencia de las esferas celestiales.

Hadraniel

Función: Portavoz divino.

Actúa como intermediario, comunicando mensajes sagrados entre lo divino y lo humano.

Kemuel

Función: Vigilante de portales.

Custodia los umbrales y accesos a dimensiones espirituales.

Lailah (לַיְלָה)

Función: Ángel de la concepción.

Asociado al inicio de la vida y a la fuerza misteriosa de la noche.

Nuriel

Función: Tormentas y granizo.

Relacionado con las fuerzas naturales manifestadas en fenómenos atmosféricos intensos.

Pravuil

Función: Cronista celestial.

Registra eventos divinos y el destino de las almas en el gran libro del cielo.

Radueriel

Función: Archivero del cielo.

Custodia los registros sagrados y el conocimiento ancestral del firmamento.

Sahaquiel

Función: Custodio estelar.

Vigila y protege las estrellas y las energías cósmicas que las atraviesan.

Zagzagel

Función: Guardián del arbusto ardiente.

Se asocia con la imagen del fuego sagrado, símbolo de purificación e iluminación.

IV. Ángeles de las esferas celestiales

En esta categoría se agrupan los ángeles vinculados a los cuerpos celestes o "esferas" según antiguas cosmologías. Cada uno se relaciona con un planeta o esfera, reflejando la influencia de la astrología y la tradición hermética en la angelología.

Zafkiel

Función: Esfera de Saturno.

Vinculado con la disciplina, la estructura y el aprendizaje a través del tiempo, características asociadas a Saturno.

Zedekiel

Función: Esfera de Júpiter.

Relacionado con la abundancia, la justicia y la expansión, en sintonía con las energías jupiterinas.

Madimiel

Función: Esfera de Marte.

Representa la fuerza, la energía y la acción propias de Marte.

Shemeshiel

Función: Esfera del Sol.

Asociado con la vitalidad, la iluminación y el poder creativo que emana del Sol.

Nogahiel

Función: Esfera de Venus.

Encarnación de la belleza, el amor y la armonía, reflejando las cualidades de Venus.

Kokabiel

Función: Esfera de Mercurio.

Relacionado con la comunicación, el ingenio y la agilidad mental, características de Mercurio.

Levaniel

Función: Esfera de la Luna.

Se asocia con la intuición, las emociones y el misterio, en correspondencia con la influencia lunar.

V. Ángeles de la tradición cristiana

Esta sección reúne a los ángeles que, aunque pueden aparecer en diversas tradiciones, tienen una fuerte presencia en la teología y la iconografía cristiana. Abarcan roles que van desde el consolador hasta el intercesor y protector en diversos ámbitos de la vida.

Verchiel

Función: Regente de Julio.

Su nombre se asocia con la organización del tiempo y los ciclos, siendo patrón de este mes según algunos textos.

Hamaliel

Función: Protector contra la brujería.

Invocado para ofrecer defensa frente a energías negativas y prácticas de hechicería.

Mumiah

Función: Sanación terminal.

Conocido por sus poderes curativos, especialmente en situaciones críticas o terminales.

Ambriel

Función: Defensa contra energías negativas.

Actúa como escudo protector ante influencias dañinas.

Azrael (עֲזַרְאֵל)

Función: Psicopompo (guía de almas).

Tradicionalmente asociado con el tránsito de las almas y la compasión en momentos de pérdida.

Cerviel

Función: Dominio sobre bestias.

Su presencia está relacionada con la protección frente a animales salvajes y el orden en la naturaleza.

Dumah (דֻּמָה)

Función: Ángel del silencio.

Representa el misterio del silencio y la profunda reflexión espiritual.

Eremiel

Función: Vigilante del Sheol.

Encargado de supervisar y guiar en el ámbito del inframundo o reino de los muertos.

Ithuriel

Función: Descubridor de engaños.

Dotado de la capacidad de revelar falsedades y desvelar la verdad oculta.

Jegudiel

Función: Patrono del trabajo.

Inspira el esfuerzo, la dedicación y el cumplimiento de las responsabilidades cotidianas.

Jerahmeel

Función: Visiones apocalípticas.

Asociado con revelaciones sobre el fin de los tiempos y la transformación final.

Phanuel

Función: Revelador de verdades.

Se le reconoce por desvelar realidades ocultas y promover la iluminación espiritual.

Puriel

Función: Examinador de almas.

Su tarea es clarificar el estado espiritual de las personas mediante un examen profundo.

Raguel

Función: Mediador celestial.

Favorece la armonía y la justicia en las relaciones tanto divinas como humanas.

Ramiel

Función: Consolador de afligidos.

Brinda apoyo y consuelo a quienes atraviesan momentos de sufrimiento.

Remiel

Función: Guía de visiones.

Ayuda a interpretar visiones y orienta a las almas en su camino espiritual.

Sachiel

Función: Proveedor de riqueza.

Asociado con la prosperidad y la abundancia en el ámbito material y espiritual.

Sariel

Función: Instructor lunar.

Relacionado con la sabiduría y los ritmos de la luna, favorece la intuición y el discernimiento.

Sealtiel

Función: Intercesor de oraciones.

Actúa como mediador en la comunicación entre la humanidad y lo divino a través de la oración.

Seraphiel

Función: Jefe de serafines.

Líder de los ángeles de mayor devoción, asociados al fuego sagrado y la purificación.

Simiel

Función: Elevador espiritual.

Impulsa el ascenso del alma y ayuda a superar los límites terrenales.

Suriel

Función: Escudo contra plagas.

Protector ante epidemias y energías nocivas que puedan afectar la integridad del ser.

Uzziel

Función: Fuerza de Dios.

Encarnación del poder divino, confiere fortaleza y estabilidad a quienes lo invocan.

Vehuel

Función: Exaltación divina.

Conduce al reconocimiento de la grandeza y gloria de lo divino en la vida de las personas.

Zerachiel

Función: Patrono de niños.

Protector de la inocencia y el crecimiento, favorece el bienestar y la continuidad generacional.

VI. Ángeles de tradiciones regionales

Esta última categoría agrupa a aquellos ángeles que forman parte de tradiciones culturales o religiosas regionales, aportando matices propios a la imagen angélica. Incluye influencias de corrientes como la zoroástrica y mitologías locales, enriqueciendo la diversidad de la angelología.

Aeshma

Función: Perseguidor de mentiras.

Asociado con el castigo a la falsedad y el engaño, según tradiciones zoroástricas.

Arariel

Función: Dominio de las aguas.

Representa el poder y la importancia de los elementos acuáticos en la naturaleza y en la mitología regional.

Baraqiel

Función: Control de relámpagos.

Vinculado a la energía eléctrica y a fenómenos atmosféricos intensos, simboliza la fuerza transformadora de la naturaleza.

Anexo 2 – Numerología de los Ángeles

La numerología angélica constituye una práctica fascinante que nos vincula con el ámbito divino a través del poder inherente de los números. Desde tiempos remotos, la humanidad ha mostrado gran interés por los significados profundos y los mensajes que se esconden en los números, utilizándolos como fuente de orientación y claridad en la existencia. Esta disciplina te brinda una visión única de tu trayectoria espiritual, ayudándote a descifrar tu propósito y la senda que debes transitar.

Dentro del lenguaje celestial de los ángeles, cada cifra posee vibraciones sagradas y un significado profundo. Los dígitos del 1 al 9, junto con los llamados números maestros 11, 22 y, en ocasiones, 33, emanan energías específicas que influyen de manera notable en tu vida. Al interpretar las combinaciones y secuencias que forman estos números, es posible descubrir detalles sobre tu pasado, presente y futuro, lo que te permite alinear tu camino con el plan divino.

Los orígenes de la numerología angélica se pierden en la historia, remontándose a diversas civilizaciones antiguas, cada una aportando su visión e interpretación particular de la numeración. En Babilonia, por ejemplo, los sacerdotes integraban los números en sus rituales sagrados, reconociendo su potencial para conectar con lo divino. El célebre filósofo y matemático griego Pitágoras sostenía que los números constituían la base de toda existencia, y sus discípulos exploraron las complejas relaciones entre las cifras y el universo observable.

En la antigua China, el concepto del Yin y el Yang se fusionaba con su sistema numérico, subrayando el delicado equilibrio y la armonía que simbolizan los números. Los egipcios, reconocidos por sus imponentes pirámides y enigmáticos jeroglíficos, no solo utilizaban los números para realizar avanzados cálculos, sino que también les imprimían un significado espiritual en sus obras y ceremonias.

La tradición mística judía, a través de la Cábala, atribuye gran relevancia a los números, utilizando la gematría para revelar significados ocultos en las Escrituras hebreas. En la India, la numerología védica está profundamente arraigada en las tradiciones astrológicas, ofreciendo una perspectiva única sobre el papel que desempeñan los números en la configuración del destino.

Durante la época medieval en Europa, a pesar de las reservas de la Iglesia frente a las prácticas adivinatorias, los místicos cristianos incorporaron la numerología como medio para comunicarse directamente con lo divino. Ellos reconocían que las cifras eran la clave para descifrar el lenguaje del alma y recibir mensajes de Dios.

En la actualidad, la numerología angélica ha experimentado un resurgimiento, especialmente dentro del movimiento de la Nueva Era, el cual integra filosofías espirituales orientales y occidentales. Los numerólogos modernos no solo se basan en la sabiduría ancestral y las vibraciones inherentes a los números, sino que también incorporan interpretaciones intuitivas, generando un enfoque personalizado para comprender los mensajes divinos que se comunican mediante secuencias numéricas.

Esta disciplina se revela como una herramienta poderosa para el autoconocimiento, el crecimiento personal y la iluminación espiritual. Sintonizar con la energía de los números y recibir la guía de los ángeles te permite recorrer tu vida con mayor claridad, propósito y conexión con tu yo superior. Tanto si buscas respuestas a los desafíos cotidianos, dirección para decisiones trascendentales o una comprensión más profunda del viaje de tu alma, la numerología angélica te abre una puerta sagrada hacia la sabiduría y el amor del reino divino.

La conexión entre la numerología y los números angélicos

La base de la numerología se encuentra en la creencia de que cada número irradia energías y vibraciones particulares que influyen en tu existencia. Cada cifra posee un significado único, y al comprender sus vibraciones, puedes adquirir una percepción más profunda de ti mismo y del entorno. Los ángeles, como emisarios y protectores divinos, utilizan estos números como un lenguaje universal para comunicarse contigo y ofrecerte guía en tu senda espiritual.

Los números angélicos se manifiestan en forma de secuencias que se repiten en momentos y lugares insospechados. Lejos de ser simples coincidencias, estas apariciones están orquestadas por tus ángeles para captar tu atención y transmitir mensajes significativos. Aplicando la numerología para descifrar estas cifras, se pueden desvelar mensajes y enseñanzas que los ángeles desean compartir.

Decodificación de números angélicos

Para interpretar los números angélicos a través de la numerología, es posible recurrir a los principios de la numerología pitagórica, que asigna un valor numérico específico a cada letra del alfabeto. Al reducir un número angélico a un dígito único o identificarlo como un número maestro (11, 22 o 33), se puede revelar la vibración central y el mensaje subyacente.

Por ejemplo, si te encuentras repetidamente con la secuencia 1234, la reducción se realiza de la siguiente forma:

$1 + 2 + 3 + 4 = 10$

$1 + 0 = 1$

El resultado es el número 1, que simboliza nuevos comienzos, liderazgo y la manifestación de ideas. Esto puede interpretarse como una señal de tus ángeles de que estás a punto de iniciar una nueva etapa en tu vida o de que es el momento oportuno para tomar la iniciativa en algún aspecto concreto.

Interpretar los números angélicos con la intuición

Aunque la numerología ofrece un marco de referencia para comprender los números angélicos, es fundamental confiar en tu intuición al interpretar los mensajes que estos números transmiten. Los ángeles se comunican de forma personal contigo, y el significado de una secuencia numérica puede tener una connotación particular según tu situación vital.

Presta atención a los pensamientos, emociones y circunstancias que rodean la aparición de un número angélico. Reflexiona sobre lo que estabas pensando o experimentando en ese instante, y sobre cómo te hizo sentir. Estos detalles pueden aportar un contexto esencial que te ayudará a descifrar el mensaje que tus ángeles intentan comunicarte.

Números Angélicos en la práctica espiritual

Incorporar los números angélicos a tu vida diaria puede ser una herramienta muy poderosa para potenciar tu desarrollo personal y crecimiento espiritual. Al integrarlos en tus prácticas cotidianas, fortaleces tu conexión con lo divino y recibes la orientación y el apoyo constante de tus ángeles. Algunas maneras de trabajar con estos números son:

Lleva un diario: Registra las cifras que encuentres, junto con los pensamientos, emociones o percepciones asociadas. Con el tiempo, podrás identificar patrones o temas recurrentes que te brindarán una mayor comprensión y dirección.

Medita sobre los números: Si observas un número que te llama la atención, haz una pausa y reflexiona sobre su significado. Cierra los ojos, respira profundamente y deja que la energía del número resuene en tu interior. Pide a tus ángeles claridad y confía en las impresiones que recibas.

Expresa tu gratitud: Cuando percibas un mensaje a través de una secuencia numérica, dedícale un momento para agradecer la guía y el apoyo de tus ángeles. Reconocer su presencia refuerza tu conexión y abre la puerta a recibir aún más orientación divina.

El sistema pitagórico y los números en tu Vida

Además de los números angélicos, la numerología ofrece una gran cantidad de información sobre tu propósito, talentos y desafíos a lo largo de la vida. Al calcular tus números fundamentales, como el número de tu Camino Vital, el número de Expresión, el número del Impulso del Alma y el número de Personalidad, puedes obtener una visión más profunda de las energías y temáticas que configuran tu existencia.

Para determinar tu número de Senda Vital, que representa el propósito de tu vida y el camino que debes seguir, utiliza tu fecha de nacimiento. Por ejemplo, si naciste el 15 de septiembre de 1985, el cálculo se efectúa de la siguiente manera:

9 (puesto que septiembre es el noveno mes) + 1 + 5 (día) + 1 + 9 + 8 + 5 (año) = 38

3 + 8 = 11

En este caso, el número resultante es el 11, un número maestro asociado a la iluminación espiritual, la intuición y la inspiración.

Para calcular el número de Expresión, que refleja tus talentos, habilidades y desafíos, se utiliza el nombre completo de nacimiento y el sistema pitagórico. En este sistema, cada letra del alfabeto se vincula con un número del 1 al 9 en un patrón cíclico, basado en la idea de que letras y palabras poseen vibraciones específicas que pueden ser interpretadas numéricamente para revelar aspectos profundos de la personalidad, el destino y el camino vital. La asignación es la siguiente:

1 = A, J, S

2 = B, K, T

3 = C, L, U

4 = D, M, V

5 = E, N, W

6 = F, O, X

7 = G, P, Y

8 = H, Q, Z

9 = I, R

Para transformar un nombre completo en un dígito único, se suman los valores numéricos de cada letra y, de resultar en un número de dos o más dígitos, se reducen sumando sus cifras hasta obtener un solo dígito. Este proceso se conoce como reducción.

Como ejemplo, aplicaremos este método al nombre "Natalia Martínez Arango":

Natalia: 5 + 1 + 2 + 1 + 3 + 9 + 1 = 22

Martínez: 4 + 1 + 9 + 2 + 9 + 5 + 5 + 8 = 43 : 4 + 3 = 7

Arango: 1 + 9 + 1 + 5 + 7 + 6 = 29 : 2 + 9 = 11 : 1 + 1 = 2

Sumando los totales: 22 + 7 + 2 = 31 : 3 + 1 = 4

De este modo, el número resultante para "Natalia Martínez Arango" en el sistema pitagórico es el 4, el cual se interpreta a partir de las características numerológicas que revelan aspectos sobre la personalidad y el destino de la persona.

Explorar tus números fundamentales y sus significados te permite profundizar en la comprensión de tu propósito vital, tus fortalezas y desafíos, ayudándote a tomar decisiones más alineadas y a transitar tu camino con mayor claridad y seguridad.

Descubriendo números angélicos en el día a día

Al comenzar a notar la presencia de números angélicos, te darás cuenta de que la vida está repleta de momentos llenos de magia y sincronicidad, en los cuales se manifiesta lo divino en tus experiencias cotidianas. Estas "firmas" celestiales aparecen de manera sutil, esperando ser reconocidas por aquellos que se muestran abiertos y atentos a su entorno. Si te preguntas cómo y dónde puedes identificar estas sincronías numéricas, a continuación se detallan algunos lugares comunes donde pueden hacerse evidentes:

Pantallas digitales:

En el mundo actual, dominado por la tecnología, las pantallas son omnipresentes y ofrecen múltiples oportunidades para que los números se manifiesten ante ti.

Desde el teléfono móvil y la computadora hasta el reloj de pulsera o incluso las vallas publicitarias, estos dispositivos pueden actuar como medios para la comunicación angélica. Si, por ejemplo, observas repetidamente el reloj a las 11: 11 o notas que tu batería siempre se detiene en el 44%, estas "coincidencias" podrían ser mensajes del reino divino.

Matrículas y direcciones:

Mientras te desplazas por las calles, pon atención a las matrículas de los vehículos. Cada placa posee un código alfanumérico único, y ciertas combinaciones pueden captar tu interés de forma inesperada. Si te atrae una matrícula en particular o ves de manera recurrente la misma secuencia, podría tratarse de un mensaje de tus ángeles. Asimismo, al transitar por barrios o buscar una dirección, los números en las puertas o en las calles pueden tener un significado especial, incluso si terminas en un sitio "equivocado", como una forma juguetona en la que tus ángeles se comunican contigo.

Recibos, facturas y libros:

Los números angélicos pueden surgir en los contextos más cotidianos, como en los recibos de compras o en las facturas. Aunque estos documentos puedan parecer triviales, representan una oportunidad para que los ángeles te envíen un mensaje. Podrías notar que los totales de tus compras suman frecuentemente a cifras específicas o que el número de pedido se repite en diferentes situaciones. Asimismo, los libros pueden convertirse en un medio de guía; fíjate en los números de página que resuenen contigo o en pasajes que se alineen con las secuencias numéricas que has estado notando. La dirección que toma la trama, la cronología de los eventos o incluso la extensión de un capítulo pueden tener un significado oculto.

Fechas especiales y sueños:

Presta atención a las fechas que tengan relevancia en tu vida, como aniversarios o eventos memorables. Si tomas una decisión importante o experimentas un momento profundo en una fecha que coincide con un número angélico, puede tratarse de una señal de intervención divina. Además, tus sueños pueden funcionar como un canal de comunicación poderoso. Los ángeles pueden usar el mundo onírico para transmitir mensajes y confirmar su presencia a través de cifras específicas. Si observas números en tus sueños o si éstos son mencionados por personajes, analiza su significado.

Naturaleza y redes sociales:

El entorno natural es el lienzo en el que los ángeles pueden plasmar sus mensajes. Desde la cantidad de hojas que encuentras en tu camino hasta la formación de pájaros en una rama, la naturaleza ofrece innumerables ocasiones para que se manifiesten los números angélicos. Incluso el número de pétalos en una flor o la presencia recurrente de cierto animal pueden tener un significado especial. En el ámbito digital, las redes sociales y las interacciones en línea también pueden ser canales para la orientación angélica. El número de "me gusta" en una publicación, la duración de un video o la fecha y hora de un comentario significativo pueden ser maneras en las que tus ángeles se hagan notar.

Música, películas y juegos:

Los ángeles pueden integrar sus mensajes en diversas formas de entretenimiento y medios. Al escuchar música, presta atención a la duración de la canción o a letras que te impacten de forma especial. En películas o series, el diálogo de un personaje, la duración de un episodio o incluso el número de temporadas pueden tener un significado particular. Si eres aficionado a los videojuegos, fíjate en los niveles, puntuaciones o estadísticas de tu personaje, ya que la repetición de ciertos números puede significar algo más que una mera coincidencia.

Billetes, códigos de barras y sucesos cotidianos:

Desde el número de vuelo que aparece en tu tarjeta de embarque hasta el número de habitación de un hotel, los detalles en los viajes pueden estar cargados de mensajes angélicos. Si se te asigna un asiento o una habitación con un número especial, puede ser una sutil señal de que te acompañan en tu camino.

Guía de interpretación de números angélicos

Del 0 al 9, 11 y 22

La numerología angélica es una herramienta sumamente poderosa para interpretar los mensajes que nuestros guías espirituales desean hacernos llegar. Cada cifra, con su vibración única, porta un mensaje especial. A continuación se ofrece una guía para comprender estos números angélicos, desde el 0 hasta el 9, incluyendo los números maestros 11 y 22.

0 - Totalidad y Ciclo Infinito

El 0 simboliza lo infinito, la totalidad, el punto de origen y el retorno a la esencia primordial. Es un recordatorio de que estamos intrínsecamente conectados con el universo y de que estás en la senda espiritual correcta, respaldado por el cosmos.

1 - Nuevos Comienzos y Liderazgo

El número 1 invita a la acción, representando nuevos inicios, independencia y la capacidad para crear la realidad a través de nuestros pensamientos y acciones. Es una señal de que somos los arquitectos de nuestro destino y de que es momento de iniciar nuevos proyectos con determinación.

2 - Fe y Armonía

El 2 encarna la fe, la confianza, el equilibrio y la armonía. Este dígito te anima a mantener la fe en tu camino espiritual y a colaborar en armonía con quienes te rodean, recordándote que todo se desarrollará de la manera necesaria.

3 - Comunicación y Expresión

Con una vibración creativa, el 3 se asocia a la autoexpresión y a la comunicación. Invita a expresarte de manera clara y a utilizar tus habilidades creativas para materializar tus sueños, siendo un signo del apoyo divino en tus esfuerzos creativos.

4 - Estabilidad y Fundamentos

Este número simboliza la construcción de cimientos sólidos, la estabilidad y el esfuerzo constante. El 4 te recuerda que tus ángeles están presentes para ayudarte a trabajar con constancia y paciencia hacia tus metas.

5 - Cambio y Libertad

El 5 anuncia transformaciones importantes en la vida, la aventura y la búsqueda de la libertad. Es un mensaje de que debes estar receptivo y adaptarte a los cambios, los cuales traerán consigo crecimiento personal y nuevas oportunidades.

6 - Equilibrio y Responsabilidad

Representando la armonía, la responsabilidad y el servicio hacia los demás, el 6 te recuerda la importancia de mantener un balance entre lo material y lo espiritual, cuidando tanto de ti como de quienes te rodean.

7 - Desarrollo Espiritual y Reflexión Interior

El 7 vibra con energías de despertar espiritual, reflexión y autoconocimiento. Te invita a escuchar tu intuición y a profundizar en tu interior para encontrar respuestas y avanzar en tu desarrollo espiritual.

8 - Abundancia y Poder Personal

Simbolizando la abundancia, el éxito y el poder personal, el 8 te comunica que la prosperidad está en camino, recordándote la abundancia del universo y tu potencial para alcanzar el éxito.

9 - Conclusión y Humanitarismo

Este dígito representa el cierre de ciclos, la culminación y el servicio hacia la humanidad. El 9 te anima a cerrar etapas y a avanzar hacia un nuevo capítulo centrado en cumplir tu misión de vida.

En numerología, los números 11 y 22 se consideran maestros y no se reducen a un solo dígito al aparecer en un cálculo.

11 - Inspiración y Conciencia Espiritual

El número maestro 11 simboliza la inspiración, la iluminación y una conciencia espiritual elevada. Es un llamado a conectar con tu yo superior, a vivir auténticamente y a inspirar a otros en su camino espiritual.

22 - Construcción de Sueños y Alcance Global

Este número maestro, el 22, une la visión del 11 con un fuerte sentido del realismo y la disciplina. Encierra un potencial inmenso para transformar sueños y visiones en realidades tangibles, destacando el liderazgo, la ambición y la capacidad para manifestar ideales elevados.

Cada número angélico trae consigo un mensaje particular diseñado para orientarte, inspirarte y apoyarte en tu viaje espiritual. Al prestar atención a estos dígitos y a su significado, puedes sintonizar de manera más profunda con la guía divina, avanzando hacia tu verdadera esencia y propósito en la vida.

Interpretando los mensajes angélicos

Cuando te encuentras repetidamente con secuencias numéricas angélicas, es una señal clara de que tus guías espirituales desean comunicarse contigo. Estos mensajes pueden manifestarse en forma de advertencias, confirmaciones, consuelo o inspiración para que sigas adelante en tu camino. La clave para descifrarlos reside en la observación consciente y en la reflexión sobre cómo estos números se relacionan con tu situación actual.

¿Cómo Actuar Frente a Estos Mensajes?

Observa y Registra: Anota cuándo y dónde aparecen estos números. El contexto en el que se manifiestan puede ser tan relevante como la cifra en sí.

Reflexiona: Dedica un momento a meditar o a pensar en lo que estabas haciendo cuando apareció el número; esto puede ofrecerte pistas esenciales sobre el mensaje.

Investiga: Si bien esta guía ofrece un significado general para cada número, la interpretación puede variar según la persona. Investiga y medita para descubrir cómo se aplican estos significados a tu situación particular.

Actúa: Los números angélicos a menudo indican la necesidad de tomar una acción o de efectuar un cambio. Considera cómo puedes aplicar ese mensaje en tu vida; tal vez sea el momento de iniciar un nuevo proyecto, dejar atrás lo que ya no te sirve o simplemente confiar en el proceso vital.

Confía: Por encima de todo, confía en que estos mensajes son muestras de amor y guía de tus ángeles. Aunque el mensaje no se aclare de inmediato, mantén tu mente y corazón abiertos para recibir su significado.

Los números angélicos son regalos del universo diseñados para recordarnos nuestra conexión divina y para guiarnos a lo largo de nuestro viaje terrenal. Al prestar atención a estas señales y confiar en la orientación que ofrecen, puedes transitar la vida con mayor claridad, propósito y alegría.

Si bien el fascinante universo de los números angélicos es tan extenso y profundo que podría ocupar volúmenes enteros, es importante reconocer que una guía exhaustiva de cada significado detallado está más allá del alcance de este libro. La información aquí presentada sirve como una sólida introducción al poder de los números como portadores de mensajes del universo, destinada a despertar tu interés y proporcionarte las herramientas básicas para comenzar a interpretar estos signos divinos.

Números Maestros: Vibraciones elevadoras

Los números maestros en la Numerología se distinguen notablemente de los dígitos simples por su vibración intensificada. Estos números, como el 11, 22, 33, etc., potencian la esencia de los dígitos individuales que representan y cada uno posee un significado único.

11 – El Iluminador Intuitivo:

Reconocido como el número de la intuición profunda, el 11 simboliza la visión espiritual y la iluminación. Posee la capacidad de inspirar y de revelar misterios profundos de la existencia, y las personas influenciadas por este número suelen contar con una sabiduría y percepción que trasciende lo habitual.

22 – El Maestro Constructor:

El número 22 fusiona los aspectos visionarios del 11 con una fuerte dosis de realismo y disciplina. Este número encierra un potencial enorme para convertir sueños en realidades palpables, denotando liderazgo, ambición y la capacidad de materializar visiones elevadas.

33 – El Maestro:

Aclamado como el número del Maestro, el 33 vibra con energías de compasión, sanación y el deseo de bendecir a los demás. Aunque comparte ciertas energías con el 6 (ya que 3+3=6), su influencia se magnifica, apuntando a elevar a la humanidad mediante la orientación y el cuidado, extrayendo enseñanzas de experiencias compartidas.

La relevancia de estos números maestros radica en su capacidad para intensificar las energías de los dígitos simples. Por ejemplo, el 11 no solo refuerza las cualidades del número 1 en cuanto a liderazgo e innovación, sino que lo hace con una carga espiritual mayor. Así, alguien cuyo camino vital se rige por el número 11 experimenta la vida de manera distinta a quien se identifica con el número 2, a pesar de que ambos comparten la esencia de asociación y armonía. En el caso del 11, la vocación espiritual se vuelve aún más prominente.

La secuencia en la que aparecen estos números es significativa. Por ejemplo, una secuencia 1122 sugiere una evolución que va desde el despertar espiritual representado por el 11 hasta la acción constructiva indicada por el 22, implicando una fase de iluminación seguida de la necesidad de materializar esa visión en la práctica.

Comprender los números maestros implica ver más allá de la mera repetición numérica, reconociendo su papel como portadores de frecuencias espirituales que conectan lo terrenal con lo divino y actúan como canales para una sabiduría y un propósito elevados.

Los números maestros en diversos contextos

En las fechas de nacimiento, quienes nacen bajo la influencia del 22 suelen exhibir rasgos de Maestro Constructor, demostrando un liderazgo natural y la habilidad para concebir y llevar a cabo grandes visiones.

Quienes tienen el 11 en su carta natal se inclinan más hacia la intuición, experimentan sueños intensos y mantienen una profunda conexión espiritual.

En los nombres, la presencia de un número maestro, como el 33, sugiere un gran potencial para inspirar y sanar, revelando una conexión profunda entre los números y el destino personal.

Las direcciones con números maestros pueden impactar notablemente en el propósito y los logros de los residentes. Por ejemplo, habitar en una dirección marcada con el 22 puede dotarte de concentración y ambición, mientras que el 11 puede fomentar el crecimiento espiritual y la iluminación.

Cuando los números maestros se combinan, como en una secuencia 1122, se simboliza un viaje que va desde el despertar espiritual hasta la realización práctica, ofreciendo una visión matizada de las etapas vitales, los retos y la evolución espiritual.

La influencia de los números maestros no solo otorga fortalezas, sino que también impone desafíos. La intensa iluminación que acompaña al 11 puede resultar abrumadora y generar ansiedad, mientras que el 22 exige no solo visión, sino también la capacidad de materializar esa visión. Quienes resuenan con el 33 deben encontrar el equilibrio entre sus aspiraciones personales y el llamado a servir a los demás.

Esta danza numérica refleja la energía espiritual del universo, ofreciendo tanto talentos como un llamado a crecer y a alinearte con tu propio camino numerológico.

Repetición de los Números Ángeles y su Significado

Los ceros simbolizan la eternidad, el potencial y la conexión con la energía universal, marcando el inicio de un viaje espiritual y la importancia de comenzar de nuevo, centrado en el crecimiento y la unidad.

Los unos representan la iniciativa, el liderazgo y la esencia de la acción. Su repetición es una señal cósmica para aprovechar las oportunidades y enfocar tus aspiraciones de manera positiva.

Los dos destacan la dualidad, el equilibrio y la colaboración, invitándote a tener paciencia y mantener la fe en momentos de incertidumbre, asegurando que la armonía prevalecerá.

Los tres indican creatividad, la afirmación de oraciones y bendiciones inminentes, lo que se traduce en apoyo y guía divina.

Los cuatros simbolizan la estabilidad y la construcción de cimientos sólidos, asegurándote que tus esfuerzos pronto darán sus frutos.

Los cincos señalan cambios y aventuras, invitándote a abrazar nuevas experiencias y a dejar atrás lo que ya no te sirve.

Los seises te impulsan a reevaluar tus pensamientos y a equilibrar los aspectos materiales y espirituales de tu vida, pidiéndote armonía en todas tus facetas.

Los sietes, con una energía mística, indican que te encuentras en la senda espiritual correcta, sugiriendo que, gracias a tu práctica, estás cerca de alcanzar la iluminación.

Los ochos representan el poder, la abundancia y el ciclo interminable de energía y sus consecuencias, preparándote para la prosperidad y un futuro de liderazgo.

Los nueves señalan la culminación y el humanitarismo, sugiriéndote el cierre de una etapa y el inicio de un nuevo capítulo centrado en el cumplimiento de tu misión vital.

Estas secuencias actúan como comunicaciones divinas que te guían, advierten y reconfortan, ofreciéndote una visión tanto de tu camino terrenal como espiritual.

Momento y frecuencia

La aparición recurrente de los números angélicos no es fruto del azar; su manifestación repetida subraya la importancia de su mensaje. Encontrarte con el mismo número, o con diferentes cifras, suele significar la presencia de una fuerza guía que actúa como recordatorio constante de la comunicación espiritual que se te ofrece. La transición de un número a otro puede señalar un cambio en el tipo de guía que se te brinda.

La frecuencia con la que aparece un número angélico puede indicar la urgencia de su mensaje. Por ejemplo, si el número 111 se presenta en diversos contextos, puede ser una señal del universo para que prestes atención a ciertos aspectos de tu vida. De igual forma, si observas el 555 en medio de una decisión importante, es posible que los ángeles te estén animando a estar abierto al cambio.

Estos encuentros aleatorios actúan como sutiles llamados de atención, incitándote a reflexionar o a ajustar el rumbo. Resultan especialmente conmovedores en momentos decisivos o de transición, ofreciéndote consejos si estás en sintonía. Además, pueden reconfortarte en tiempos de confusión emocional, funcionando como un abrazo celestial cuando más lo necesitas.

La coincidencia del momento y la frecuencia de estas apariciones suele alinearse con etapas o decisiones clave en tu vida, ya sea un cambio laboral, el inicio de una nueva relación o las incertidumbres diarias. Para algunos, la oportuna aparición de un número angélico puede incluso predecir futuros acontecimientos o transiciones.

Estos números también pueden sincronizarse con fases específicas de tu existencia, sugiriendo lecciones o temas particulares que requieren tu atención. Esta idea se relaciona con la teoría de la sincronicidad de Carl Jung, en la que la manifestación de estos números se correlaciona con tus pensamientos, emociones o eventos significativos. Dichas sincronicidades se intensifican durante periodos de profunda reflexión, meditación o prácticas espirituales, lo que indica que en esos momentos estás estableciendo una conexión más íntima.

Para mejorar tu capacidad de reconocer los números angélicos, considera las siguientes estrategias:

Aumenta tu conciencia diaria: Presta especial atención a los números que se repiten, como los de relojes, matrículas o recibos.

Reconoce y registra: Toma nota mental de los números que ves frecuentemente. Su aparición constante suele ser indicativa de un mensaje urgente.

Documenta: Lleva un diario o utiliza tu teléfono para registrar los números angélicos. Esto te ayudará a identificar patrones y a meditar sobre sus significados.

Reflexiona sobre tu estado emocional: Piensa en lo que estabas sintiendo o pensando cuando observaste un número en particular; el contexto es esencial.

Confía en tu intuición: Si ciertos números te resultan especialmente significativos, confía en esa sensación.

Medita o contempla en silencio: Esto puede aumentar tu receptividad a captar estos mensajes.

Observa en tus sueños: Los números angélicos también pueden aparecer en el mundo onírico, por lo que llevar un diario de sueños puede ser muy útil.

Atiende a los medios digitales: En nuestra era tecnológica, mantente atento a los números en notificaciones, marcas de tiempo y similares.

Investiga: Conocer los significados generalmente aceptados de las secuencias que encuentres puede servirte como punto de partida.

Comparte tus experiencias: Conversar con otras personas interesadas en los números angélicos puede ofrecerte nuevas perspectivas y ampliar tu comprensión.

Recuerda que la interpretación de los números angélicos no es fija ni universal. Una secuencia que para ti puede implicar aspectos financieros, para otra persona podría tener una connotación meramente espiritual. La relevancia de estos números depende en gran medida de tu trayectoria personal.

Para descifrar el mensaje de los números angélicos, confía en tu propia intuición. Si bien las guías generales pueden orientarte, el significado personal de estos números es primordial. Mantente receptivo a las formas en que el universo se comunica contigo, y a medida que profundices en el mundo de los números, irás descubriendo más sobre las diversas secuencias y combinaciones por las cuales los ángeles te hablan, enriqueciendo así tu entendimiento de este diálogo celestial.

Los números angélicos, cuando aparecen en secuencias o patrones, transmiten mensajes y guías desde una esfera superior, reflejando el método preciso y con propósito de comunicación del universo. Estas secuencias, semejantes a los ritmos naturales de la luna, las estaciones y los ciclos vitales, siguen una progresión. Las secuencias ascendentes simbolizan crecimiento y expansión, semejantes al amanecer energizante que anuncia un nuevo día lleno de oportunidades. En contraste, las secuencias descendentes reflejan la culminación, la introspección y la energía reflexiva de una puesta de sol, indicando el cierre de un ciclo.

Secuencias ascendentes de números angélicos:

012: Indica el inicio de un viaje espiritual en el que el 0 señala el potencial, el 1 el liderazgo y nuevos comienzos, y el 2 el equilibrio y la colaboración.

123: Sugiere una progresión ordenada en tu crecimiento personal o espiritual, enfatizando nuevos inicios, cooperación y la expresión creativa.

234: Propone construir una base estable a partir del crecimiento y el equilibrio, con el 2 representando la armonía, el 3 la creatividad y el compromiso social, y el 4 la estructura y el sentido práctico.

345: Te motiva a transitar de la estabilidad hacia el cambio y la exploración, integrando la creatividad (3), la estructura (4) y el deseo de aventura y libertad (5).

456: Representa la transición desde una energía estructurada (4), pasando por la aceptación del cambio (5), hasta el servicio a los demás con nuevas percepciones (6).

567: Invita a la evolución personal a través del cambio (5), la responsabilidad (6) y la búsqueda de la sabiduría interior y el despertar espiritual (7).

678: Resalta tu crecimiento espiritual que desemboca en el empoderamiento y la abundancia, evidenciando la realización de tu poder personal tras un proceso de aprendizaje e introspección.

789: Denota la culminación de una etapa, sugiriendo que, tras alcanzar el poder y la abundancia (8), se cierra un ciclo para dar paso a un nuevo comienzo enfocado en el servicio (9).

Secuencias descendentes de números angélicos:

987: Simboliza el cierre de una fase, enfatizando la transición desde logros materiales o externos hacia una exploración espiritual más profunda, marcando el final de un ciclo y el inicio de un viaje interior.

876: Indica una transformación que pasa de los logros personales y el poder hacia un enfoque más altruista, resaltando la importancia de la comunidad, la responsabilidad y el servicio, invitándote a reordenar tus prioridades.

765: Representa un periodo de transformación iniciado por la visión espiritual (7), seguido por la responsabilidad y el cuidado comunitario (6), y culminando en un cambio significativo y la libertad (5), implicando un proceso de iluminación que conlleva ajustes vitales.

654: Señala el camino hacia la recuperación de la estabilidad tras cambios significativos, comenzando con el énfasis en la comunidad (6), aceptando el cambio (5) y estableciendo cimientos sólidos (4). Es indicativo de un periodo de arraigo y consolidación.

543: Describe la transición de la transformación (5) y la estabilidad (4) hacia la creatividad y la autoexpresión (3), destacando el movimiento hacia el crecimiento creativo tras un periodo de cambio.

432: Muestra el tránsito de la estabilidad y el orden (4) a la colaboración y el trabajo en equipo (2), pasando por la creatividad y la expresión (3). Esta secuencia enfatiza la evolución desde el crecimiento individual hacia esfuerzos colectivos y la armonía en las relaciones.

321: Indica un ciclo de reinicio en el que, tras la creatividad y el crecimiento (3) y la colaboración (2), se abre la posibilidad de nuevos comienzos y liderazgo (1), instándote a retomar la iniciativa.

210: Sugiere la preparación para una nueva etapa, subrayando la importancia del equilibrio y la armonía (2) como base antes de emprender un nuevo viaje.

El significado de los números espejo o reflejados

Los números que aparecen reflejados dentro de las combinaciones angélicas tienen un lugar especial en la numerología debido a su estructura única, sus frecuencias vibratorias y los conceptos profundos que representan. Estos números reflejados evocan la idea de equilibrio, armonía y la interconexión de todas las cosas en el universo.

La disposición de dígitos en un patrón espejo intensifica la energía del número central, mientras que los dígitos que lo enmarcan realzan su poder. Esta configuración puede interpretarse como un escudo protector, sugiriendo que la energía central es especialmente poderosa y requiere una reflexión profunda para comprenderla en su totalidad.

Los números reflejados simbolizan ciclos, integridad y unidad, resonando con los ritmos naturales de la vida. También actúan como recordatorios de las dualidades y desafíos que pueden presentarse, enfatizando la necesidad de mantener la armonía en medio de fuerzas opuestas.

Estos números sirven de puerta a una comprensión más profunda y al autodescubrimiento, invitándote a explorar tu mundo interior y a alinear tu vida con tu propósito. Las secuencias evocan la continuidad y el flujo eterno de la energía universal, representando la constante danza de mirar hacia adentro y reconocer las conexiones con el exterior.

Dado que los números reflejados vibran en frecuencias particulares, suelen tener un efecto calmante y equilibrante en aquellos que son sensibles a la energía. Además, pueden ser suaves empujones del universo para que reflexiones sobre tus pensamientos, emociones y circunstancias.

La estructura equilibrada de estos números implica crecimiento, evolución y expansión, y simboliza el camino de aprender, transformarse y regresar con nuevos conocimientos. Son emblemas de la perfección cósmica, recordándote la perfección intrínseca del universo y el potencial de perfección que reside en ti. El énfasis en el dígito central subraya la importancia del aquí y ahora, animándote a permanecer presente y reconocer el papel crucial del momento en tu viaje vital.

Significados específicos de los números reflejados

101: Al iniciar un nuevo capítulo, este número te recuerda que el universo te respalda y confirma que estás en la senda correcta.

121: Así como la superficie tranquila de un estanque refleja los árboles que lo rodean, la simetría de este número te invita a confiar en el camino que has elegido.

131: La secuencia simboliza tanto tu individualidad como la conexión con un poder superior, indicando una relación profunda con los misterios del cosmos.

141: Señala que se están gestando cambios positivos; has establecido cimientos sólidos en tu vida, por lo que se te anima a perseverar.

151: Este número te invita a abrazar tu autenticidad y a avanzar a tu propio ritmo, celebrando tu singularidad y la capacidad de trazar tu camino.

161: Destaca la importancia de las asociaciones; si estás colaborando con alguien, puede tratarse de una unión muy favorable para lograr resultados notables.

171: Subraya la importancia del crecimiento espiritual. El universo te guía en tu camino hacia la iluminación, animándote a seguir explorando tu espiritualidad.

181: Indica que, con la experiencia, llega la renovación. Aprender del pasado abre las puertas a nuevos comienzos, y el universo fomenta este proceso de renovación.

191: Marca el cierre de una etapa y el inicio de otra, reflejando el ciclo natural de la vida en el que, al concluir un capítulo, se abre la posibilidad de uno nuevo.

202: Resalta la importancia de lograr equilibrio y armonía en las relaciones y asociaciones a lo largo de tu vida.

212: Se centra en la unión entre individuos y en el sentido de unidad, invitándote a comprender diversas perspectivas sin perder tu identidad.

232: Te anima a enfrentar nuevas experiencias con asombro y humildad, impulsándote a descubrir oportunidades que te harán crecer.

242: Está relacionado con la estabilidad y la satisfacción; cuando la vida se siente equilibrada, todo fluye de manera natural, otorgándote seguridad.

252: Te insta a dar prioridad a la autoexpresión y a la aventura, invitándote a abrazar nuevas experiencias e ideas innovadoras.

262: Sugiere que las colaboraciones exitosas son posibles cuando hay respeto mutuo y visiones compartidas, especialmente en el ámbito de los negocios o proyectos conjuntos.

272: Llama tu atención hacia percepciones espirituales profundas que están listas para emerger en tu interior.

282: Indica que energías transformadoras se están gestando a tu alrededor, haciendo de este un momento ideal para renovarte y comenzar de nuevo.

292: A medida que concluye un ciclo, el universo te asegura que te esperan nuevas aventuras y experiencias a la vuelta de la esquina.

303: Te alienta a liberar tu potencial creativo, animándote a expresar tus deseos y sueños más íntimos, ya que la energía creativa abunda a tu alrededor.

313: Este número te invita a considerar las profundas conexiones que puedes forjar durante tus aventuras y experiencias vitales.

323: Aunque puede parecer que tú y tu pareja tienen puntos de vista distintos, existe un hilo común que conecta ambas perspectivas; se te anima a encontrarlo.

343: Sugiere que unos cimientos sólidos son esenciales para el crecimiento; el universo enfatiza la importancia de la estabilidad.

353: Pone de relieve la independencia; el universo te insta a abrazar tu libertad para expresarte y a experimentar las maravillas de la vida.

363: Hace énfasis en el trabajo en equipo y el respeto mutuo, invitándote a abordar tus relaciones actuales con optimismo.

373: Está vinculado a la búsqueda espiritual y a la búsqueda de un significado más profundo en la vida.

383: Este número anuncia cambios y transformaciones en tu vida espiritual, los cuales pueden también manifestarse en el ámbito material.

393: Marca el cierre de un capítulo, preparando el terreno para la siguiente etapa en tu camino.

404: Te sugiere que, antes de emprender una nueva aventura, es crucial contar con una base sólida.

414: Indica que tus esfuerzos por mantener la estabilidad en un nuevo proyecto serán recompensados si perseveras.

424: Representa el equilibrio entre la estructura y la armonía, especialmente en tus relaciones interpersonales.

434: Te anima a mantener la resistencia mientras exploras nuevas maneras de enfrentar la vida.

454: Invita a que, aunque te sientas solo, mantengas tu independencia y permanezcas con los pies en la tierra.

464: Sugiere que cooperar con los demás y fomentar la confianza te traerá grandes beneficios.

474: Indica que el camino espiritual se facilita al basarse en experiencias previas y en aprendizajes adquiridos.

484: Señala que los cambios significativos en tu vida tienen mayor probabilidad de ser duraderos si se fundamentan en tus experiencias pasadas.

494: Te recuerda que las estructuras que en algún momento te sostuvieron ya no cumplen su función, impulsándote a crear algo nuevo.

505: Es un empujón del universo para que amplíes tus horizontes y te adentres en nuevos conocimientos.

515: Te sugiere que impregnar tus proyectos con tu personalidad única los hará mucho más especiales.

525: Mantener el equilibrio durante tus viajes garantiza una exploración serena y sostenida.

535: Expresar tu independencia requiere coraje; sigue forjando tu propio camino.

545: Incluso al embarcarte en una travesía en solitario, puedes encontrar la armonía en la aventura.

565: Las colaboraciones que surgen en el camino pueden evolucionar hacia asociaciones enriquecedoras para tus experiencias.

575: Tu camino único te brindará percepciones espirituales que profundizarán tu comprensión del universo que te guía.

585: Las aventuras emprendidas o planificadas pueden desencadenar transformaciones significativas, basadas en lo aprendido a lo largo del tiempo.

595: Al concluir esta fase aventurera, el universo te prepara para nuevos comienzos y horizontes inexplorados.

606: Enfatiza la importancia de equilibrar las relaciones de pareja, recordándote que la confianza y el respeto son fundamentales para mantener tu autenticidad aun en colaboración.

616: Resalta la coexistencia de la independencia y la interdependencia en relaciones saludables, donde el final de una etapa crea el espacio para un nuevo comienzo.

626: Indica que las relaciones de pareja deben impulsar el crecimiento mutuo; unos cimientos sólidos basados en la confianza son esenciales.

636: Invita a equilibrar lo físico y lo espiritual, abrazando la independencia en tu viaje y haciendo una revisión sincera de tu interior.

646: Representa un vínculo profundo entre dos almas, basado en la confianza y la conexión genuina.

656: Sirve como recordatorio de que cada ser posee poder, incluso cuando dos corazones laten al unísono; es importante no perderse en la unión.

676: Anuncia que la verdad que buscas será revelada, enfatizando la necesidad de paciencia y confianza.

686: Así como los ríos cambian de curso, las relaciones también se transforman para enriquecer y profundizar el amor y la confianza; confía en los cambios.

696: Indica que, aunque las historias llegan a su fin, cada final abre la puerta a nuevos comienzos; es momento de dejar ir para que lo nuevo pueda emerger.

707: Sugiere que estás a punto de descubrir secretos místicos que transformarán tu vida de manera positiva.

717: Te recuerda que estás en un viaje, por lo que debes seguir la guía de tu corazón para hacer realidad tus sueños.

727: Señala que aprender a confiar en el espíritu para manifestar las cosas es un cambio beneficioso que traerá mayor equilibrio a tu vida.

737: Indica que desbloquear tu creatividad puede lograrse profundizando en tu interior; dedica tiempo al trabajo espiritual para facilitar los demás aspectos de tu vida.

747: Te insta a conectar con tus raíces, ya que hacerlo te permitirá recibir percepciones celestiales y descifrar los enigmas de la existencia.

757: Advierte que solo profundizando en tu espiritualidad y fortaleciendo tus raíces alcanzarás una comprensión superior del universo.

767: Colaborar con otros en cuestiones espirituales facilita el crecimiento y la adquisición de nuevos conocimientos a través de experiencias compartidas.

787: Cambios significativos en tu perspectiva espiritual indican que estás comenzando a conectar de manera más profunda con el universo.

797: Señala que un periodo de intensa visión espiritual se acerca a su fin, preparándote para nuevas aventuras cósmicas.

808: Anuncia que la renovación y el cambio son esenciales, indicando que el universo te impulsa a abrazar la transformación.

818: Te invita a aceptar los cambios que estás experimentando, asegurándote que te conducen hacia un destino hermoso.

828: Indica que un cambio equilibrado implica ajustes armoniosos en todos los aspectos de tu vida, permitiéndote mantener la estabilidad en la transición.

838: Sugiere que iniciar el cambio en tus propios términos es señal de liderazgo en tu proceso de renovación.

848: Destaca que las transformaciones basadas en lo aprendido en el pasado subrayan la importancia de aplicar esas lecciones en el presente.

858: Combina un espíritu aventurero con el cambio, marcando el inicio de aventuras que pueden transformar profundamente tu realidad y manifestar tus mayores aspiraciones.

868: Indica que trabajar junto a otros durante periodos de cambio es fundamental para crecer juntos y compartir experiencias en las transiciones vitales.

878: Te insta a buscar percepciones espirituales en medio de los cambios para facilitar una transición suave de tu antiguo yo al que deseas ser.

898: Anuncia que un periodo de transformación está llegando a su fin, señalando que nuevos comienzos se abrirán una vez concluidos los cambios.

909: Representa el fin de un ciclo y el inicio de otro, marcando transiciones vitales en las que una etapa se cierra para dar paso a otra.

919: Sugiere que la finalización de ciertas metas personales puede abrir la puerta a nuevas etapas, ilustrando cómo diferentes objetivos se alternan a lo largo de la vida.

929: Enfatiza la importancia de mantener la calma y el equilibrio durante periodos de cambio, facilitando transiciones sin sobresaltos.

939: Resalta la independencia al concluir un capítulo y comenzar uno nuevo, invitándote a tomar control de tus transformaciones.

949: Subraya que los finales bien arraigados y los nuevos comienzos se basan en lo aprendido, invitándote a reconocer las lecciones del pasado mientras avanzas.

959: Indica que la exploración puede marcar el cierre de una fase y el inicio de otra, sugiriendo que las aventuras pueden ser tanto finales como comienzos simultáneos.

969: Advierte que los esfuerzos en equipo pueden llegar a su fin, abriendo la posibilidad a nuevas colaboraciones y experiencias compartidas en el futuro; mantente abierto a trabajar con otros.

979: Te sitúa en la cúspide de la grandeza espiritual, indicándote que continuar en tu camino actual te llevará a mayores logros y a un impacto positivo en todas las áreas de tu vida.

989: Te aconseja permitir que todo lo que deba concluir lo haga, para que así puedas experimentar abundancia y crecimiento en todas las áreas de tu existencia.

Patrones no convencionales

Los números angélicos también se presentan en secuencias que se salen de lo habitual, ofreciendo mensajes significativos a través de combinaciones aparentemente aleatorias. Estos patrones inusuales pueden proporcionarte una guía personalizada, invitándote a una introspección más profunda para descubrir su significado completo.

Secuencias como 1234 o 4321 destacan la progresión y regresión a lo largo de las etapas de la vida, representando el estímulo del universo para que persevere y confíes en la fluidez del camino vital. De igual modo, repeticiones extendidas como 4444 u 8888 intensifican la esencia de sus dígitos individuales, sirviendo como un altavoz cósmico que capta tu atención sobre aspectos cruciales en tu vida.

La interpretación de estos números atípicos depende en gran medida de tu intuición y de las circunstancias particulares que rodean su aparición. Si bien los significados generalmente aceptados pueden servirte como punto de partida, el contexto personal y las emociones ligadas a estas cifras son fundamentales para una comprensión completa. Estos patrones te invitan a mirar hacia dentro y a descubrir canales de comunicación menos convencionales a través de los cuales el reino espiritual se expresa.

Cuando te encuentres con estos extraños números angélicos, considéralos una invitación a explorar formas de comunicación que trascienden lo tradicional. Reconocer e interpretar estos mensajes te puede iluminar en tu camino, revelando la compleja y multifacética manera en que el universo te guía y apoya.

Anexo 3 – Creación de Sigilos Angelicales

Los sigilos son símbolos de poder sagrado que actúan como llaves vibratorias para conectar con las energías angélicas. A lo largo de la historia, desde las antiguas tablillas sumerias hasta los grimorios medievales, estos símbolos han sido utilizados como puentes entre lo terrenal y lo celestial, condensando en formas geométricas la esencia vibratoria de los ángeles. Cada trazo, cada línea y cada conexión en un sigilo representa una faceta de la energía angélica que invocamos, creando un lenguaje visual que trasciende las barreras del tiempo y el espacio. Al crear un sigilo angélico, no solo estamos dibujando un símbolo, sino que estamos tejiendo una red de intención y propósito que sirve como antena para sintonizar con las frecuencias específicas de cada ángel.

La creación de sigilos angélicos se potencia significativamente cuando se realiza en momentos de poder natural, como durante la luna llena, que amplifica las energías de manifestación, o en la luna nueva, perfecta para nuevos comienzos y siembras espirituales. Los equinoccios y solsticios también son momentos propicios, pues representan puntos de equilibrio y transformación en el ciclo anual. Las fechas personalmente significativas, como nuestro cumpleaños o el cambio de año, cargan el sigilo con una resonancia única y personal, ya que en estos momentos nuestra energía está naturalmente más receptiva y sintonizada con los planos superiores. Al combinar la precisión geométrica del sigilo con la elección consciente del momento de su creación, establecemos un vínculo poderoso y duradero con el ángel que deseamos invocar, creando una herramienta de conexión espiritual profundamente personal y efectiva.

1. Preparación básica:

Lo que necesitas:

Papel blanco sin líneas

Lápiz y borrador

Compás o algo circular para trazar un círculo

Regla

Tinta dorada (opcional)

2. El método clásico para crear un sigilo:

Comienza reduciendo el nombre a sus letras raíz. Por ejemplo, para el ángel *Raziel*:

Remueve las vocales, quedándote solo con R, Z, L

Cada letra se usa solo una vez

Traza un círculo:

Debe ser lo suficientemente grande para trabajar cómodamente (15-20 cm)

Este círculo representa el espacio sagrado donde se manifestará el sigilo

Divide el círculo:

Traza una cruz en el centro, creando cuatro cuadrantes

Si lo deseas, puedes subdividir cada cuadrante

Posiciona las letras:

Coloca cada letra en un punto del círculo

Mantén una distribución equilibrada

Piensa en la simetría y el balance visual

Conecta las letras:

Une las letras con líneas rectas

Las líneas pueden cruzarse

Crea patrones que te parezcan armoniosos

No hay reglas estrictas para esto; déjate guiar por tu intuición

3. Ejemplos prácticos:

Para el ángel Miguel (MKAEL):

Remueve vocales: M, K, L

Coloca las letras en puntos equidistantes del círculo

Conéctalas formando un triángulo

Agrega detalles decorativos si lo deseas

Para el ángel Gabriel (GBRAL):

Remueve vocales: G, B, R, L

Distribuye las letras en el círculo

Conéctalas formando un cuadrado o rombo

Añade líneas adicionales para equilibrar el diseño

4. Consideraciones importantes:

Intención: Mantén tu mente enfocada en el ángel mientras creas el sigilo

Limpieza: Trabaja en un espacio ordenado y tranquilo

Tiempo: No hay prisa; tómate el tiempo necesario

Intuición: Confía en tu guía interior al conectar las letras

Energía: El sigilo debe "sentirse" correcto cuando lo termines

5. Activación del sigilo:

Una vez completado, puedes activar tu sigilo de varias maneras:

Contemplándolo mientras repites el nombre del ángel

Trazándolo con tu dedo mientras invocas su presencia

Meditando brevemente con él

Cargándolo bajo la luz de la luna llena

6. Uso y conservación:

Guarda tu sigilo en un lugar especial

Puedes llevarlo contigo

También puedes colocarlo en tu altar

Trátalo con respeto como una herramienta sagrada

Nota importante: No existe una forma "incorrecta" de crear un sigilo mientras mantengas una intención pura y respetuosa. Cada persona puede desarrollar su propio estilo y método, siempre manteniendo los principios básicos de geometría sagrada y balance.

No te desanimes si tus primeros intentos no lucen como esperabas. Lo importante es la intención y la energía que pongas en su creación.

También puedes hacer sigilos a partir de una afirmación o decreto. En este caso, basta con escribir el decreto en positivo y seguir el mismo procedimiento, eliminando vocales, seleccionando las consonantes únicas y dibujándolas en un símbolo que integre dichas letras de manera artística. Por ejemplo: "Estoy en paz"

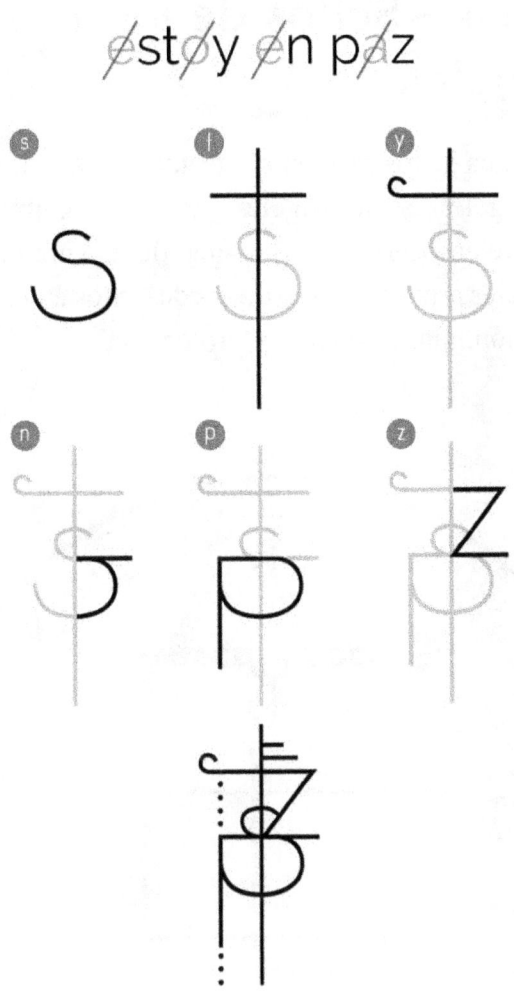

Anexo 4 – Sellos de los 7 arcángeles

Los siguientes sellos pueden ser usados para la invocación de los ángeles y arcángeles. Puedes redibujarlos o simplemente enfocarte en su imagen de manera meditativa para cualquier procedimiento de los descritos anteriormente de invocación, manifestación y protección.

Sello del Arcángel Gabriel

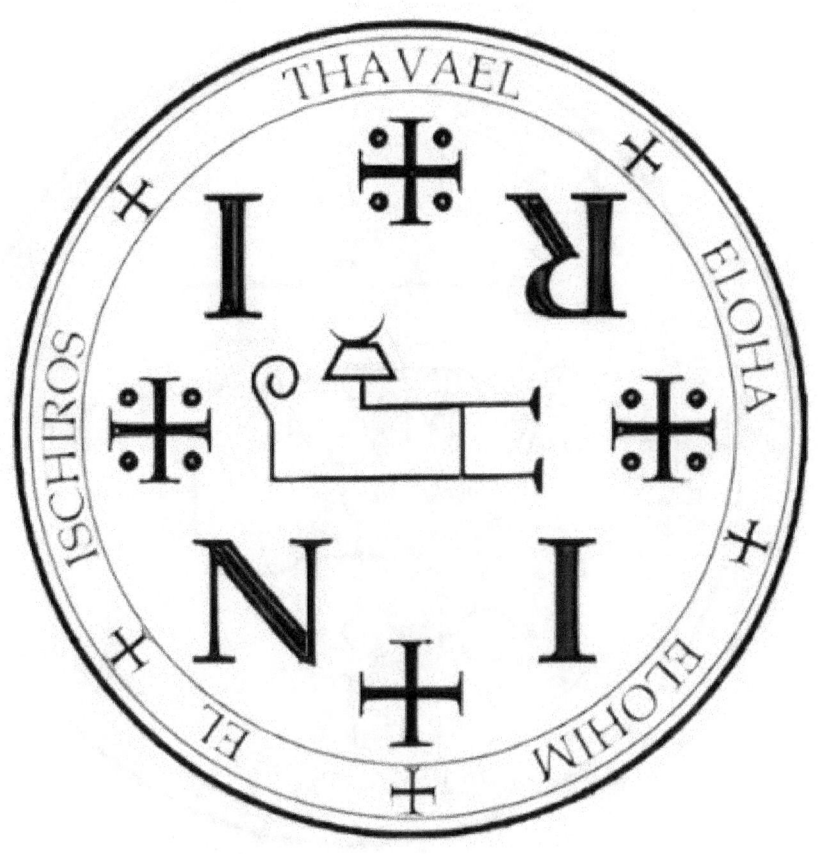

Sello del Arcángel Jofiel

Sello del Arcángel Miguel

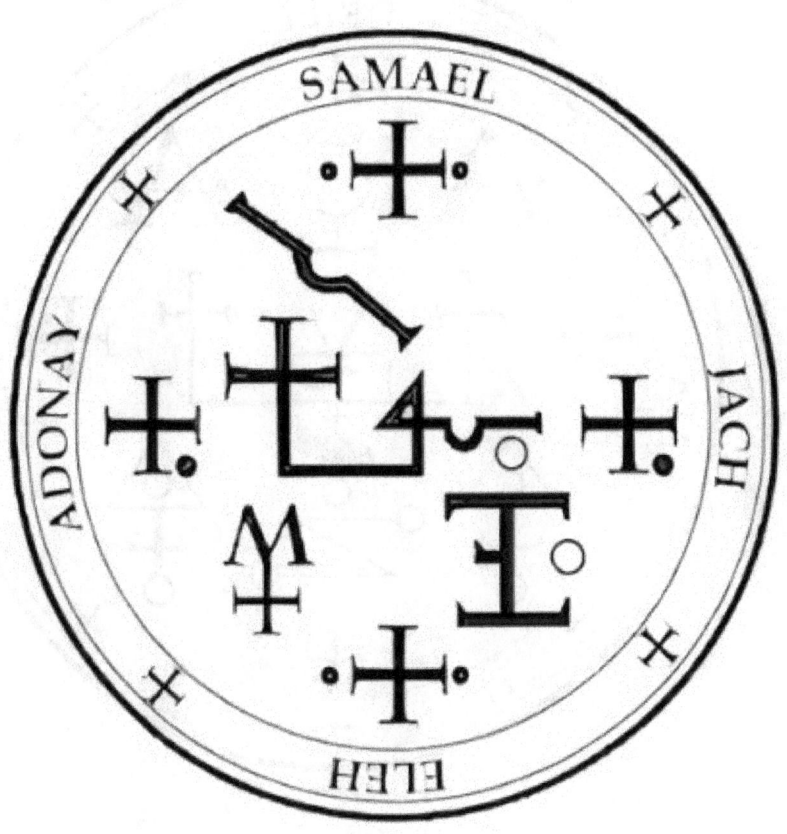

Sello del Arcángel Chamuel

Sello del Arcángel Uriel

Sello del Arcángel Rafael

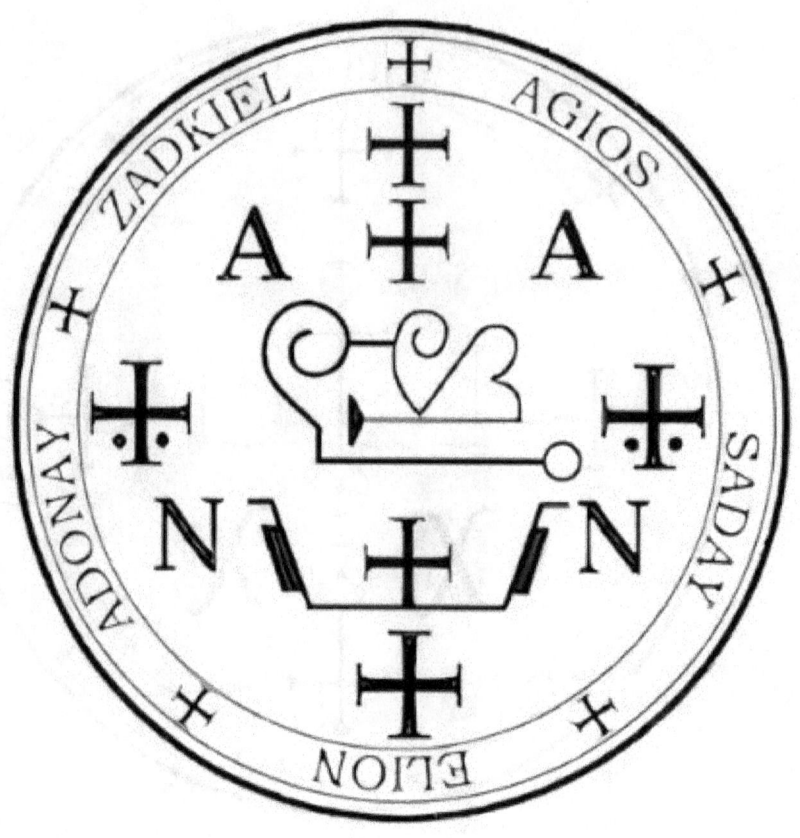

Sello del Arcángel Zadkiel

Otros libros

El Arcángel Miguel:

Guía Práctica Para Invocar Su Protección Divina, Milagros y Ayuda Celestial.

El Arcángel Rafael:

Conectando Con El Arcángel De La Sanación: Incluye Oraciones, Referencias Visuales y Ejercicios De Comunicación y Sanación Angelical.

Hablando con Los Ángeles: Fortalece tu intuición. Incluye ejercicios prácticos.

Pregúntale a Los Ángeles: En este libro te responderán.

Cómo Hablar Con Tus Ángeles Y Guías Espirituales:

Guía para la comunicación con tus Ángeles guardianes. Incluye anexos sobre numerología angelical.

www.ingramcontent.com/pod-product-compliance
Lightning Source LLC
Chambersburg PA
CBHW071959150426
43194CB00008B/931